馬坊史話

癸卯歲春於 翟德年敬題

柴福善 著

中国文史出版社

图书在版编目（CIP）数据

马坊史话 / 柴福善著 . —北京：中国文史出版社，
2023.8
ISBN 978-7-5205-4120-6

Ⅰ . ①马… Ⅱ . ①柴… Ⅲ . ①乡镇—地方史—平谷区
Ⅳ . ①K291.5

中国国家版本馆CIP数据核字（2023）第102625号

责任编辑：刘华夏

出版发行：中国文史出版社

地　　址：北京市海淀区西八里庄路69号　　邮编：100142

电　　话：010 - 81136606 / 6602 / 6603 / 6642（发行部）

传　　真：010 - 81136655

印　　装：廊坊市海涛印刷有限公司

经　　销：全国新华书店

开　　本：787mm×1092mm　1/16

印　　张：18.75

彩　　插：16

字　　数：243千字

版　　次：2023年8月北京第1版

印　　次：2023年8月第1次印刷

定　　价：68.00元

《马坊史话》编委会

主　　任　马冬梅

副 主 任　王舰锌　　陈吉顺

委　　员　杜永明　　刘久亮　　郝海燕

　　　　　贾　颖　　张一阳　　贾俊峰

　　　　　刘晓亮　　赵久仲　　邢占利

　　　　　邱建峰　　王　波

柴福善 北京市平谷区人，1956年12月生，曾任平谷县委党史办副主任、县文化文物局副局长、平谷区文化委员会副主任、区文联副主席、区政协常委、区政协学习与文史委员会主任，为中国作家协会会员、北京作家协会理事、平谷文史专家。

1982年起发表文学作品，在全国多家报刊发表诗歌百余首、散文400余篇，多篇作品被转载，并收入多种文集。散文集《江山有待》荣获全国第五届冰心散文奖，《两栖集——柴福善散文精粹》被中国散文学会指定为2012年特别推荐书籍。

出版散文集《逍遥人生》《岁月无痕》《往事与乡情》《核桃树下的王蒙》《秦时明月》《江山有待》《两栖集》《洵河的波光》《畅游石林峡》《畅游梨树沟》和诗集《石林峡 梨树沟》，校注《李锴诗文集》《与中学生谈写作》，与古建专家罗哲文合著《中华名寺大观》《中华名塔大观》《中华名桥大观》《中华名园大观》《中华名楼大观》《中国的世界遗产》，编著《平谷寺庙志略》《平谷古树名木图志》《志书补遗》《明代平谷志料辑校》《平谷史话（修订本）》《峪口史话》《独乐河史话》《马昌营史话》《镇罗营史话》《大兴庄史话》《刘家店史话》《东高村史话》《平谷镇史话》《黄松峪史话》《丫髻山》《丫髻山楹联匾额》《丫髻山碑刻》《丫髻山传说》《丫髻山历史文化课》及《老红军李云辉》《我所了解的瓦关头》《熊儿寨村那些事》，主编《洵水长歌》（三卷）和《平谷文物志》等。

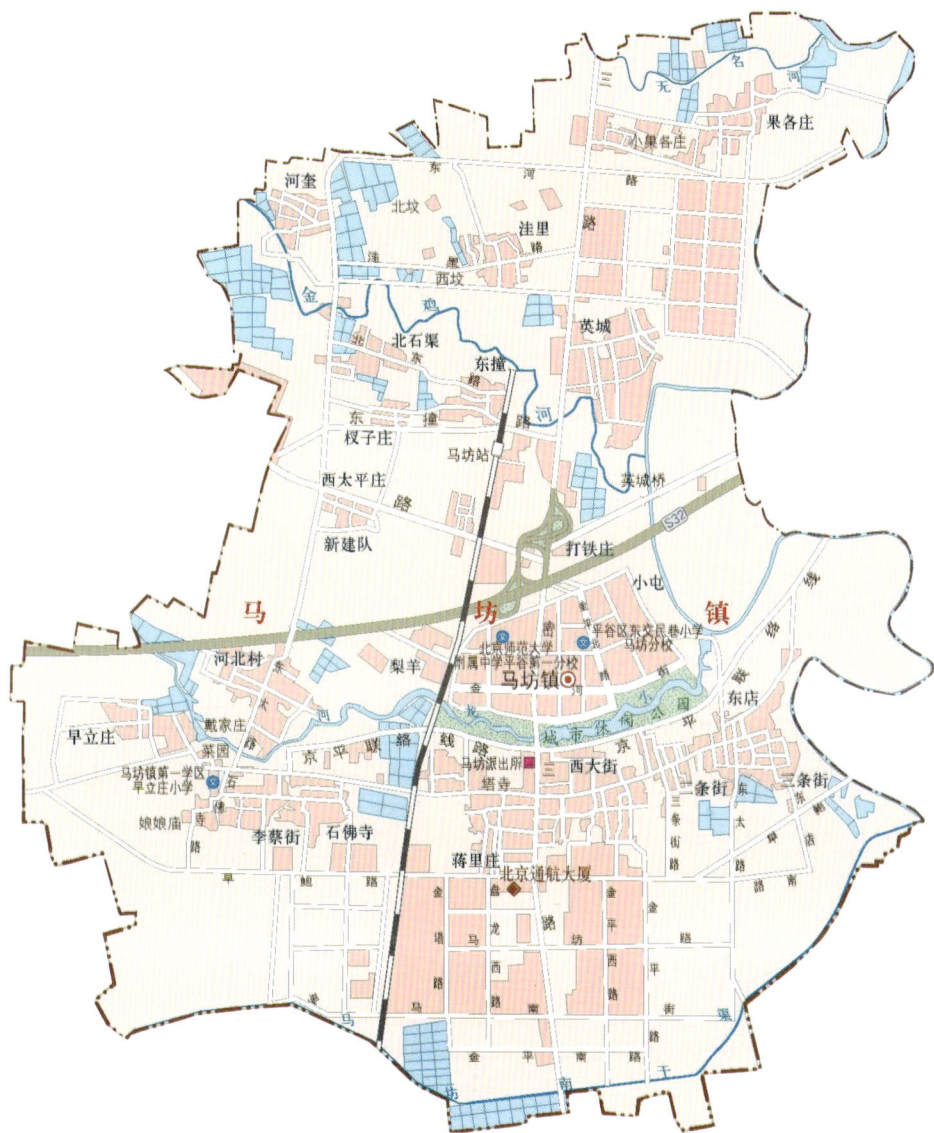

马坊镇地图

絖城遗址（摄于2008年5月）

河北村马坊遗址残墙（摄于2007年5月）

原马坊中学院内保存的王爷坟遗物石雕像（摄于2007年6月）

石佛寺石佛像（摄于2007年6月）

河北村委会保存的三官庙残碑（摄于2018年10月）

北京拈花寺戒钵（摄于2007年4月）

果各庄村西烈士墓及墓碑（摄于2016年1月）

英城村立庄槐（摄于2007年6月）

东店东边的沟河（摄于2023年3月）

金鸡河流经圪塔头村南、河奎村西南的情景（摄于2016年6月）

马坊镇人民政府（摄于2014年3月）

序

　　初夏时节，洵河荡漾一泓碧水，这条母亲河沿着弯弯曲曲的河道西南而行，流淌到与金鸡河、小龙河相接的平原——马坊镇。在辽、金、元、明时，这里为养马场，"马坊"也因此得名。汉代㹀城遗址、唐代石佛、清代王爷墓等历史遗迹坐落于此，经济学家冯玉忠、鼓书艺人蔡连元等文化名人生长于此，马坊镇历史厚重、文化繁荣，在岁月的长河中留下了独有的印记。

　　马坊镇地处平谷区西南，南邻河北、西接顺义，交通便利，水路陆路汇集，属于商业发达之地，自古传承了较盛的商贾之风，独有的文化厚植了发展优势。改革开放至今，历任党委政府领导充分考虑马坊的地理位置、风土人情和文化传承，真抓实干、敢为人先，率先启动了"金三角"经济开发区建设，为推动马坊镇经济发展进行了多轮探索实践。几代马坊人的辛勤耕耘，给我们留下了宝贵的物质财富和精神财富，沉淀了具有地方特色的灿烂文化，为我们发展物流产业，打造经济发展重镇奠定了基础。

　　洵水涟涟，地脉承联，聆听回响，永志向前。触摸历史，我们感受到，马坊镇人民始终秉承着真抓实干、求真务实的优秀传统。特别是近年来，在区委区政府的坚强领导下，马坊镇认真贯彻落实市委市政府赋予的"服务首都的综合性物流口岸"功能定位，聚焦坚定不移加快高大尚平谷建设，把京平综合物流枢纽作为"主阵地、主引擎"，通过编制大规划、土地大整理、企业大招商、项目大建设，取得了阶段性成果、引领性创新和突破性进展，已然站上了新起点，进入了全面起势、加速发展的"快车道"。面对新征程，为了进一步坚定历史自信、增强历史主动，以史为鉴，继往开来，谱写更加壮丽的新篇章，《马坊史话》应运而生。

柴福善先生是著名历史文化学者，我以师礼相待。多年来，先生致力于历史文化的研究，已出版《平谷史话》《志书补遗》《平谷古树名木图志》等多部著作，为全区历史文化大繁荣大发展作出了贡献。先生踏遍了镇域内所有可看的文化遗存，遍访了村中老者，挖掘了大量珍贵资料，花费诸多心血发掘、收集、整理，终于完成这部沉甸甸的《马坊史话》，翔实记录了古代遗址、园寝、寺庙、碑刻、古树、战事、人物、传说等，是我们认识马坊、了解马坊、建设马坊的珍贵史料，必将为挖掘人文、凝聚精神、推动发展发挥重要作用。在此，我代表马坊镇党委、政府，向柴福善先生致以崇高的敬意！

本人有幸履任于斯地十余载，感言之，是为序。

马冬梅

2023年6月28日

目　录

沿　革

　　马坊镇，因旧有明代马房（也写作"马坊"，即养马场）而得名（图1）。地处平谷区西南部，东北距区政府驻地15.8公里，北与马昌营镇相接，东与东高村镇接壤，西、南与三河市交界。

图1　马坊乡人民政府（摄于20世纪80年代末）

　　历史上，马坊地区由三河县管辖。

　　民国二十四年（1935年）《三河县新志》"卷之六·经制志·乡间篇·区域"记载："三河为畿东要地，村落繁多，有昔有而今无者，按旧志所载五百五十七村，今则五百三十九村，向分八路十五乡二十五社一百零八保。庚子后改行新政，分为二十四区。至宣统二年划区自治，并为十三区，后又并为九区，现并为三区。每区编为若干乡，亦犹邑领乡、乡领里、里领村之遗意焉。"从这里，可以大致看出清至民国时的行政管理与区划，其中村落亦有增减，当随朝代更迭、县有撤并及县域变迁所致。

清康熙十二年（1673年）《三河县志》"地理志·疆域"，记载有"英城社，在县北三十里"，现在马坊镇域内的村落当在英城社内。当然，此志没有具体写出都有哪些村庄，我们也就不得而知了。

清乾隆二十五年（1760年）《三河县志》"卷六·乡间志·里社"记载：这时"三河民居村落纷多，分二十五社"，其中仍有"英城社"。"乡间志·村庄"记载："邑领乡，乡领里，里领村，所以翼卫也。三河为畿东要地，本城乐善里，四厢同善里，以亲、睦、礼、让、仁、义、忠、信分八路十五乡，计五百五十七村庄。"其中"西北路义二乡"记载有河北马坊、戴家庄、北石渠、北石渠东庄。"戴家庄"，今早立庄的一个自然村。北石渠东庄，应该是今天的权子庄。

"西北路义三乡"，有河魁庄。写作"魁首"的"魁"，而不是"奎"字。

"西北路忠一乡"，记载有小屯、东店子、西马房、塔儿寺、蒋家庄、黎儿洋庄。这里的"西马房"，应该是志书所记、碑刻所写的"兔西马坊"，也就是"兔儿山西马房"，如明嘉靖三年（1524年）《蓟州志》"卷之五·草场"，就明确记载着"御马监兔儿山西马房草场"（图2）。"兔

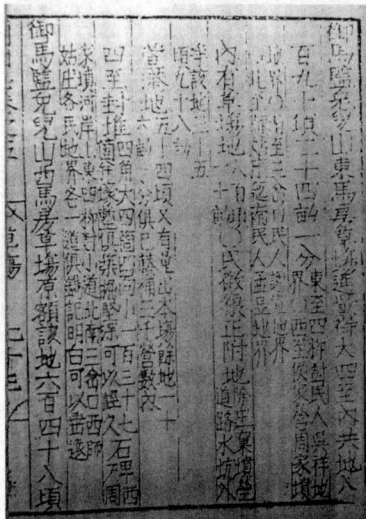

图2　明嘉靖三年（1524年）《蓟州志》"卷之五·草场"

儿山"，又称"兔耳山"，也称"户耳山"，是马坊西边不远、顺义大孙各庄一带二十里长山的一座小山。"西马房"，实际上应该包括今天的西大街、二条街、三条街。"黎儿洋庄"，即今梨羊村。

"西北路忠二乡"，记载有英城、洼里、果各庄。

这部县志所记马坊地区，就这些村庄。

民国二十四年（1935年）《三河县新志》"卷之六·经制志·乡间篇·区域"记载："按旧志所载五百五十七村，今则五百三十九村，向分八路十五乡二十五社一百零八保。庚子（清光绪二十六年，公元1900年）后改行新政，分为二十四区。至宣统二年（1910年）划区自治，并为十三区，后又并为九区。现并为三区，每区编为若干乡，亦犹邑领乡、乡领里、里领村之遗意焉。""第一区公所在皇庄镇，辖一百八十三村，编一百零五乡；第二区公所在夏垫镇，辖一百八十四村，编一百零五乡；第三区公所，在张各庄镇，辖一百七十三村，编九十三乡。"这时马坊地区的村庄应该并入了第三区公所。而志书所记，"今将全县村庄仍按九区时代分辖数目开列"，当时马坊地区的这些村庄，一部分记载在第八区：洼里、果各庄。大部分记载在第九区：西坊镇马坊西街、二条街、三条街（图3）、东店、娘娘庙庄、代庄、菜园、马坊河北、石佛寺、河魁、英城、塔寺、蒋里庄、打铁庄、犁羊、小屯。

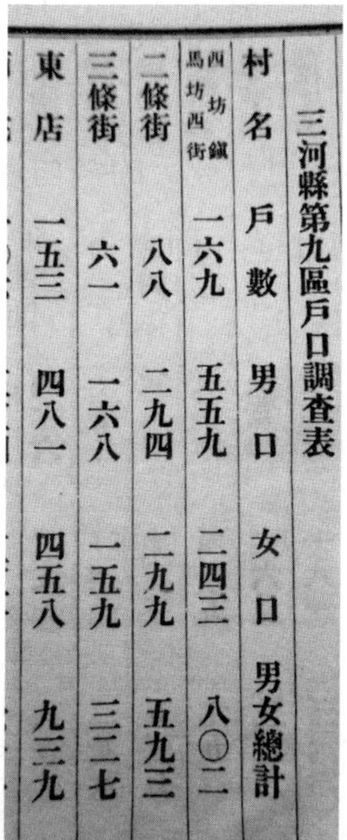

这里的"西坊"，应该是"兔西马坊"的简称。"西坊镇"的"镇"，与现在的"镇"意思不同，第八区记载有"峪口镇"，作者曾到峪口村访

三河縣第九區戶口調查表	村名	戶數	男口	女口	男女總計
	西坊鎮馬坊西街	一六九	五五九	二四三	八〇二
	二條街	八八	二九四	二九九	五九三
	三條街	六一	一六八	一五九	三二七
	東店	一五三	四八一	四五八	九三九

图3 民国二十四年（1935年）《三河县新志》"卷之六·经制志·乡间篇·村庄户口"调查表关于西坊镇三条大街的人口记载情况

谈，说峪口村民国时曾叫峪口镇。民国林传甲编纂的《大中华京兆地理志》"第二十一篇·县治·平谷"记载："独乐镇，县城东北独乐河庄，因特产棉花，渐有商店，改村为镇，人家五百户以上。"由此可知，民国初年，独乐河庄因产棉多，且有了商店，而将庄改称为镇。"西坊镇"应该是上面所记的西马房，包括马坊西街、二条街、三条街，这应该是简写，即马坊西街、马坊二条街、马坊三条街，当时总称"马坊"，今天马坊镇的得名应该由此而来。不像峪口镇有峪口村，南独乐河镇有南独乐河村，今天的马坊镇分作了西大街、二条街、三条街三个村而已。"娘娘庙庄"，即今李蔡街村的一个自然村。"代庄"，应该就是前面提到的"戴家庄"。"菜园"，即今早立庄的一个自然村。"马坊河北"，即今河北村。"河魁"，即今河奎村。这时"黎儿洋庄"，已写作"犁羊"。

同时，民国二十四年（1935年）《三河县新志》"卷之六·经制志·乡间篇·村庄户口"列有调查表：

村名	户数	男口	女口	男女总计
洼里	五二	一四六	一四四	二九〇
果各庄	一一五	四九五	四〇五	九〇〇
西坊镇马坊西街	一六九	五五九	二四三	八〇二
二条街	八八	二九四	二九九	五九三
三条街	六一	一六八	一五九	三二七
东店	一五三	四八一	四五八	九三九
娘娘庙庄	九九	二五二	二三七	四八九
代庄	二九	七八	六七	一四五
菜园	一四	三五	三五	七〇
马坊河北	一三九	三五六	三四二	六九八
石佛寺	五二	一四五	一三一	二七六

村名	户数	男口	女口	男女总计
河魁	五五	一四七	一三七	二八四
英城	二三一	六六六	六四四	一三一〇
塔寺	五七	一七〇	一八二	三五二
蒋里庄	八四	二四〇	二一五	四五五
打铁庄	六八	二二八	二〇七	四三五
犁羊	五四	一四四	一四九	二九三
小屯	一二二	三三三	三二八	六六一

志书记载了18个村庄，这是20世纪30年代初的调查资料，对于研究马坊地区村落及人口的发展变化，应该是很珍贵的，具有重要的历史参考价值。

抗日战争全面开始后，在中国共产党领导下，随着冀东西部抗日根据地的开辟，于1940年4月建立蓟（县）平（谷）密（云）联合县，下辖盘山直属区和西北办事处。同年7月，建立三河特别区，马坊地区在三河特别区内。1940年11月，随着根据地的扩大，将蓟平密联合县扩建为两个联合县，南部以盘山前为中心，建立蓟（县）宝（坻）三（河）联合县；北部撤销西北办事处，以鱼子山为中心，建立平（谷）密（云）兴（隆）联合县，下设四个区，一区大致在平谷城西及北山，二区大致在平谷城东及北山，三区大致在密云县塘子川以北至曹家路一带山区及兴隆县大、小黄崖等地区。1941年春，开辟了顺义二十里长山一带地区，建为第四区，通称"老四区"。马坊地区，当在一区范围内。1942年11月，将平（谷）密（云）兴（隆）联合县改为平（谷）三（河）密（云）联合县，将原属蓟（县）宝（坻）三（河）联合县的三河一部分划入，下设4个区，马坊地区依然属于一区。1943年7月，随着抗日根据地的巩固和扩大，为适应抗日斗争形势发展，冀热边特委做出"县划小，区划大"的决定，将平三密联合县划为两个联合县，北部原平三密联合县三区连同滦承兴办事处所辖大小黄崖区域，划为承（德）兴（隆）密（云）联合县，南部为平（谷）三（河）蓟（县）联合县（通称老平三蓟联合县），将原蓟（县）宝（坻）三（河）联合县盘山地区划入，下设10个区。这时马坊地区仍属于一区。1944年7月，抗战形势发展很快，恢复了1942年被日军"蚕食"的基本区，西部开辟到潮白河流域，西南开辟到通县、香河一带。这时，平三蓟联合县一分为三，西部二十里长山一带扩建为三（河）通（县）顺（义）联合县，西南部九、十区扩建为三（河）通（县）香（河）联合县，东部一、二、三、六等区仍为平三蓟联合县（通称新平三蓟联合县），直至抗日战争胜利，下设10个区。这时马坊地区属于三区。1945年8月至1946年3月，沿用平三蓟联合县建制。

1946年3月，取消平三蓟联合县建制，恢复平谷县的单一建制。这时，从蓟县划入14个行政村，从密云县划入12个行政村，从怀柔县划入18个行政村，从三河县划入86个行政村。其中，今马坊镇河奎、洼里、英城、果各庄、打铁庄、小屯、二条街、西大街、梨羊、蒋里庄、塔寺、石佛寺、李蔡街、戴家庄、早立庄、河北村、太平庄、权子庄、北石渠、东撞、三条街、东店22个村，即从三河县划入。这是新编2001年版《平谷县志》"第一编·建置沿革"所记。而新编《三河县志》"第一章地理位置·第二节境域变化"对此记载，时间为1946年底，划入平谷的是89个村，其中今属马坊镇的有河奎、英城、洼里、果各庄、塔寺、小屯、东店、三条街、二条街、马坊西街、蒋里庄、梨羊、石佛寺、代庄、李蔡街、娘娘庙、菜园、早立庄、河北、太平庄、打铁庄、权子庄、北石渠、东撞，共24个村。在这里，"犁羊"已写作"梨羊"。而在民国二十四年（1935年）《三河县新志》前所绘《三河县地理全图》标示，在北石渠东北、河奎东南的方位，有个"新房子"，未曾深入了解，不知今天属于什么村了。

单一建制的平谷县，至1949年8月，下设7个区，辖227个行政村。第一区（城关区），区公所驻地县城，辖34个村。第二区（南独乐河区），区公所驻地南独乐河，辖28个村。第三区（靠山集区），区公所驻地靠山集，辖30个村。第四区（大华山区），区公所驻地大华山，辖28个村。第五区（峪口区），区公所驻地峪口，辖36个村。第六区（南北定福区），区公所驻地马昌营，辖33个村。第七区（马坊区），区公所驻地马坊，辖38个村。今马坊镇所辖村庄，河奎、英城、洼里、果各庄等村应在第六区内，其他村庄当在第七区内。

1950年5月，从密云县划入35个行政村，并将原7个区合并为5个区，其中第二区（马坊区），政府驻地马坊，辖58个行政村，包括今马坊镇的洼里、河奎、北石渠、东撞、河北、梨羊、杈子庄、太平庄、圪塔头、早立庄、戴家庄、李蔡街、蒋里庄、石佛寺、塔寺、西大街、二条街、三条街、东店、小屯、打铁庄、英城等22个村。

1953年6月，建立乡政权，将区机构改为县派督促检查机关。全县划分为6个区，80个乡（镇），辖行政村264个。其中第二区（马坊区），政府驻地马坊，辖12个乡、58个行政村。包括周村乡、薄各庄乡、马昌营乡、王各庄乡、果各庄乡、二条街乡、石佛寺乡、河北乡、北张岱乡、南宅乡、门楼庄乡、赵家务乡。今马坊镇的村庄，应在果各庄乡、二条街乡、石佛寺乡、河北乡内。

1956年7月，撤销区级建制，合并为34个乡镇，即城关镇、大北关乡、赵各庄乡、东高村乡、张各庄乡、王辛庄乡、门楼庄乡、马坊乡、果各庄乡、马昌营乡、后芮营乡、北杨家桥乡、西樊各庄乡、峪口乡、唐庄子乡、乐政务乡、后北宫乡、刘家店乡、大华山乡、西峪乡、镇罗营乡、关上乡、熊儿寨乡、罗家沟乡、塔洼乡、中心村乡、靠山集乡、东马各庄乡、祖务乡、韩庄乡、南独乐河乡、南山村乡、峨嵋山乡、张辛庄乡。共辖271个行政村。今马坊镇的村庄，应在门楼庄乡、马坊乡、果各庄乡内。

1958年1月，将34个乡镇合并为18个乡，即城关乡、张各庄乡、中胡家务乡、大兴庄乡、马昌营乡、门楼庄乡、马坊乡、峪口乡、刘家店乡、大华山乡、南独乐河乡、峨嵋山乡、黄松峪乡、靠山集乡、熊儿寨乡、镇罗营乡、关上乡、乐政务乡。6月，又将峨嵋山乡、中胡家务乡并为北屯乡，将关上乡并入镇罗营乡。全县辖16个乡。今马坊镇的村庄，应在门楼庄乡、马坊乡内。

1958年9月，撤销乡建制，建立5个人民公社，即城关人民公社、马坊人民公社、峪口人民公社、韩庄人民公社、大华山人民公社。公社下设21个管理区、258个大队，辖274个行政村。其中，马坊人民公社辖门楼庄、马坊、马昌营3个管理区。今马坊镇的村庄，当在门楼庄、马坊两个管理区内。

1961年6月，撤销管理区，将5个人民公社划为21个人民公社，辖269个大队。其中，设马坊人民公社，辖20个大队：东店、三条街、二条街、西大街、蒋里庄、塔寺、石佛寺、李蔡街、早立庄、太平庄（今西太平庄）、河北、梨羊、河奎、北石渠、小屯、打铁庄、东撞、洼里、果各庄、英城。

1963年，北石渠东庄，改为行政村，称作权子庄至今。

1970年4月，因修建黄松峪水库，刁窝部分村民迁居至马坊公社，初与太平庄是一个大队，为第二生产队，而太平庄为第一生产队。一两年后独立成村，称新建队。

1975年2月，由马坊人民公社划出英城、打铁庄、东撞、权子庄、太平庄、新建队村、北石渠、洼里、河奎、果各庄、梨羊11个大队，建立英城人民公社，驻地英城村（图4）。

图4　英城乡人民政府（应摄于20世纪80年代末）

直至1984年4月，全县人民公社改为乡，大队改为村。这时改为马坊乡和门楼庄乡，各大队改为村委会。

1996年11月，撤销马坊乡，改设马坊镇。

2000年6月，撤销英城乡，并入马坊镇，建制马坊镇，延续至今（图5）。现在，马坊镇镇域面积37.24平方千米，下辖北石渠村、权子庄村、打铁庄村、东店村、二条街村、果各庄村、河北村、河奎村、蒋里庄村、李蔡街、梨羊村、石佛寺村、三条街村、塔寺村、洼里村、新建队村、西太平庄村、小屯村、西大街村、英城村、早立庄村21个行政村

图5　马坊镇人民政府（摄于2014年3月）

和4个社区，常住人口2.96万人。

马坊镇地处京津冀三省交汇处，是京津冀协同发展的重要战略节点，肩负着平谷区乃至首都主动服务和融入新发展格局的重要使命。新时代，马坊镇发挥区位优势，立足交通便利的条件，在高大尚平谷建设中走在前列，主动担起构建物流大流量的使命任务，服务新发展格局，打造首都物流高地，成为服务保障首都物资安全的重镇。

汉代絫城遗址

絫城遗址，在马坊镇英城村北（图6）。

北魏郦道元《水经注》记载："沟河又南经絫城东，而南合五百沟水。（五百沟）水出七山北，东经平谷县之絫城南，东入于沟河。"这里的五百沟水，即现在的金鸡河。清末杨守敬《水经注疏》按语："絫城，今谓之英城，在三河县西北三十里。"

图6　英城村北絫城遗址（摄于20世纪80年代）

清乾隆二十五年（1760年）《三河县志》"卷二·形胜志·古迹"记载："絫城，县西北三十里，相传元耶律英公城。""元"字从历史角度讲，应指元朝或元代之意，即絫城相传原为元代耶律英公城。

耶律是辽代契丹族皇室姓氏，而契丹部族本无姓氏，唯以各所居地名呼之，后皇族以开国皇帝耶律阿保机之耶律为姓。金、元时应该有耶律氏族人生活于今平谷地区，或安葬于平谷地区。比如 1984 年文物普查中，在黄松峪乡黑豆峪村金代萧氏家族墓，就发现两方墓志，其中一方为"金漆水郡夫人耶律氏墓志"，就是一例。

北魏至元间隔了八九百年，緓城是否到元时又将耶律英公封此，或说将緓城作为耶律英公封城？而耶律英公又为何许人？未见相关典籍记述，今已无从查考。

郦道元作《水经注》时，緓城应该存在。如果是遗址，定会写作"故城"，如记载泃河"东南流经博陆故城北"就是明证。

"緓"字，应读 yǎng 音，当地人一般读"yāng"音。其本义为卷曲的冠系，即系帽的带子曲绕不直。作为城名，又作何意？《三河县志》记载緓城为"相传元耶律英公城"之说，定是乾隆时写志人闻有此说，而沿传至今的英城村名亦当由"英公城"简化而来了。

1959 年 5 月第一次文物普查登记表有记，称作"古城遗址"：规模与形制，"英城庄北约一里许，有一个土岗，长达一里半，群众称此地城子里、城子外。在东北高阜，叫城子角。由此地名，是古代城址。由出土文物散布有许多粗细绳纹砖、篦纹陶片、鬲足折唇陶器、方格纹陶片等，由此东北约一里半，丘垅发现一个多室墓，起砖 2000 多块，都细纹和绳纹砖。由实物来看，可以肯定汉代古城"。保存情况，"已被破坏，只存城垣的痕迹"。

尽管緓城遗址最早见记于北魏郦道元《水经注》，而清乾隆《三河县志》记载緓城"相传元耶律英公城"，可 1959 年文物普查登记表，根据地表散落实物定为"汉代古城"，故此写作"汉代緓城遗址"。

《平谷文物志》亦有记载，写作"英城遗址"（图 7）："位于马坊镇

图7　英城村北缺城遗址（摄于2008年5月）

英城村北。1983年11月第二次文物普查中发现。东至小河沟，南至民房，西至黎家坟，北至果园。占地面积3万平方米。东部俗称'东城里'，西部俗称'西城里'。在城内有战国至汉的绳纹陶片发现。1997年第三次文物普查时，偶见地表散落西周、战国时期陶片及汉代碎瓦。"志书将其列为西周城址。

2007年第三次全国文物普查时，缺城遗址为马坊镇工业园区预留的物流基地，遗址西部有麦地，东部为荒地，中部被南北走向的柏油路穿过，遗址四周种有柏树。近年去村里调查，老人还可以具体指出城子里、城子外的具体位置。2012年10月再去时，正值大规模施工开挖基槽，有二三层楼房深，仔细查看基槽断面及挖出的砟土，未见砖瓦遗物及墙基夯土等（图8）。如今这一带已建筑林立，缺城遗址无迹可寻了（图9）。

图8　英城村北缺城遗址西城里工业园区物流基地施工中（摄于2012年10月）

图9　物流基地在缺城遗址上正在建设中，右边打好的水泥基础处就是2012年10月拍摄的开槽的地方（摄于2014年8月）

总之，由于资料所限，一时还不能搞清缺城究竟何时所建、为何而建、延续了多长时间、因何而毁等，待以后再行研究。至于英城村，则是建村在后，只因安徽老家的张姓祖上随着燕王（朱棣）扫北，挑着挑子迁移至此，立庄于英城城址附近，张家人便以此而名英城村了。

《北京市平谷县地名志》写到英城村，说是"商末周初成村，时名不详。北魏始称缺城，明代称英城，沿用至今。抗日战争时期化名旅村"，并说"该村东、西堡子为西周至战国时期城寨和居住遗址，另外发现汉至辽、金等的墓葬群，已出土陶猪、羊、灶等"。

地名志明确说英城商末周初成村，大概主要依据文物部门所确定的村北遗址为西周城址。即使根据出土文物，遗址上限可至西周之时，也只能说那时这里曾有一座不知叫什么名字的城，北魏郦道元写《水经注》时称其为缺城。尽管早期有城，但与后来的英城村不能混为一谈，更不能简单认为英城那时已经成村，毕竟今天的英城村不是由商周时的城寨延续下来的，英城村人更不是由商周时人一脉相承繁衍下来的。

记得2007年6月作者曾到英城调查寺庙情况，访谈81岁退休职工张贵城老人（图10），说英城的张氏是安徽的老家，祖上挑着挑子过来的。2012年、2014年、2016年，作者先后三次又来村访谈、踏察。村里83岁老村干部张德存、79岁老村干部张春廷、73岁退休教师张仲耕等老人，都说是张姓人先来立的庄，张姓从安徽迁过来的，且肯定地说是随着燕王（朱棣）扫北过来的。这么说来，今天英城村来得最早的张家人，当在明朝初年过来的了，也就意味着英城村立庄亦在明初了。只因立庄于英城城址附近，最早来的张家人便以此而名英城村了。

图10 英城村81岁水泥厂退休职工张贵城（摄于2007年6月）

明代马坊遗址

北京历史地理研究专家尹均科先生曾撰《平谷大地凝聚着"古气"》一文，指出"平谷有千年的牧马场"。

尹先生在文章中说，自古幽燕多马。引用《左传》记载"冀之北土，马之所生"，意为冀州北部是出产马的地方。至公元10世纪以后，崛起于北方的契丹、女真、蒙古等民族的首领，相继率军南下，建立辽、金、元王朝，并建都幽燕之地。这些北方少数民族以游牧、射猎为生，善骑射，当他们占据了幽燕之地，便将原来大片土地改作牧场，以牧马羊。据史学家研究，平谷西部（旧属三河县）就是辽代以来的重要牧马草场。辽乾统七年（1107年）所立盘山"上方感化寺碑"记述，辽乾亨年间（979—983）以前，上方感化寺已在蓟州（今天津蓟县）所属三河县北乡，建置一处庄园为庙产，有地30顷，平坦肥沃，其中10顷种小麦，以为祭祀及寺僧日用。辽大安年间（1085—1094），朝廷派官员踏勘抛荒土地，见此说这是豪强奸民，且地契不明，便强行在这片土地周围竖立为官府所有的标志，废为牧场，建起马厩，以放牧和饲养战马。此后，这里作为京畿一处重要的牧马养马之地，相沿不废。尹先生是研究北京地区历史地理的著名专家，所说应该是有据且可信的。

到了明代，今平谷境内牧马养马主要在马坊镇河北、峪口镇厂门口、大官庄等地，都应该有官府的牧地、草场、马厩及料仓，所牧养的马匹主要供军队使用。如清乾隆二十五年（1760年）《三河县志》所载："旧志明设御马监，内监掌之，公廨（xiè）墙垣皆极宏丽。又有南北马房，儿东马房在县北二十二里，儿西马房在县西北二十五里，为南马房；杨家桥马房在县北四十三里，官庄马房在县东北四十五里，张各庄马房在县西北四十五里，为北马房。又有牧马草场地。至国朝康熙十八年地震，公廨墙垣无存。"这即是说，今天的马坊镇河北村的马坊遗址为南马房，又称西马房，东马坊在今三河境内，不知今天的什么村落了。而今的峪口镇杨家桥马坊遗址、大官庄马坊遗址及顺义区张镇厂门口村的张各庄马坊遗址，为北马房。清代以后，这些牧马草场和马房渐渐荒废，且垦为农田。

志书所记"儿东马房""儿西马房"，翻阅清康熙十二年（1673年）《三河县志》（手抄影印本），在"建置志·市集"中记有"兔东马房集""兔西马房集"。河北三河县一位朋友发来近年发现的西曹庄《重修三圣庙碑》，上写"三河有六马坊，西曹庄居兔西马坊"之语。作者专程前去查看此碑，因风化蚕食，字迹多有不清，一时未能查得立碑时间。"兔"字与繁体"儿"字有些类似，清乾隆二十五年（1760年）《三河县志》为民国时重印本，会不会是重印时印错了？也就是说，原本应该是"兔东马房""兔西马房"，而非"儿东马房""儿西马房"。三河朋友亦持此说。

作者研究整理平谷明代志料，并编一本《明代平谷志料辑校》，发现明嘉靖三年（1524年）《蓟州志》中，设"国赋志·草场"目（图11），有关于明代养马场的资料。

草 场

马以备征，场以牧马，兵政莫大于此。故鲁駉（jiōng）卫騋（lái），迭咏于诗。我朝御马监及十二团营，皆有草场，坐落畿内地方。草长则牧马于场，草衰则饲马于厩，盖亦宽民一分之意也。所恨者土多沙脊，

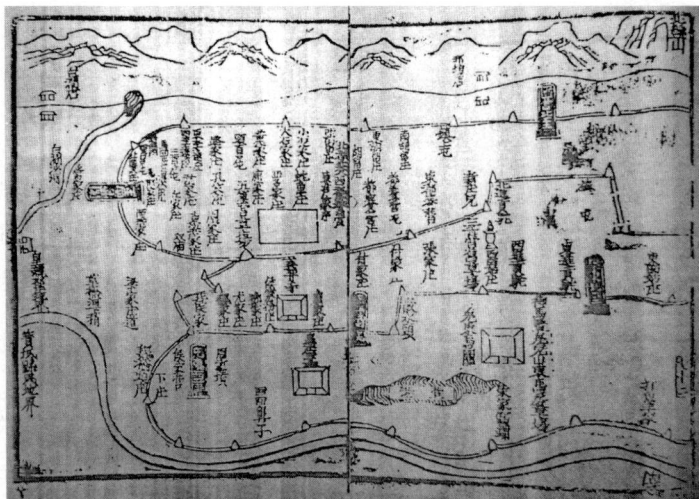

图11　明嘉靖三年（1524年）《蓟州志》所绘"草场图"

草鲜丰茂，有名无实。近年议者，召民佃种，每亩收银三分，买草饲马，则官民两便焉。

　　这是"草场"目下的一段概括性叙述文字，使我们基本明白，朝廷设御马监分团营管理，各养马场在不是很远的玉田等地都有草场。春夏草长起来了，在草场牧马；秋冬草衰败了，在养马场饲马，也就是在马厩里养着。我国古代第一部诗歌总集《诗经》中有《鲁颂》，第一篇即是《駉》。此为颂马辞，赞美各色各样的马，都善于拉车。全诗四章，每章八句，我们欣赏一下第四章：

駉駉牡马，在坰（jiōng）之野。
薄言駉者，有駰（yīn）有騢（xiá），
有驔（diàn）有鱼，以车祛祛。
思无邪，思马斯徂。

大意为：肥肥大大的那些马，放在辽远的牧野。那儿那些马，黑白的花马、红白的花马、白毛长腿的马、两眼白毛的马，多健壮地把车儿拉。哟，不歪斜，哟，马儿如飞呀！"卫骏"的"骏"字，也应该是马的意思，古有七尺为骏，八尺为龙之说。《诗经》"国风"之"鄘（yōng）风"中有《定之方中》诗，当卫为狄灭后，卫文公迁居营丘。此诗记其在营丘建筑宫室，督促农桑的情况。诗最后有"匪直也人，秉心塞渊，骒牝（pìn）三千"句，大意是：那个正直的人呀，用心周全又深远，大马、母马养三千。这是写卫文公的，《蓟州志》故称为"卫骏"。两处都出自《诗经》，下面才接着写"迭咏于诗"。"草鲜丰茂"之"鲜"字，在这里作者觉得不能简单理解为鲜嫩的草，要联系上文"沙脊"来看，当读xiǎn，即草长得不丰茂意，才能与下文"有名无实"相衔接。"马以备征，场以牧马，兵政莫大于此"，所言极是。在古代冷兵器时代，战马极其重要，有如今天的汽车、坦克、战机，在战争中起着重要作用。就是平时，也是运输、出行的脚力。因此，古代没有哪一个朝廷不重视养马的。

概括叙述之下，先写"蓟州"：

团营等草场，永乐年间（1403—1424）原额顷亩及图形碑，正德元年（1506年）五月知州冯琨立。

御马监兔儿山东马房草场，通量得大四至内，共地八百九十顷二十四亩一分。东至四柳树民人吴祥地界，西至侯家营周家坟地界，南至三岔口民人谢宣地界，北至师姑庄迤（yǐ）南民人孟昱地界。内有草场地八百顷一十亩，民征粮正附地，除庄窠、坟茔、道路、水坑外，净该地三十五顷九十八亩。

御马监兔儿山西马房草场，原额该地六百四十八顷。今通量得大四至内，共地五百一十四顷五十八亩四分，少地一百三十三顷四十一亩六分。缘先年查勘明白，边界已定，军民地土俱在，至外无干，无从拨补。蒙钦依行，令该监照依顷亩掌管牧放马匹。东至王家浅民庄地界，西至四柳树即兔东草场东界，南至嘴头民庄地界，北至青甸民庄地界。

景泰六年（1455年），户部题为牧放马匹事，该总兵官、太子太师、武清侯石亨等奏闻，五军、三千、神机等营草场，近年以来，多被军民占种。乞将前项草场，俱照原旧图样，给还各营官军牧马等因。本部为照：前项草场中间，原系军民耕种办纳粮草之数，难便拨付。行据本部委官员外郎冯谙（yīn）呈，依奉督同、后军都督府并顺天等府、州、县委官、都指挥等官白玉等亲诣所奏，草场拘集各该里老地邻人等，吊取先年图册，从公查勘，丈量明白，开呈到部。欲将军民征纳粮草地亩，照数给还各主，仍旧耕种。其余空闲草场，给与各营官军，牧放马匹。未敢擅便，题奉圣旨。是，钦此。钦遵。

这里写道："御马监兔儿山东马房草场"及"御马监兔儿山西马房草场"，这应该就与平谷、三河一带养马场有关。户部题奏的草场"多被军民占种"，"给还各营官军牧马等"，是否可以使我们从另一侧面进一步理解尹均科先生说的"将原来大片土地改作牧场"这件事。

御马监兔东马房地八百顷一十亩。兔东马房，地六百四十八顷，明立界线，高筑封埒（liè），官五以夺，民五以垦。

"兔东马房"，也应该是今平谷区马坊镇、三河一带的养马场。

平谷境内应该没有大面积草场，但在州志"蓟州"等处，包括"州境图"，都有"御马监兔儿山东马房草场""御马监兔儿山西马房草场"

等记载，当与今属平谷、原属三河的马坊镇马房等有关，因为与平谷西部临界的顺义二十里长山（图12），其中就有一座小山称"兔耳山"或"兔儿山"。而三河旧志，也有"兔东马房""兔西马房"的记载。

图12　顺义区二十里长山（摄于2015年6月）

河北马坊遗址，在马坊镇河北村西台地上。

过去传说这里有城，且是城里，现在还可见三合土夯筑的城墙（图13）。相传辽代萧太后在这里养马。村里的一些土地，叫的名字还跟养马场有

图13　河北马坊遗址残墙（摄于2007年5月）

关，如村北有"草栏地"，村东北有"草场"等。村西2里，有一大坑，称"官马壕"，传为饮马所用。前边早立庄村有一个小自然村叫"菜园"，相传过去养马的人在那里种菜。

清乾隆二十五年（1760年）《三河县志》"卷二·形胜志·古迹"记载："古马房，在马房庄北，为辽金元明牧圉（yǔ）之所，至今基址犹

存。"也许这里的"古马房"不是一处，比如三河那边也有，但应该是包括河北马坊的。这里的"圈"，即是指养马的地方。

1959年第一次文物普查资料对马坊遗址有简略记述：

> 名称，古城。年代，辽建，明重修。地址，平谷县马坊公社河北村。规模与形制，本村西有一城址，西一里。其痕迹尚存，有沟纹砖、篦纹陶片、折唇陶器，有笨重的圈足的碗碴，有石灰加沙的根基。群众传萧太后养马场。附属文物，在城中央有废墟一块，据说是马王庙，尚存石碑一块，碑身倒卧于地。碑阳，我朝□□设京东，百余里地马旧□，设于马神庙。年深朽，又重修。……殿宇存焉，上雨旁风鸟便，瓦甓（pì）飘裂，嘉靖岁次……碑阴，掌马坊太监□官赵公良、刘公印、王公增、高公恩，管马指挥佥事李洪、千□等字样。

普查资料认定为辽代遗址，与三河县志记述一致，并说建有马王庙，存在一通石碑。石碑内容尽管不完整，但从其行文可大致看出应为明代所立，且与养马场有关。

在河北村村北，旧有一座道教庙宇三官庙，前殿东侧有通汉白玉石碑，也就是普查资料记载的"转角碑"。三官庙毁于1973年，残碑尚存，首题《重修兔西马房三官庙记》（图14），碑文写到了重修三官庙主要人及立碑事，包括御马监、西马房太监、指挥使等，说明与养马场有关。详情见《马坊地区的碑刻》。这里写到的御马监，为明宦官官署名，职掌御马，自然有养马、驯马人员，由此产生了一支由御马监统领的禁兵，碑记所写"□马监□□、西马房太监李芳明"就是明证。

既然此碑在河北村三官庙内，首题又是《重修兔西马房三官庙记》，说明我们现存的马坊遗址，应该就是过去的兔西马房。而康熙十二年

图14 河北村三官庙残碑碑身碑阳首题《重修兔西马房三官庙记》（摄于2018年10月）

（1673年）《三河县志》（手抄影印本）"建置志·市集"中所记的"兔西马房集"，应该就是马坊大集了。清乾隆二十五年（1760年）《三河县志》"卷六·乡间志·市集"记载："马房，每逢四、九日大集，一、六日小集。"就直接写作"马房"，而去掉前面的"兔西"二字了。现存的河北马坊、官庄马坊、杨家桥马坊三处遗址，都是明代养马场遗址。因此，马坊大集应该明时就已兴起，影响周边百八十里，至今亦未中断。

这通重修三官庙碑，对研究明代军事、养马、宗教以及今天马坊镇名字由来、河北村历史等，无疑具有重要意义和价值。

河北马坊遗址（图15），占地面积约2.5万平方米。遗址分布于台地

图15 河北马坊遗址（摄于2007年5月）

上，原有500米见方的围墙，后毁于战火，现仅存南部一段残墙，长38米，宽5.5米，高3米，墙基为三合土夯筑，文化层中有大量碎砖堆积。现为农田，周边栽种了不少的树木。十几年前，作者在文委工作时来此，曾见到取土或种地等，有二三米长大条石等建筑构件出土，就散落在地表上。1997年第三次文物普查时，征集到三件从残墙南侧出土的汉代陶罐。而河北村马坊遗址，旧称西马坊或西马房，是今马坊镇域内最为重要的文化遗存。尽管现在没有哪个村落以此而名，可镇一直名此，只是省去了"西"字而已。

明嘉靖三十二年（1553年）《怀柔县志》收录明景泰六年（1455年）光禄大夫少傅太子太师礼部尚书胡濙所撰《敕赐云岩寺碑记》记述："云岩寺，在京都东北百余里顺天府怀柔县栲栳山前，年深倾圮。御马监太监阮公让因提督沿山一带马房，往来见此山峦环拱，聚气藏风，真堪为供佛道场。"清康熙六十年（1721年）《怀柔县志》收录仕英宗、代宗、宪宗三朝，历官兵部尚书、户部尚书、太子少保、吏部尚书、谨身殿大学士商辂所撰《重修云岩寺碑》碑文，也有相关记述："景泰初，御马监太监阮公让奉命提督沿山诸处马房，因见栲栳山峰峦秀拔，溪流澄澈，中有古刹，殿宇虽圮，遗址尚存。"这记载的是刘家店镇孔城峪磕头沟云岩禅寺。再如民国二十三年（1934年）王兆元所编《平谷县志》收录邑人明代山西右布政使金纯于明弘治十二年（1499年）九月所写《白云寺记》："迨景泰甲戌秋，钦差御马监左监丞黄帽以上命之边，偶经于寺，一接广师，参乘竟日。""即相与握手，曰：吾师居此，得无隘且陋乎？乃出钱若干万缗（mín），增其三世殿为三间，创左之堂为伽蓝，右之堂为祖师，承堂而构为居僧之所。"这里记载的是黄松峪乡白云寺村的白云寺。又如民国二十三年（1934年）《平谷县志》所录金纯明正德四年所撰《重修慈福寺记》，记载"御马监太监刘公僧"，"出金若干万缗"，"取其地之面阳者，构如来大殿，列左右为伽蓝、祖师……""公遂奏请于朝，赐名'慈福'。"这里记载的是山东庄镇山东庄村的慈福寺。这些志书所记御马监太监阮让、钦差御马监左监丞黄帽、御马监太监刘僧，与《三河县志》记载"明设御马监，内监掌之"及明代《蓟州志》记载"我朝御马监及十二团营"等相印证，或许阮让、黄帽、刘僧等奉命提督的沿山诸处马房，当时就与现存遗址的这些马坊有关呢。

清康熙二十四子諴亲王允祕及园寝

　　一般来说，帝王陵寝，主要安葬帝王，皇后与之合葬，嫔妃安葬在附近，而皇子往往另寻墓地。比如清代，在遵化马兰峪建有皇帝陵寝，进关的第一位皇帝顺治皇帝及继位者康熙皇帝相继安葬于此。雍正皇帝则在易县另择陵地，而乾隆皇帝又葬在康熙皇帝脚下。这样就有了清代的东陵、西陵，而且形成了昭穆制。至于每位帝王的皇子，就要自己安排后事了。清代皇子很多，墓地分布于北京的海淀、昌平、门头沟、房山、怀柔、密云，天津的蓟县，以及河北的易县、涞水等地。今平谷（原属三河）境内，就有康熙皇帝两位皇子——三子允祉与二十四子允祕（mì）的园寝。

　　根据宋大川、夏连保《清代园寝制度研究》及冯其利《清代王爷坟》记述，"园寝"一词，最早见于《后汉书》"祭祀志下·宗庙"："汉诸陵皆有园寝，承秦所为也。说者以为古宗庙，前制庙，后制寝，以象人之居，前有朝，后有寝也。"可见，"园寝"一词最初含义，是指帝王的墓葬，包括"园陵"与"寝庙"两部分。而"园陵"就是陵园，"寝庙"就是祭祀的场所，包含帝王的埋葬地和祭祀地两个方面。清朝之前，我国历代封建社会的传统墓葬等级观念，只有"陵"与"墓"两种区别。皇帝墓葬才能称为"陵"，除此以外，即使诸侯王乃至太子墓葬，除非朝廷特殊恩礼，也只能称"墓"。擅自称陵意味着僭（jiàn）越，为封建等级制度所不允许。到了清代，将"园寝"从"陵寝"中分离出来，在"陵"与"墓"之间，增加一个"园寝"的等级，即把皇帝与皇后的墓葬称作"陵"或"陵寝"，而将包括皇帝妃嫔和皇子、公主以及皇族中其他所有封授爵位的宗室贵族墓葬统称为"园寝"。这是与以往的历代封建王朝有所不同的。

清代从顺治到乾隆时，逐步形成了自己的宗室封爵制度，大致为14等，即和硕亲王、亲王世子、多罗郡王、郡王长子、多罗贝勒、固山贝子、奉恩镇国公、奉恩辅国公、不入八分镇国公、不入八分辅国公、镇国将军、辅国将军、奉国将军、奉恩将军。一般爵位均为降级世袭，即子嗣承袭父爵要降一级。如"亲王"，太子之外的皇子或皇帝的兄弟一般会被封亲王，清时的亲王是和硕亲王的简称，郡王是多罗郡王的简称。"世子"，过去继承皇位的往往称为太子，而继承王位的则称为世子。亲王、郡王的传承关系，一般是亲王一子封亲王，余子封郡王；郡王一子封郡王，余子封贝勒；贝勒之子封贝子，贝子之子封镇国公，以此类推。清朝的王爷只有爵位，没有封地等，这与明朝诸侯王明显不同。明朝诸侯王不仅有封地，还有自己掌管的军队，要不怎么会有建文帝削藩、燕王朱棣起兵最后登基称帝呢？这里的"和硕""多罗""固山"都是满语，"和硕"为一方，"多罗"为一角，"固山"有时当"旗"讲，这里是美称。

清代不仅宗室封爵有规定，对园寝也有相应规定。有一部书叫《钦定大清会典事例》，以政府机构来分类，下叙各项法条政事。"卷九百四十九·工部·园寝规制·坟茔规制"记载：

顺治十年题准，亲王给造坟工价银五千两，世子四千两，郡王三千两，贝勒二千两，贝子一千两，镇国公五百两，辅国公同。又议准，亲王至辅国公碑身均高九尺，用蛟龙首、龟趺。亲王碑广三尺八寸七分，首高四尺五寸，趺称（chèn，相称——引者注）之。世子、郡王碑广三尺八寸，首高三尺九寸，趺高四尺三寸。贝勒碑广三尺七寸三分，首高三尺六寸，趺高四尺一寸。贝子碑广三尺六寸六分，首高三尺四寸，趺高四尺。镇国公碑广三尺六寸三分，首高三尺三寸，趺高三尺九寸，辅国公同。又题准，亲王给碑价银三千两，世子两千五百两，郡王二千两，贝勒千两，贝子七百两，镇国公四百五十两，辅国公同。

道光二十四年定，亲王茔制（图16），飨堂五间。亲王世子至辅国公皆三间。亲王、亲王世子、郡王门三，贝勒以下门一。亲王绘五彩，饰以金，覆以绿琉璃瓦。亲王世子、郡王，只绘五彩，皆覆以绿琉璃瓦。贝勒以下施朱不绘，用瓶（tóng）瓦。亲王坟园周百丈，亲王世子、郡王八十丈，贝勒、贝子七十丈，镇国、辅国公六十丈。镇国、辅国将军三十五丈，奉国、奉恩将军均三十丈。

哪个等级，给丧葬费多少银子，飨堂几间，墓园多大，

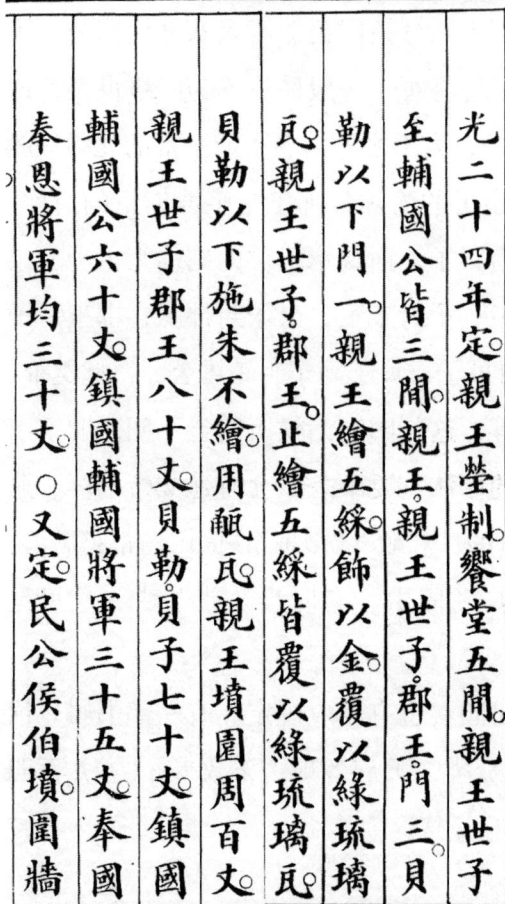

图16 《钦定大清会典事例》"卷九百四十九·工部·园寝规制·坟茔规制"

墓碑多高以及建筑顶覆什么瓦，梁架施什么彩绘，都有具体规定。甚至守护园寝的有多少户都有规定，称作"守冢人户"，世代相沿，老百姓一般管这个叫"坟奴"，说白了就是看坟的，也就是日常对园寝的看管。相应地，老百姓管这园寝叫王爷坟。一般亲王园寝置守冢人十户，世子、郡王八户，贝勒、贝子六户，镇国公、辅国公四户，镇国将军、辅国将军二户。有些园寝还有军队守卫，如河北涞水怡亲王允祥墓，"设立守备一员、千总一员、把总两员、兵丁五十员，永远守护"。允祥是康熙皇帝第十三子，与雍亲王胤禛关系最亲密，全力辅佐胤禛治理国家，遂得世袭罔替的许可，为铁帽子王。甚至将其名"允祥"的"允"字改回"胤"字，成为有清一代臣子中不避皇帝讳的唯一事例。

下面，谈谈葬在马坊打铁庄的清康熙皇帝第二十四子誠亲王允祕及其园寝。

这片园寝，在马坊镇打铁庄村南，俗称南宫、北宫。南宫为康熙皇帝二十四子誠亲王允祕的园寝，北宫为允祕长子弘畅的园寝。

过去这里为三河县管辖，清乾隆二十五年（1760年）《三河县志》"卷六·乡间志·坟墓"记载："誠亲王福地，在县东北二十里马房。"（图17）誠亲王即允祕，生于清康熙五十五年（1716年）五月，乾隆三十八年（1773年）十月薨（hōng）逝，享年58岁。弘畅，允祕长子，生于乾隆五年（1740年）十一月，乾隆六十年（1795年）正月薨逝，享年56岁。此志前面所写墓地如允祉墓就写"诚郡王墓"，允祉早已去世了。而写到誠亲王允祕，却称

图17 清乾隆二十五年（1760年）《三河县志》"卷六·乡间志·坟墓"关于誠亲王园寝的记载

为"福地",何故？允祕于乾隆三十八年（1773年）去世，乾隆二十五年（1760年）写志时虚岁才45岁，尚在世，而百年寿地已择定于此，志书故称"福地"。

冯其利《清代王爷坟》一书对允祕园寝有记：

北京远郊平谷县有过这样一个传说：数百年以前，有位迷信风水的人，相中了三河县（今属于平谷县马坊乡）打铁庄村南的一条土龙。认为他家立坟地于土龙之前，家中必出龙种。他临死之前，嘱咐儿女不要给他穿衣服，一丝不挂入殓、埋葬。几个月后，他的儿女于心不忍，觉得对不起老人，想给他穿衣服。打开棺盖，发现这人的下半身已经出现"龙鳞"。若再过一年半载，龙鳞会长满全身。由于他们起灵这一做法，"龙种"再也降生不出来了。当然，这仅仅是一个传说。

冯其利先生在《清代王爷坟》这段传说下面注释："据北京电冰箱压缩机厂退休工人张绍林讲述，笔者小有改动。"张绍林是否是当地人不得而知，而冯先生自己说对这个传说是做了修改的，作为引子，就为引出下面关于諴亲王允祕的记述：

諴恪（kè）亲王允祕，为康熙帝第二十四子。生于康熙五十五年（1716年）五月十六日。雍正十一年（1733年）正月，雍正谕曰："朕幼弟允祕，秉心忠厚，赋性和平，素为皇考所钟爱。数年以来，在宫中读书，学识亦渐增长。朕心嘉悦，封为諴亲王。"乾隆即位后，让这位比自己还小五岁的叔父于乾隆二年（1737年）四月管理粘杆处，五年（1740年）授以镶蓝旗蒙古都统，十五年（1750年）十二月总管镶白旗觉罗学，十七年（1752年）七月授盟长，十八年（1753年）五月管理御书处，二十八年（1763年）九月署理宗人府事务，三十一年（1766年）十二月充玉牒馆总裁等。乾隆三十八年（1773年）十月二十日，允祕薨逝，年五十八岁，谥曰恪，葬于三河县马坊附近打铁庄，选址土龙的龙头之前。他的园寝俗称南宫，坐西朝东。最东边有神桥一座，桥下有文河，平时由马坊北边的河里引水。过桥即碑楼，内立驮龙碑。两边有南北朝房，西边是三开间的宫门。院内居中是享殿一座，三间。顺着享殿南北有墙，并有角门，里边是月台。月台上有大宝顶一座，后边是圆弧形"跨栏"墙。地宫石券，金井玉葬。阳宅建在南宫东北，有三进院落。照应坟地十户，吃钱粮月米，也有过十亩、八亩养身地。

允祕有四子，长子弘畅生于乾隆五年（1740年）十一月十九日，初封不入八分公，担任过散秩大臣，管理过健锐营事务。乾隆二十九年（1764年）正月降袭诚郡王。在御前行走，担任护军统领。乾隆四十年（1775年）起，担任过宗人府右宗政、领侍卫内大臣、盟长，总管过觉罗学。乾隆四十二年（1777年），因为理泰东陵事务独持定见，事速工坚，一度晋封亲王。乾隆六十年（1795年）正月二十九日卯时薨，享年五十六岁，谥曰密。他的坟地在其父园寝北侧，故称北宫。建设规模接近。

南、北宫及附近地亩共六顷，广植松柏树、白皮松，周围栽了杨树。树的粗细大多为一尺五六至二尺。进入民国以后，镇国公溥霱（yù）先让人把松柏树卖掉，开了土地耕种。过了两三年，又折卖砖瓦石片，这时发现王爷坟被盗。由于溥霱不会做买卖，卖什么也没卖出好价钱。回到城里一转悠，钱就没了。迫不得已，他来到诚亲王府第二处坟地所在的圪（gē）头村，住在看坟户白玉峰家，1934年农历八月病故。

这是诚亲王允祕及嫡长子弘畅园寝的大致情况。这里说"享殿一座，三间"。所说享殿，为供奉和祭祀之所。按清廷规定，"亲王茔制，飨堂五间"，称为"飨堂"。这里的"飨"字通"享"字。而清陵供奉和祭祀的大殿称为隆恩殿，帝后供奉和祭祀的大殿也称为隆恩殿，妃园寝供奉和祭祀的大殿称为享殿，王爷园寝供奉和祭祀的大殿则称为享堂。

2007年6月，作者来打铁庄调查寺庙时，访谈75岁老村大队长范仲宽、74岁老村书记郭殿发，同时了解王爷坟的情况。他们说，在村南边，有两座清代王爷坟，听说是乾隆的老叔（shōu）。北边的这个，坐西朝东，大门在东边。最东边，一座石牌楼，汉白玉的，四根柱子。过去牌楼西边有房，四周红院墙。牌楼东边北侧，有一个王八驮石碑。这应该是允祕之子弘畅之碑，拓本尚存。

碑东边，有一座石桥，就是"平桥子"，下面一个桥洞。石桥东边，是马场地，据说过去是放马的地方。牌楼西边20多米的地方，是宝顶，东边有门，在地下。宝顶是圆的，直径大约10米。宝顶内，有5口棺材，大棺材套小棺材。传说这个王爷替皇帝赴过宴（北国），人家拿刀子扎着大块肉往王爷嘴里布，就是想害王爷。王爷张口就吃，嘎嘣一下把刀子咬下一截，没害了。坟在抗战的时候就盗了，撬开块石头盗的。

在这座王爷坟南面约1里地，现在是一个厂子的院内，就是那座王爷坟。村人说，建造得差不多，也是东边一座桥，是个罗锅桥，有石栏杆，桥西边一座王八驮石碑，碑西边一座牌楼，牌楼西边一座宝顶等。也是1958年拆的，连罗锅桥都拆了。过去桥东边有条道，奔马坊西大街。老人们说，南边的王爷据说没有北边的王爷能干。村里老人所谈的王爷坟，应该就是允祕的南宫。碑拓本亦存。这两通石碑，都是由乾隆皇帝亲笔题写，详情见《马坊地区的碑刻》。

这两座王爷坟上都是大松柏树，就像一片松柏树林，一进去呜呜响。听说过去一到石桥这儿，文官下轿，武官下马。过去有看坟的，高国华老太爷子就是，一家人都是旗人，吃俸禄。看坟的有龙头拐杖，打死人白打，横着呢，惹不起，皇家给撑腰。

这里老人所谈的北宫石桥是"平桥子"，应该是属于几块石板一搭的那种平桥，或梁桥，而不是拱桥。另外，说"牌楼东边北侧，有一个王八驮石碑"，或为碑亭拆毁以后，龟趺座在东北侧散落的。正式建筑，作为碑亭，是应该在石桥与牌楼中间的位置，与享堂、宝顶在一条中轴线上。南宫的石桥是"罗锅桥"，当是拱桥了。

2007年6月，作者还曾到小屯村访谈85岁老村干部范云奇（图18），老人记得，南宫在小屯村西南约5里地，一大宝顶，直径约3丈，外边是石头碹（xuàn）上来的。宝顶四周有台阶，外有围墙。宝顶东边有一亭子，亭子里边一个王八驮石碑。再往东是汉白玉的罗锅桥。南宫埋的据说是乾隆皇帝的老叔。1958年北京修人民大会堂拆的。老人边说边随手画了一张南宫示意图（图19）。

图18　小屯村85岁老村干部范云奇在画南宫示意图（摄于2007年6月）

范云奇老人说，北宫，也在村西南，南宫北边，相距约300米。格局与南宫一样，四周有围墙，最西是宝顶。宝顶石头碹的，东边有石门，里边有二三口棺材，全是黑油漆的。中间池子中有水，膝盖深的水。棺材停在台子上。宝顶有内外围墙。外围墙有3个门道，中间大。两边略小点。在20世纪三四十年代就没有门了。外围墙到东边碑亭约100米，亭子四角，两层重檐，上面是绿琉璃瓦，亭子里边一个王八驮石碑。碑亭往东七八十米，是一座汉白玉的罗锅桥，单孔，有石栏杆，桥两端往外敞开有"翅"。北宫也有很多松柏树。由北宫再往东约200米，还有一小罗锅石桥，北宫罗锅桥与这座小桥对着。小桥东边据说是养马场，约30亩地。马场四周建有围墙，是就地烧窑，后来队里还利用那窑呢。北宫埋的不知道是谁，也是1958年北京来人拆的，盖人民大会堂了。老人记得，20世纪70年代初平整土地，在北宫东边的养马场出土了一个石槽子，当时埋地下有1米多深，现在范仲友家后院喂牛。作者当时调查时，是到范仲友家看了石槽，不仅拍了照片，还量了尺寸。石槽长1.62米，高0.6米，宽0.63米（图20）。

南宫、北宫早已毁弃，仅存部分石雕、石构件等。

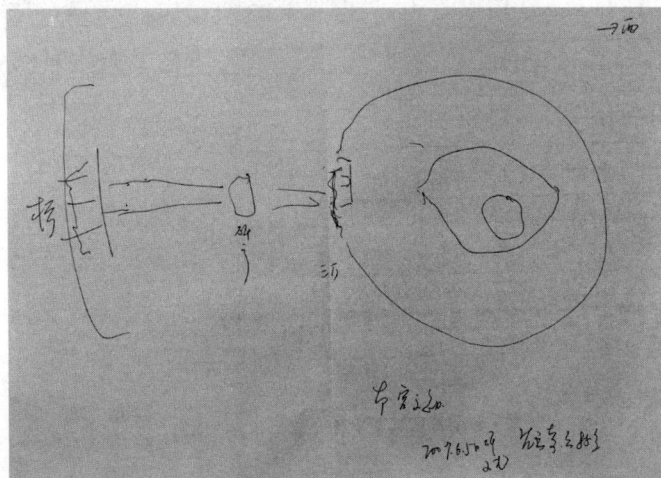

图19 小屯村85岁老村干部范云奇所画南宫示意图（摄于2007年6月）

图20 小屯村范仲友家后院喂牛的石槽（摄于2007年6月）

2007年6月来时，这里还是马坊中学。院内有个石雕（图21），不到半人高。过去听马坊中学老校长赵荣久说过，这个好像是石马，王爷坟前之物。而南北宫墓地所用的大青条石，在马坊中学操场东侧敞门处（图22）。实际上，这道敞门东边是校区，西边是操场。范云奇老人还能够指出北宫的大致位置，并告诉作者，树木掩映的地方就是马坊中学（图23），中学及东部，过去为"阳宅"，为北京来人上坟住的地方。阳宅在南宫、北宫之间。小屯村大致在2009年拆迁，早已搬进住宅楼了。原马坊中学也与小屯同时拆的，现在镇政府的地方是过去马坊中学的西操场，政府东边一点的地方是中学的校舍。曾几何时，一切面目

图21　原马坊中学院内保存的据说是王爷坟遗物石雕像（摄于2007年6月）

图22　原马坊中学院内保存的王爷坟遗物石构建（摄于2007年6月）

图23　树木掩映的就是原马坊中学（摄于2007年6月）

全非，那个石雕与石槽也不知下落了。

这是南宫、北宫的大致情况。不止这些，冯其利先生在《清代王爷坟》中记载，镇国公溥霈，"由于溥霈不会做买卖，卖什么也没卖出好价钱。回到城里一转悠，钱就没了。迫不得已，他来到诚亲王府第二处坟地所在的圪头村，住在看坟户白玉峰家"。这也就意味着圪头村还有一片属于诚亲王家族的园寝。圪头，现在叫圪塔头。那么，圪塔头村园寝情况又如何呢？

清乾隆二十五年（1760年）《三河县志》"卷六·乡间志·村庄"记载，在"西北路义三乡"，有"疙疸头庄"，应该是今天的圪塔头村。民国二十四年（1935年）《三河县新志》"卷六·乡间篇·区域"记载亦有"疙疸头"。1946年3月，圪塔头由三河县划入平谷，且已写作"圪塔头"了，并延续至今。现在属于马昌营镇。2007年6月，作者来村调查访谈，76岁老村干部付士友（图24）谈及村落，说当初由于清乾隆时一位王爷选这一带为墓地，我们村先在村西4里的地方，在顺义大顾现那边，叫古贤村。其依据，就是这里过去葬着一位王妃，宝顶里边有个石碑，碑上写着葬在"古贤村之东首"。而《北京市平谷县地名志》这么写：圪塔头"明代成村，名古贤村。原址在现址西，清乾隆年间为选皇族墓地，令迁现址"。或是写地名志的人，也是访谈村里人而写了。

图24　马昌营镇圪塔头村76岁老村干部付士友（摄于2007年6月）

这里所写的"古贤村"，说是

圪塔头，总觉有些勉强。圪塔头西与四五里的大顾现村相邻，大顾现属于顺义区张镇，在平谷、顺义交界处。顺义地名志记载大顾现："辽代已成村，因姓名村大顾现（当时较今小故现为大）。清代因位固现河（今金鸡河）畔，更名大固现。民国初年，谐音改今称。"是说最初村因顾姓而得名，也就意味着是顾姓先来立庄的，却未曾谈及古贤之名。可碑文写着墓在"古贤村之东首"，而"古贤"与"顾现"谐音，墓又在大顾现村东，作者觉得大顾现应该是碑上写的"古贤村"，尽管顺义地名志也没写。再看古贤村名，很雅，或是有文化人所起。疙疸头、圪塔头，现在叫白了就是圪儿头，觉得有些俗，好像谁先来立庄随意起的。况且，清乾隆二十五年（1760年）《三河县志》所记已有疙疸头庄，而諴亲王允祕于乾隆三十八年（1773年）去世。是否可以说，允祕去世前选这两片墓地时，这边已经立庄，且就叫疙疸头。89岁王占存和97岁王相荣说，王家是修北京城时从山西洪洞大槐树来的。村里人认为立庄时就有王、付二姓，这就是说圪塔头立庄于明初了。

不过多探究。付士友老人认为，村子搬到了墓东边，叫"乞塔头村"。据说当时有人看风水，南边是二十里长山，有5个山头，就是"五供"。所谓五供，为我国民间祭祀用盛供品的五件器皿，有香炉一只、烛台与花觚（gū）各一对，五件器皿成一套，合称五供。摆放于宗祠庙宇，祭奠先祖或供奉神、佛，用来安放香、灯、花、果等供品。中间山上一塔，称"乞塔头"，即乞求塔保平安之意，后来不知啥时改为"疙瘩头"了。志书所记"疙疸（gē da）头"，与村里人所谈"疙瘩（gē da）头"，查阅字典，"疙疸"和"疙瘩"是相同的。圪塔头村现在有470余户，1000余人。全村共有金、芮、陈、周、谢、甄、付、刘、白、王、张、李等12姓，村里人公认是王、付二姓立的庄。而白家是从山东来的，用白家人的话说就是"老祖宗挑着俩孩子逃荒，落（lào）这儿了"，后来白家就看村西这些宝顶坟，称为"坟奴"。村里人说，过去村里有"宫"，当为祭祀和看管墓地所建。

圪塔头村西一里多地的宝顶坟，整片墓地达100多亩，有许多大松树，多是一两搂、两三搂粗，进去不见老爷儿（太阳）。墓地有5座宝顶，朝向顺义椒园山。宝顶直径一般3米大小，宝顶外边是汉白玉石垒砌，上边抹着灰，里边三合土夯筑。王爷坟墓在最东边，也最大（图25），直径有10米左右。村里人说，这王爷与马坊王爷是亲哥们儿，并说马坊北宫是乾隆皇上兄弟，南宫是乾隆皇上老叔。说的基本靠谱。允祕生有四子七女，长子弘畅园寝，在允祕园寝北侧，即北宫，其他3个儿子当安葬于圪塔头村西了。与冯其利先生所写的"諴亲王府第二处坟地所在

图25 马昌营镇圪塔头村西残存的最大宝顶（摄于2007年6月）

的圪头村，住在看坟户白玉峰家"一样，正说明圪塔头村宝顶坟为諴亲王家墓地的一部分，也证明白家过去确是看坟的。

村里人记得，圪塔头村宝顶坟中，有座宝顶略小一点，直径约5米，但最好，全以汉白玉垒砌。宝顶里边立着块石碑，碑高约3.5尺，2尺半宽，10厘米厚，写着"諴氏亲王侧福晋尹氏之园寝"，下边落款："洪□敬书"。原来，这座宝顶为諴亲王允祕的侧福晋。所谓福晋，满人皇室亲

王、郡王之妻所称，有嫡福晋（正室，嫡妻）、侧福晋（侧室）及庶福晋（婢妾）之分。而贝勒、贝子、镇国公及以下世爵之妻，只能称"夫人"。再说一下"福"字，按习惯读一声。有说此词本来就是汉语"夫人"转音，虽写作"福"，仍读"夫"音。查阅资料，允祕嫡福晋，乌雅氏，内大臣兼尚书海芳之女。侧福晋2位：钮祜禄氏，保平之女；殷氏，殷大成之女。庶福晋1位，陈氏，陈有贤之女。妾1位，王氏，王连之女。其中侧福晋有"殷氏"，而"殷""尹"两字音相近，与村里人所记"尹氏"或为一个人，年深日久，保不齐记忆有误，也未可知。

"尹氏"宝顶南边20多米处，建有石牌楼，高约5米，为"四柱三孔"式，中间"孔"最大，两边"孔"小。牌楼也是汉白玉的，柱子上雕的有龙，顶上有狮子什么的。牌楼南边五六米的地方，一边一根柱子，各约5米高。底下是八棱的基座，柱子也是八棱的，粗约60厘米。柱子顶上，各有一个小狮子。村里老人特意说，就像天安门前的"华表"。

而"华表"，又称"望柱"，一种汉族传统建筑形式，作为古代宫殿、陵墓等大型建筑物前的装饰物。柱头蹲一瑞兽，名"望天犼"，老人所说的"小狮子"当为此神兽了。1959年刮大风，将牌楼、望柱刮倒了，村里用

图26　马昌营镇圪塔头村老人寻找残存的宝顶遗迹（摄于2007年6月）

来修造了村南金鸡河上的一座石桥。那些牌楼的柱子，就做了桥的横梁。现在这座桥还在使用，只是近年在桥面上打了水泥。1958年"大跃进"时，宝顶坟基本被平掉，现在还有一些三合土的夯土等遗迹（图26）随地可见。

且由墓志话查家

关于查家，先由一方墓志说起。

谈及墓志，简言之，就是把逝者的简要生平事迹镌刻石上，存放墓穴里。还有一种叫墓碑，也是把逝者的简要生平事迹镌刻石上，竖立墓前。这是墓志与墓碑的不同所在。古有"三不朽"之说，立德、立功、立言。语出《左传》，"襄公二十四年"记述："太上有立德，其次有立功，其次有立言，虽久不废，此之谓不朽。"所谓树碑立传，即为以传不朽。就一墓志而言，一般称作"一合"，分上、下两部分，上面的部分称为"志盖"，往往篆书"某某某墓志文"的大字。下面的部分则称为"志底"，镌刻志铭。

查家的"查"字，作为姓，应该读 zhā。说到查姓，很容易想到著名武侠小说家金庸，原名查良镛，2018年10月去世，享年94岁。金庸是浙江海宁人，称为"南查"。这里说的查家，主要生活于京津包括平谷等北方地区，故称"北查"。作者早在20世纪八九十年代，就不止一次到马坊北石渠（图27）、洼里以及天津访谈查家后人，如当时天津农场局局长就叫查禄忠，笔者曾到他家访谈。还考察津门著名园林查家的水西庄遗迹，并与天津红桥区研究水西庄的人交流探讨。后又与青海等地的查家后人联系，征集到一部民国时所编《宛平查氏支谱》等。

图27　作者（右二）来北石渠村访谈调查查家事情（摄于2015年12月）

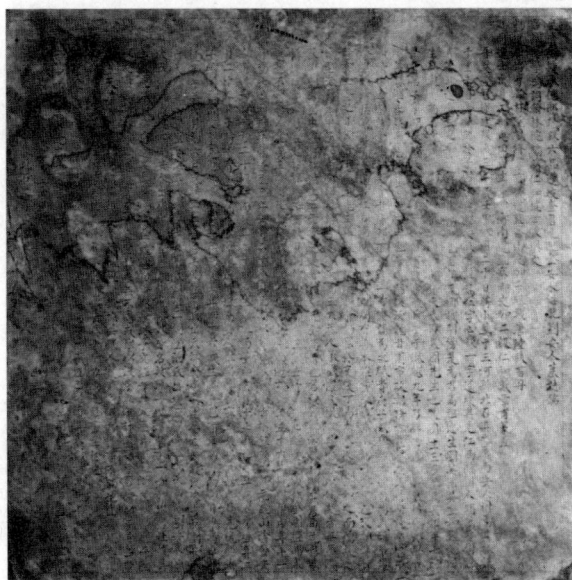

图28　皇清例授承德郎议叙六品莲坡查君（为仁）元配金安人继配刘安人墓志

上宅文化陈列馆收藏着一方查为仁墓志（图28），就从这方墓志谈起。

马坊镇北石渠村旧时属于三河县，查阅清乾隆二十五年（1760年）《三河县志》，"卷六·乡间志·坟墓"记载："查赠公墓，名曰乾，赠奉政大夫、两淮盐运同知，即查氏七烈国英妻周氏之孙，在县之石渠。""查孝廉墓，名为仁，赠奉直大夫、刑部贵州司员外，即日乾子，七烈中周氏之曾孙，在石渠。"这里所写"石渠"，即今北石渠村。

这里查日乾、查为仁为父子。所谓"赠奉政大夫、两淮盐运同知"，"赠奉直大夫、刑部贵州司员外"，并非二人居官至此，只是说二人仅有此封赠的名号而已。当然，就实地看，志书所记也不尽然，查为仁墓应在北石渠村，而查日乾墓则在北石渠村北、隔金鸡河相望的洼里村。

查为仁墓志，不仅记述了查为仁及子女的主要情况，更简略记述了查家的来龙去脉。墓志详情见后文《马坊地区的石刻》，在此不过多叙述。查家究竟什么情况呢？

查氏北迁至日乾

这里，与"南查"无关，故只谈"北查"。

《宛平查氏支谱》（图29）记述：查氏出自姬姓，一脉迁至浙江海宁。后一脉至宋徽宗崇宁二年（1103年），"因避党祸，始迁抚州临川"。看相关资料，写北宋教育家、官员吕希哲，有"旋遭崇宁党祸，夺职居淮、泗间"语。"崇宁"，为宋徽宗年号，当时掌权者是赫赫有名的蔡京。记述简略，语焉不详，"因避党祸"之"党祸"，不知是否与此类事件有关？临川，位于江西省东部，东汉始建县。现为临川区，抚州市所辖。当时查家居于紫石村。故称"其先江西临川人"。

图29 《宛平查氏支谱》封面

传至第七十三世查朴，生三子，长子查钟，次子查秀，三子查锡。明万历年间（1573—1620），查秀北迁顺天府宛平，为宛平始祖，这时已明晚期了。

查氏北迁，初居京师。"值明季闯贼之乱"，即李自成起义打进京城之时，查氏"遂迁榆垡，聚族以居"。这里之"榆垡"，旧归宛平县。而宛平县于1952年由河北省划归北京市，且撤销建制，所辖之地先后划入丰台、京西矿区（门头沟区）、房山、大兴、海淀、石景山等。榆垡划入大兴，今设榆垡镇。查秀生二子，长子查忠，次子查庆。查忠中万历己酉（万历三十七年，1609年）顺天乡试副榜。所谓"副榜"，是科举考试中的一种附加榜示，又称"备榜"，即于录取正卷外，另取若干名之意。乡试副榜起于明嘉靖时，清因之，每正榜5名取中1名，名为副贡，不能与举人同赴会试，仍可应下届乡试。查忠即为此。查忠生二子，长子国英，次子国才。国英为人端方诚悫（què），至性孝友，生二子，长子如鉴，次子如镜。国才无子，遂将如镜过继为嗣。如鉴40岁仍无子，及任江都（今江苏省扬州市江都区，旧为江都县）县丞（明、清时为正八品，在县里地位一般仅次于县令或县长）时，才生日乾。而津门及平谷马坊查氏，即由日乾（图30）始。

日乾单传，有姊而无兄弟。其父如鉴，生于明天启癸亥年（明天启三年，1623年），卒于江都县丞任上，"以勤死官"，时为清康熙己酉年（康熙八年，1669年），年仅47岁，以致日乾3岁而孤，家境困顿。后如鉴以孙礼贵，诰赠通议大夫（清时正三品文散官所封赠），晋赠资政大夫（清

图30　清蒋缨、朱岷等合绘《慕园先生携孙采菊图》局部之查日乾，绘于清乾隆三年（1738年），查时年已72岁）

时正二品文散官所封赠），一种哀荣了。日乾与母亲刘氏寄居仪征（今隶属于江苏扬州），随任知县的姊婿马章玉一起生活，母亲对其以育以教。及长，奉母来津，投盐商张霖门下。本天津关书办，"分领十万两，霸占长芦馆之利"，后"领本行京师盐一万引，而张霖与查日乾一万官引"。这里之"引"，当指商人运销货物的凭证，或称执照，也就是获得了京师食盐之"专卖权"。由于"带卖私盐，约行十万引之盐，每年得余剩一二十万不止"，终于在清康熙四十四年（1705 年）事发，日乾"因帑案波及就系"。"帑"，即国库公款。日乾入狱 4 年，至康熙四十八年（1709年），母"刘太君""冒暑历险，匍匐热河，三叩九重至钓鱼沟。值驾临幸，太君口奏：'乞赐矜全，孤子留养。'圣主悯然曰：'母老矣，且归，尔子不得死也。'少顷，宫眷车至，见太君诘其由，太君具以实告。具嘘唏嗟叹，劝慰良厚。"至九月，法司以大辟（即秋决）议奏，奉御批："查日乾追银已完，念其母年老，待养无人，从宽免罪。"日乾方幸免于难。对此，日乾在《重筑于斯堂记》中记述："不意市数年，涉入帑案，平昔之经营，尽入于官，身几不保。又赖先慈叩阍（hūn，宫门），蒙恩得释。"

清雍正元年（1723 年），查日乾受长芦盐运使莽鹄（hú）立之召，陈长芦盐务诸弊，并为之厘正，故称有经济才。莽鹄立，清朝大臣，官至工部尚书、正蓝旗满洲都统，为从一品。莽鹄立精绘事，世宗即位，令恭绘圣祖御容。雍正元年，出巡长芦盐政，疏言："长芦诸商行盐地，有额引不能销者，有额外多销者。请通融运销，量增引目。"从之。此召当与此有关。日乾性好乐施，雍正时津门两度被水之灾，皆倡捐赈，设厂煮粥。并曾筹划环城堤岸的修筑，乐助育婴堂等。日乾又具贾而好儒之风，著有《春秋臆说》《史腴（yú）》，对历史深有研究了。

日乾生于清康熙丁未年（康熙六年，1667 年），字天行，号别人，又号慕园。墓志记其"封承德郎，赠朝议大夫"，当因子为仁例授承德郎之故，父因子而得封。朝议大夫，文散官名，清代从四品概授朝议大夫。而《宛平查氏支谱》又写作"以子礼贵，诰赠通议大夫，晋赠资政大夫"。或是先有前之封赠，后随查礼官位之升而再次封赠了。日乾卒于清乾隆辛酉年（乾隆六年，1741年），享年75岁。

为仁辛卯科场案

日乾生有三子，长子为仁，次子为义，三子礼。为仁，字心毂，号蔗塘，又号莲坡，生于康熙甲戌年（康熙三十三年，1694年），卒于乾隆己巳年（乾隆十四年，1749年），享年56岁。《宛平查氏支谱》收录《莲坡府君小传》记述："君生六龄，有老僧于松见而奇之，曰：'此儿有异骨，当为世传人，惜多坎壈（lǎn）耳。'"墓志"辛卯，举顺天乡试第一，以习贯误书被斥，系于狱。越九年，乃解"。辛卯，为康熙五十年（1711年）。小传亦记（图31）："辛卯，举顺天乡试第一，坐试卷讹，逮君西曹，越九年而解。"文字大同小异，尽管语焉不详，却是说莲坡18岁时，应顺天府乡试事。乡试，为我国古代科举考试之一。明、清两代定为每3年一次，在各省城（包括京城）举行，考期为八月，各省主考官均由皇帝钦派。中试者为

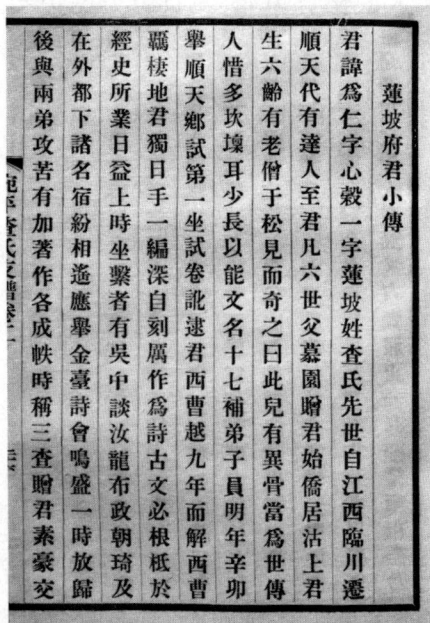

图31 《宛平查氏支谱》所录《莲坡府君小传》

莲坡府君小传

君讳为仁字心毂一字莲坡姓查氏先世自江西临川迁

顺天代有达人至君几六世父嘉园赠君始侨居沽上君

生六龄有老僧于松见而奇之曰此儿有异骨当为世传

人惜多坎壈耳少长以能文名十七补弟子员明年辛卯

举顺天乡试第一坐试卷讹逮君西曹越九年而解西曹

羁栖地君独与手一编深自刻厉作为诗古文必根柢於

经史所业日益上时坐縶者有吴中谈汝龙布政朝琦及

在外都下诸名宿纷相遘应举金臺诗会鸣盛一时放归

後与两弟攻苦有加著作各成帙时称三查赠君素豪交

"举人",第一名为"解元"。中试举人原则上获得了选官资格,凡中试者均可参加次年在京师举行的会试。"顺天乡试第一",即为仁乡试获得了"解元"。但是,此事使日乾、为仁父子双双入狱,牵扯到一桩科场作弊案。

据研究,此案株连人士众多,且各有背景。清初禁用铜器,铜商金、王两家勾结权贵执金吾陶和乞出售、私运黄铜,被御史赵申乔查出,送官没收,遭铜商衔恨。辛卯年,赵以左都御史、天津监临主考身份来津主持乡试。考之前,这些铜商便散布乡试榜首必是盐商大户子弟、监临受贿、舞弄弊端等言论。考后说查某虽考试,但"目不识丁",贿买而来等,并密告京师。赵为官忠直不阿,深得康熙皇帝信任。面对密告,康熙皇帝一笑置之。但对盐商查某,则派人调查。天津财经大学叶修成教授研究认为:"据《圣祖实录》所载,赵申乔参革铜商之事发生在康熙五十三年。而查为仁乡试科场案则早在康熙五十二年刑部等衙门即已作出了判决。"这种"说法错位了时空,不符合历史事实"。也就意味着,科场作弊案与参革铜商之事本无关联。

经叶先生考据,《圣祖实录》康熙五十年(1711年)九月二十日载:"今据顺天府府尹屠沂、内场监试阿尔赛等来文,以本生卷面大兴与册内开宛平不符。榜发十日,本生尚未赴顺天府声明籍贯。有无情弊,难以悬定。据实题明,乞敕部查究实情。"士子履历,应试者亲自填写。为仁籍贯为宛平,卷面却书大兴,两不相符。籍贯之误,唯一可能的解释便是,代笔之人邵坡在场外作完文章,然后将文章通过书役传递进入考场。邵坡对于为仁籍贯可能不甚熟悉,误书为大兴。为仁誊写代作之文时,径直照抄而未加更正。放榜后,为仁不仅"尚未赴顺天府声明籍贯有无情弊",而且随父"远避浙江",此当系科考作弊心虚之故。叶先生之言在理。《圣祖实录》还载,康熙五十二年(1713年)二月二十五日,刑部等衙门会同审议，对此案作如下判决："顺天乡试中式第一名查为仁之父查日昌（查日乾），倩人为伊子代笔，贿买书办，传递文章。事发后，又脱逃被获，应斩监候。查为仁中式情弊，虽由伊父主使，而通同作弊，又相随脱逃，希图漏网。其书役龚大业，收受贿赂，传递文章，俱应绞监候；代查为仁作文之举人邵坡，应革去举人，杖徒。失察之监察御史常泰、李弘文，应罚俸一年。"不仅如此，案后，康熙皇帝怀疑五十一年壬辰科会试中式进士内亦有冒籍、替代者，于是亲自复试于畅春园，革去进士5人，是为会试复试之始。清代设立会试复试之制，实因为仁乡试科场案而起。

这是叶先生所考据，为此，作者专门查阅《圣祖实录》，所记康熙五十年（1711年）九月二十内容，卷二百四十七记载：

都察院左都御史赵申乔疏言："臣今科典试时，取中顺天生员查为仁为第一名举人。今据顺天府府尹屠沂、内场监试阿尔赛等来文，以本生卷面大兴与册内开宛平不符。榜发十日，本生尚未赴顺天府声明籍贯。有无情弊，难以悬定。据实题明，乞敕部查究实情。"得旨：该部严察议奏。

所记康熙五十二年（1713年）二月内容，卷二百五十三记载：

刑部等衙门会议：顺天乡试中式第一名查为仁之父查日昌，倩人为伊子代笔，贿买书办，传递文章。事发后又脱逃被获，应斩监候。查为仁中式情弊，虽由伊父主使，而通同作弊，又相随脱逃，希图漏网。其书役龚大业，收受贿赂，传递文章，俱应绞监候。代查为仁作文之举人邵坡，应革去举人，杖徒。失察之监察御史常泰、李弘文，应罚俸一年。从之。

没有《圣祖实录》影印原版照片，只能从点校本节录。这两则应该是完整文字，而叶先生为引述方便，前后略有删减。由此看来，为仁科场作弊应该是坐实了。墓志所谓"习贯误书"，或为"隐笔"，即指"籍贯"之误，也可能出于后人为长者讳所致。自清代以来，此案众说纷纭，后世竟有人以为为仁冤屈，甚至有为仁"复试得雪，赏还举人""释之出，赐还举人"之说。包括今人，2001年6月天津古籍出版社出版的《红桥区志》"第四篇·历史名园水西庄"对此写道："查为仁是查日乾的长子，于康熙五十年（1711年）辛卯科顺天府乡试取第一名，复于次年壬辰科会试中式，时因庭臣间倾轧殃及查为仁，查为仁被诬陷为在辛卯科场作弊，论罪当死。"写志者亦认为是"诬陷"。若为仁果真冤屈，真的"赐还举人"，墓志定当直书且特书，而不必遮掩避讳语焉不详了。《莲坡府君小传》写道："如此落籍三十年，及议叙授文林郎加承德郎。时君已渐老，无意仕进。"如果当初即"赐还举人"，又何必30年后再"议叙授"之？无论如何，最终日乾并未被斩，为仁亦未被绞。刑部档案记载："查日昌妻马氏，情愿捐银二万两，为夫赎罪。"《宛平查氏支谱》"世系"及"墓志"中，在查日乾处，有"配马氏，浙江山阴人""配山阴马氏"之载，刑部档案所记应该是实。

日乾写于康熙辛丑年（康熙六十年，1721年）的《重筑于斯堂记》记述此事："更不自揆（kuí），又罹（lí）文网。父子拘幽，计穷力竭，以为今难以望幸免矣！讵（jù，岂，怎）意至己亥秋及庚子春，俱得邀恩释放。计在请室者，前后共有十二年。"也就是说，在康熙己亥年（康熙五十八年，1719年）秋及康熙庚子年（康熙五十九年，1720年）春，父子相继获释。而日乾在狱中已8年，加上之前的"帑案"4年，共12年。获释时日乾已54岁，老母于康熙癸巳年（康熙五十二年，1713年）夏去世，如《慕园记》所记："天翁早失怙（hù），事母至孝。适遭颠蹶,而母太夫人逝世。虽含殓无亏,终不得亲历窀穸(zhūn xī)。""窀穸"即墓穴,日乾在狱中不久,老母便去世了,故"深为抱痛"。便在宛平榆垡查氏祖茔旁,建造别业慕园,主要建筑有"有怀楼""致严亭"等。"筑以庐舍,树以花木,三年居处,以补前缺。"日乾在此守孝3年。其又号慕园,当由此来。今有研究者,道慕园在平谷,似将宛平与平谷混淆了。

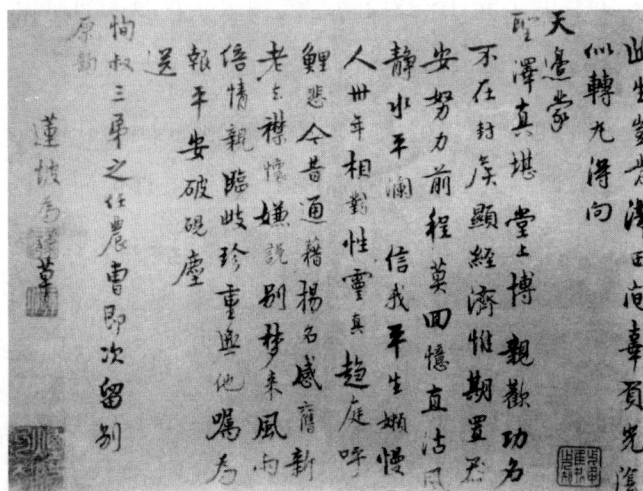

图32 查为仁手迹

为仁(图32)在狱中情景,新编《红桥区志》记述:"先下部狱,不久'长系请室'(获准脱械,监外板屋服刑),地点在三合(应为'河'字)县马坊镇北石渠村稗子沟(百草沟)。"

看来墓志所谓"西曹羁栖地,君独日手一编,深自刻厉作为诗古文,必根柢于经史,所业日益上",亦当指为仁在百草沟了。他口诵手录,用心于学,以至忘记自己"身居狴(bì)户中也"。这里之"西曹",为刑部别称;"狴户",指狱门。狴为传说中的走兽,古代牢狱门上绘其形状,故又用作牢狱代称。为仁与同在狱中的吴门谈汝龙、甘肃布政朝琦等名士精研诗学,作金台诗会,相互唱和。"蒙恩矜释"后,"万事颓落","百不关虑"。且筑书屋,遍访藏书,存贮其中。闻有善本,不惜重赀(zī)购买。与两弟"分灯课读","攻苦有加,著作各成帙,时称'三查'"。尤其为仁,一生主要精力都致力于读书及写作,《莲坡府君小传》

所记，"一夕，方读书。忽头眩体痿，执卷而逝"。想来或是心脏病还是脑溢血了，以致正读书时而突然去世，年仅 56 岁。为仁"所著三十二种（墓志为二十二种），梓者半之，又未成书若干卷"，主要有《莲坡诗话》3 卷（图33）等，《绝妙好词笺》被收入《四库全书》。据资料，康熙五十五年（1716 年）九月，查为仁作《赏菊诗》七律二首，其中有"黄菊窥篱作好秋，五年清梦隔悠悠"句，一时和者甚众。其才情由此可见一斑，若说他"目不识丁"，当不符实情。

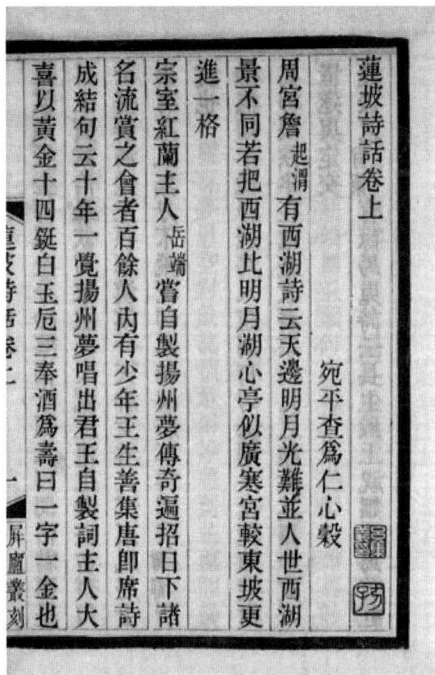

图33 查为仁《莲坡诗话》

津门水西庄纪略

查日乾平日"能自振拔，卓然贤豪之列。侨居津门且二十年，南北交游间，无不知有天行也"。为仁亦如是，"赠君素豪，交游遍海内"。"四方闻人过沽上者，争识之。"于是，在南运河畔，日乾"流连水次，有会于心，乃选材伐石，辟地而构园焉。既成，亭台映发，池沼萦抱。竹木荫苁于檐阿，花卉缤纷于阶砌。其高可以眺，其卑可以憩。津门之胜，于是乎毕揽于几席矣"。这是与日乾交往20余载、海宁陈元龙82岁时所作《水西庄记》句。为仁作《水西庄》诗，亦有小序："天津城西五里，有地一区，广可百亩，三面环抱大河，距孔道半里许，其间榆槐柽柳之蔚郁。暇侍家大小过此，东其水树之胜，因购为小园。垒石为山，疏土为池，斧白木以为屋，周遭缭以短垣，因地布置，不加丹垩，有堂有亭，有楼有台，有桥有舟。其间姹花袅竹，延荣接姿，历春绵冬，颇宜觞咏，营筑既成，以在卫河之西也，名曰水西庄。"从中可见水西庄（图34）之大概。

图34　清田雪峰绘《水西庄修禊图》（绘于清道光二十七年，1847年）

《宛平查氏支谱》收录了陈元龙诗，题为"天行久客天津，年七十矣，新构一园，曰水西园，辱招游赏，停舟竟日，赋谢"。日乾生于康熙六年（1667年），至乾隆元年（1736年）为虚岁70。即是其70岁时"新构一园"，也就意味着水西庄当建成于乾隆元年之前三五年内，但又不会建成太久，比如十年八年，恐怕就称不得"新构"了。陈官至文渊阁大学士兼礼部尚书，雍正十一年（1733年）归老，加太子太傅衔，应为从一品，人称"陈阁老"。作《水西庄记》落款为"雍正癸丑九月"，即雍正十一年，起码此时园已建成，甚至极可能就在这时建成，而请"今予已大耋（dié）乞归"之"阁老"撰文以记，也未可知。

随着时间推移，水西庄又有扩建。第一次在乾隆四年（1739年），为仁兄弟三人新辟"屋南小筑",又称舍南小筑,为父亲暮年娱息之所;第二次在乾隆十二年(1747年),为仁扩建"小水西",供其晚年栖息;第三次在乾隆二十二年(1757年),为义在水西庄东侧建芥园。乾隆皇帝南巡驻跸,适逢紫芥盛开,赐名"芥园"(图35)。查氏父子情高度旷,身居湖海,而爱养人才,款接名流,海内词客纷纷慕名而来。一时间,宾客众多,"斗韵征歌,日常满座。北海风雅及亭馆声乐,宾客之盛,咸推水西庄",从而形成一个诗人群体。有词咏道:"津门好,诗酒兴飞扬。风雅吟成沽上集,烟波人访水西庄。花月醉千场。"是其真实写照。为仁、为义兄弟相继主持水西庄诗坛10余年,清李斗著《扬州画舫录》所记"先是论

图35 清乾隆皇帝为天津水西庄题"芥园"碑文拓本

诗,有'南马北查'之誉","南马"指马曰琯(guǎn),"北查"即查为仁。不仅如此,就连乾隆皇帝六下江南,其中四次都是驻跸于此,并为之题名赋诗(图36),使水西庄的影响力达到鼎盛。

旧时《天津县志》记载水西庄,有"揽翠轩、枕溪廊、数帆台、藕香榭、花影庵、碧海浮螺亭、泊月舫、绣野簃、一犁春雨诸胜"。这些大小景观,以水渠、池塘相连接,巧妙借景,其间点

图36 清乾隆御碑(摄于20世纪30年代)

图 37 天津水西庄旧景(约摄于20世纪30年代)

图 38 天津水西庄牌楼（摄于20世纪30年代）

以观赏的花草树木，如诗如画，意境幽深。水西庄经查氏近百年、三四代人精心营造，终成"津门园亭之冠"（图37、图38）。作者记得天津红桥有研究水西庄的人说水西庄是《红楼梦》大观园的原型，原因是有些建筑等名字与大观园中的名字相同或类似。这种说法值得研究，不能简单以有些名字相同或类似，就说是《红楼梦》大观园的原型。

现在一般认为《红楼梦》为曹雪芹所作，曹雪芹大致生于康熙末年，亡于乾隆二十八年（1763年）前后，未满五旬去世。曾祖父曹玺、祖父曹寅及伯父曹颙、父亲曹頫连任江宁织造几十年。当然，曹頫算曹寅嗣子，过继的，不是亲生。江宁即今天南京市，江宁织造，负责织办宫廷里和朝廷官用的绸缎布匹，以及皇帝临时交给的差使，充任皇帝耳目。康熙皇帝六次南巡，所谓下江南，后四次都驻跸曹寅这儿。曹寅病危时

康熙皇帝特赐奎
宁，派人星夜兼程
由北京送到南京，
可惜药未到，曹寅
已卒。这在《李煦
奏折》（图39）书
中写着呢。曹寅妻
子是李煦的堂妹，
李煦当是曹寅的大
舅子了。李煦曾任

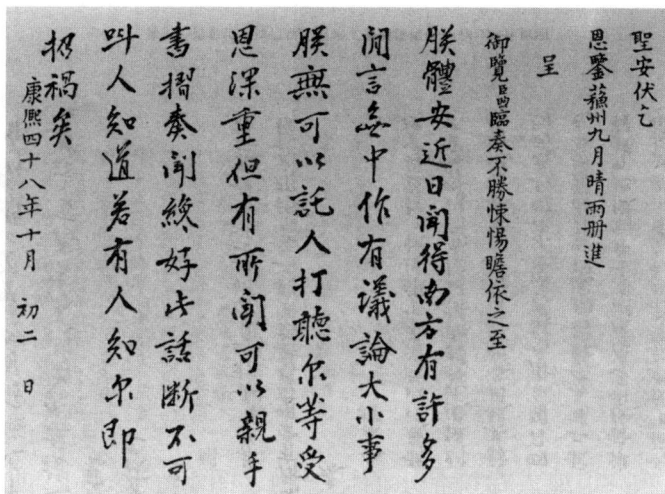

图 39　李煦请安折及康熙皇帝御批

畅春园总管，后接任江宁织造。雍正初年，因江宁织造亏空等事，曹、
李两家被查抄。作者觉得曹雪芹写作《红楼梦》，应该不是十几二十岁小
伙，而是应有多年生活积累、文化积累甚至人生阅历积累，不然写不出
来。如果《红楼梦》为曹雪芹所作，而曹雪芹又是曹家之后，那么，应
该既有前期京城和江南的家境鼎盛时的生活，又有家境败落后的生活。
而前期鼎盛时的生活，只能在康熙时。水西庄大致建于雍正中后期，尽
管乾隆皇帝崇拜祖父，效仿祖父，也继续下江南，曾四次驻跸水西庄，
但这一切，似乎很难与因遭抄家而败落的曹雪芹有关联了。按照曹雪芹
生于康熙末年的说法，雍正中后期建造水西庄时，曹雪芹不过十多岁。
查为仁康熙五十年（1711年）乡试第一时，曹雪芹大概还未出生。当曹
家日渐败落，曹雪芹贫居京西一带，据说靠卖画及朋友接济度日，以致
"举家食粥酒常赊"了。这境况，应该更难与津门查家有关了。这是一己
之见，仅供读者参考。

　　兴盛一时的水西庄，自道光时开始窳（yǔ）败，至清末几乎荡然殆
尽。作者10多年前津门访友，在天津自来水公司门前见一对高大的石狮

图40 天津红桥区清代水西庄遗物石狮（摄于2003年7月）

图41 天津红桥区清代水西庄遗物石狮（天津龚铁摄于2016年1月20日）

子，当地人指说是水西庄遗物（图40、图41）。如是，一代名园，实物大概仅此而已！

查氏百年寿地

查为仁墓志记述："辛酉（乾隆六年，1741年），丁慕园先生艰"，"癸亥（乾隆九年，1744年），复丁马太恭人艰。"丁艰，又称丁忧，指遭逢父母丧事。也就是说，父日乾、母马氏三四年内相继去世，为仁为之守孝。作为有"查半城"之盛的津门盐商巨贾，当年"北迁顺天宛平"，在榆垡建有别业，且祖茔更在于彼。不想自日乾始，查氏一脉皆选百年寿地于平谷马坊一带（旧时属于三河县）。就此请教查氏后人，皆道"风水好"。《宛平查氏支谱》收录《慕园府君三河百草沟寿域记》（图42）："佳城祖龙，由金扇子过峡起，老祖横开百里，大帐气势雄宏，委蛇顿伏而来。行有三十余里，系艮龙出，帐起披雾，岭作太祖。出脉过峡，转亥龙起。"仅引几句，以便读者了解。这是江西雷安伯写于乾隆三年（1738年）四月，全篇尽是堪舆家语，印证了查氏后人所言。其实，所谓堪舆，就是指风水，也就是相地之术，临场校察地理的方法，用来选择宫殿、墓地等。也就是选择一个适宜的地方。我们要客观地看待这些，不能笼统地说是迷信。作者对此没有研究，只觉其中很重要一点，就是顺应自然环境，顺应人心。记得古建大家罗哲文先生也曾谈及风水，认为是一门科学，是我们传统文化的重要组成部分，特别是建筑营造、城镇选址，不研究风水是不行的。当然，不免掺杂着一些封建迷信的东西，就是中国几千年最纯粹的天文、历法，甚至化学，也难免掺杂一些封建迷信的内容。所言极是。日乾曾作《百草山庄记》："平谷之西北二十

里，为百草沟，三河之所辖也。乾隆三年（1738年），余卜兆于此，以为他年息影之地。既而绕其旁，筑团焦（一般指圆形草屋）数间，春秋佳日，尝过从焉，遂名之曰百草山庄。山庄之外，流水环匝，杂树成行。有桥焉，偃而委，可以通舟舆。有泉焉，仰而喷，可以涤烦渴。游鱼瀺（chán）瀌（zhuó），时鸟互鸣。就高荫以垂纶，面深林而振策，致足乐也。"此记写于乾隆五年（1740年）正月，第二年五月日乾去世了，享年75岁，便安葬于此。

百草沟，俗称稗子沟（图43、图44），在马坊镇洼里村西三四百米处，是一道小河，过去10多米宽窄，膝盖深浅，水四季不绝。由北向南，经过村西及南，东南流，入金鸡河。至今查家人谈起来，仍津津乐道于这里的"风水硬"。说洼里村南、金鸡河北，有个陈家台，据说是陈家最早来这里的。金鸡河上有座陈桥，在那里烧过一窑砖。村西有条土

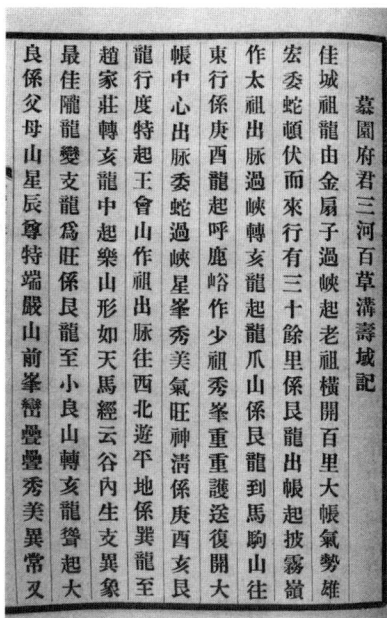

图42 《慕园府君三河百草沟寿域记》

图43　洼里73岁查禄宽老人往北手指百草沟
（摄于2015年12月）

图44　洼里村西之百草沟（摄于2015年12月）

图45　洼里83岁村民查尔强谈老
查家事（摄于2007年6月）

埂子，是一条龙，奔向金鸡河喝水。皇上知道了，就命人在龙头的地方烧窑，把风水破了。百草沟至今依然存在，沟两边栽种了不少杨树，沟西侧过去就是大片的查家墓地。而这里为查家主坟，因查日乾墓在此。

查日乾墓，坐落于百草沟西面北部，一圈方形围墙，以石头垒砌，南面辟敞门，1米多高。查家人记得（图45），墓地有许多树木，其中不少是白皮松，一搂多粗。1941年1月续修《宛平查氏支谱》时，有"三河树木清单"，"慕园府君茔，树木计开洼里庄：花墙内，白皮松十九株，黑松五株，柏树三十株，杨树一株，榆树一株；坟前，杨树十七株，槐树四株，柏树十二株；坟后，杨树十一株，柏树三株，榆树五株；坟左，杨树十七株，榆树十二株，柏树三株；坟右，杨树十八株，柏树五株，松树一株，榆树一株"。据说墓是灰土加黏米浆夯筑，圆形，3米多高，3米多直径。墓早年被盗，20世纪60年代末70年代初"文革"时被平掉。墓穴上面蓬着方松木条，里面摆放着3口棺材。查家人记得，墓前没有墓碑，里边有碑。而里边之碑，一般应是置于棺木前的墓志。

查为仁墓，坐落于马坊镇北石渠村东南约1里处，权子庄村北面。北石渠村北与洼里村相距约2里，两村中间为金鸡河。墓为灰土夯筑，约3米高，3米多直径。东北四五米处，还有2座小墓。据为仁之后查禄恒记忆，2座小墓分别为慧琴、凤雅之墓，两人是为仁的两位小妾，富有文才，著有《百花图》，还帮助为仁写了不少书。墓前没有石碑，墓地有几十棵白皮松等，约一搂粗细。小时查禄恒在权子庄上小学，经过这片墓地，还捡拾地上的松子吃。《宛平查氏支谱》"三河树木清单"亦记载，"莲坡府君茔，树木计开洼里庄：白果松七株，小杨树二十二株"。新中国成立后，这些树被权子庄的人陆续放了，墓在20世纪60年代末70年代初"文革"时被平掉。墓志现存上宅文化陈列馆，可翻阅支谱，有《莲坡府君小传》，不知为何未收录此志。

查为义墓，坐落于百草沟查日乾墓西南约300米处。《宛平查氏支谱》"世表"记述："为义，字履方，号集堂，又号砥斋，太学生，历官安徽太平府通判、江南淮南仪所监制通判、署淮北盐运分司，卓异，加四级。诰授中宪大夫，旌表孝子。工画兰竹兼写意花卉（图46），著有《集堂诗草》。生于康熙庚辰年（康熙三十九年，1700年）七月初二午时，卒于乾隆癸未年（乾隆二十八年，1763年）九月初十日戌时。……葬于三河留水渠，在慕园公茔之南阡里许。"此墓亦为灰土夯筑，圆形，3米多高，10来米直径。支谱"三河树木清单"记载，"集堂府君茔，树木计开洼里庄：松树十七株，柏树五株，小柏树三百二十株，小榆树十一株，杨树二株"。墓早年被盗，"文革"中被平掉。墓穴中摆

图46　查为义所绘《兰竹图》局部

放着3口棺材，据说出土了帽花、金簪等。支谱收录了《集堂府君墓志》，落款为"河间纪昀撰"，即为义墓志为清朝大学士、《四库全书》总纂修官纪晓岚所撰。

御史坟，坐落于查日乾墓东南约300米处，与查为义墓并列，在其东边约300米处。墓为灰土夯筑，周遭以砖砌筑，圆形，3米多高，10来米直径。"文革"中，与查日乾墓、查为义墓一起被平掉。查家后人已说不清安葬的是哪位先人，只一辈辈口口相传称之为"御史坟"。查阅《宛平查氏支谱》，作者认为有可能是为仁长子善长之墓。支谱"世表"记述："善长，字树，初号篷槎，又号铁云，廪生，乾隆癸酉年（乾隆十八年，1753年）举人，甲戌（乾隆十九年，1754年）进士，历官刑部贵州司员外、礼部主客司郎中、湖广道监察御史刑科掌印给事中、巡视天津爪仪漕务、庚戌（乾隆五十五年，1790年）科武会试同考官、乙酉（乾隆三十年，1765年）科武乡试同考官，诰授中宪大夫。著有《铁云诗稿》。生于雍正己酉年（雍正七年，1729年）正月十六日申时，卒于嘉庆戊午年（嘉庆十五年，1810年）十一月二十二日戌时。……葬三河县百草沟之东南。"善长诰授中宪大夫，当官居正四品。曾任湖广道监察御史刑科掌印给事中，有"御史"之名。所葬墓地，位于其祖父日乾之墓东南，再者，支谱对西侧为义墓写作"在慕园公茔之南"。支谱所记，与百草沟墓地基本吻合。

查礼墓，坐落于马昌营镇马昌营村南200余米、村小学教学楼西北百余米处。

《宛平查氏支谱》"世表"记述："礼，字恂叔，号俭堂，一号铁桥、鲁存，太学生，历官户部陕西主事、广西庆远府同知、太平府知府、四川按察使司按察使布政使、四川宁远府知府、川北道、松茂道、四川按察使布政使、兵部侍郎兼都察院右都御史、湖南巡抚，恩赐花翎，诰授资政大夫，当官居从二品。工画墨梅。著有《铜鼓书堂遗稿》，未付梓者有《经案茶铛集》《嘉祐石经考》《唐人行次考》《皇朝摹印可传录》《味古庐箴铭文小集》《榕巢词话》《桂海随笔》。查礼生于康熙乙未年（康熙五十四年，1715年）六月二十七日申时，卒于乾隆壬寅年（乾隆四十七年，1782年）十二月二十九日丑时。……葬三河县马昌营。"

查阅《清史稿》，有查礼传：

《清史稿》"列传·一百十九"查礼

查礼，字恂叔，顺天宛平人。少劬（qú）学。乾隆元年，应博学鸿词科。报罢入资，授户部主事，拣发广西，补庆远同知。举卓异，上命督抚举堪任知府者。巡抚定长、李锡秦先后以礼荐。十八年，擢太平知府，母忧去。服阕，补四川宁远。三十三年，擢川北道。三十四年，调松茂道。小金川用兵，总督阿尔泰檄礼治饷。将军温福师进巴朗阿大营，以礼从，令修建汶川桃关索桥，逾月工竟。上嘉之，命专司督运西路粮饷。三杂谷土司为小金川煽惑，颇怀疑惧。礼谕以利害，众感服。时温福出杂谷脑，遣提督董天弼分兵自间道出曾头沟。军需局以储米半运杂谷脑，曾头沟军粮不足，礼坐夺官，仍留军效力。师克美诺，温福令礼与天弼清察户口地粮，总兵五福自美诺移军丹坝。总督刘秉恬奏礼虽文员，颇强干，谙（ān）番情，命署松茂道，代五福驻美诺抚降番。

三十八年，木果木师溃，礼偕游击穆克登阿赴援。至蒙固桥，闻喇嘛寺粮站陷，士卒狼顾。会松茂总兵福昌至，遂复进。遇伏，礼率督兵击之，擒砦（zhài）首，余寇惊遁。美诺已陷贼，阿桂驰援，以达围垂陷，檄礼驻守，寻命真除。三十九年，阿桂师再进，令礼专任卧龙关路粮饷。阿桂秉上旨，以南路阴翳（yì），设疑兵牵缀，奇兵自北山入。礼请自楸坻至萨拉站开日尔拉山，山高五十里，冰雪六七尺，故无行径。礼登高相度，以火融积冻，凿石为磴。不匝月，通路二百余里。自楸坻达西北两路军营，视故道皆近十余站，省运费月以钜万计，特旨嘉奖。

郭罗克掠蒙古军牲畜，杀青海公里塔尔，富勒浑令礼及游击龚学圣捕治，得盗二，还牛马五百余，盗渠未获。富勒浑以礼行后粮运渐迟误，奏促礼还。四十一年，金川平（图47），礼留办兵屯，拊（fǔ）循降番，叙功，赐孔雀翎。上遣理藩院郎中阿林、知府倭什布、参将李天贵出黄胜关，捕郭罗克盗渠，未得，皆坐夺官，仍令礼往捕。礼调三杂谷土兵四千，先令裹粮疾进。礼至，宣布上意，郭罗克酋玛克苏尔衮布来谒，

图47　清人所绘《查礼平金川图》（局部），查礼清乾隆年间以道员随征金川，专司督运，因平定金川有功，擢四川布政使，后又升任湖南巡抚，惜未到任即卒

问盗渠所在，诿不知。礼执送内地，责其弟索朗勒尔务捕盗。四十三年，玛克苏尔衮布病死，上责礼失抚驭番夷之道。四十四年，擢按察使。瞻对番劫里塘热岔喇嘛寺，礼往按，得盗，寘（zhì）于法。

四十五年，迁布政使。寻擢湖南巡抚。入觐，四十六年，卒于京师。子淳，大理寺少卿。

查礼升迁巡抚，官居二品，国史列传实属正常。其子淳，官至大理寺少卿，从四品，也是高官了。支谱"三河树木清单"记载，"俭堂府君茔，树木计开马昌营：小柏树三百株（新种），小槐树四株（新种），小杨树四十株（新种）"。看来20世纪40年代初，查礼墓地没有大树，皆为新栽植的小树。查礼墓是一座大宝顶，3米多高，四五米直径。四遭青砖垒砌到顶，顶部灰土夯筑。大宝顶东北10来米处，一座小坟，为灰土夯筑，村里人称作"小宝顶"，应为查礼小妾墓。这片墓地10来亩，没有其他坟墓。墓地较高，向西逐渐低洼，三四百米处一道小河，由西北向东南流去，俗称南河。1964年"四清"运动中，墓拆毁。拆下的青砖，大部分拉到村第四生产队场院盖牲口棚了。墓应该早年被盗，拆毁时据说出土了一些朱砂、铜钱等，一些衣物一着风立马儿糟了。墓内一方墓志（图48、图49），被运到四队库房。后弄到一个机井房，做了启动器的垫座。1984年集体解散后，一村民搬到家里予以保护。近年，其家里

图 48 查礼墓志（摄于 2013年6月）

图 49 查礼墓志拓本

人将其捐给文物部门。

这里仅写了5座主要墓葬，其实远不止这些。据《宛平查氏支谱》所记，按其顺序计：有慕园府君茔（查日乾墓，洼里）、莲坡府君茔（查日乾长子查为仁墓，北石渠）、集堂府君茔（查日乾次子查为义墓，洼里）、俭堂府君茔（查日乾三子查礼墓，马昌营）、铁云府君茔（查为仁长子查善长墓，洼里）、芥园府君茔（查为义长子查溶墓，洼里）、梅舫府君茔（查礼长子查淳墓，洼里）（图50、图51）、东轩府君茔（查为仁次子查善和墓，北石渠）、修年府君茔（查善和三子查鹤墓，梨儿杨村）、友庵府君茔（查为义之孙、查彬次子查璨墓，王各庄）、相庵府君茔（查彬三

图50　清诰授通议大夫前大理寺少卿梅舫查君（淳）墓志

图51　清诰授通议大夫前大理寺少卿梅舫查君（淳）墓志盖拓本

子查玮墓，英城）、声庭府君茔（查璨长子查筠墓，洼里）（图52）、执庭府君茔（查彬之孙、查默勤次子查以谦墓，洼里）、考庭府君茔（查彬长孙、查默勤长子查以观墓，天井）、大老爷茔（洼里）、三老爷茔（洼

图52　清诰封通奉大夫盐运使衔候补知府东河捕河通判查声庭先生墓志拓本

里）、四老爷茔（洼里）、十老爷茔（王各庄）、六老爷茔（未写明）。这是1941年1月北迁第十三世裔孙查禄百、查禄昌编写支谱"三河树木清单"所记，共19座墓，上下四代，分布于马昌营镇、马坊镇两个镇的7个村。有5座墓只以"老爷"称之，不知具体名号，也就难以核实墓主人身份与辈分了。

查家人去世了，相继安葬在这里（图53）。在这些村附近，查家陆续置了不少土地。查家一些后人，就在这里守着这些土地生活。如北石渠村，居住着长门为仁之后；洼里村，居住着三门查礼之后。二门为义之后，多散落于北京、河南、青海等多地。现在北石渠、洼里还有不少查氏后人，与北京、天津、河南、青海等地属于《宛平查氏支谱》北迁一脉的查氏子孙常有联系，外面的人也回来祭祖寻根，且在1941年所修支谱基础上，近年对查氏谱系再次进行续修。洼里村查家后人记得，查家有一座大院，临街1间门道，2间门房。门为对开木门，门槛两边摆放着石鼓。大门上面，悬挂着乾隆皇帝的御题匾额，可惜在20世纪60年代"四清"时被劈烧火了。

1933年，曾有专家来此进行调

图53 洼里村西部李子秀老人家门前保存的石碑，据李子秀说是查家墓地四至碑（摄于2015年12月）

查，且做了整理记录，刊登在《河北第一博物院画刊》天津芥园水西庄专号上，署名严智怡。严智怡，我国近代博物馆事业开拓人，天津市人，早年受业于著名教育家张伯苓。1903年，留学日本，1907年，毕业于东京高等工业学校。1913年，任直隶商品陈列所所长，主张收集民族、民俗实物材料。1915年，出席巴拿马万国博览会，考察美国教育与博物馆后，携回印第安人民俗文物多种，把征集民俗文物的范围扩及国外。1916年，组织天津博物院筹备处。1922年，任院长兼天津公园董事会会长。1925年，任天津广智馆董事会董事长。1928年，天津博物院改为河北第一博物院后，任院长，并发行院刊。同时，竭力倡导保护地方文化古迹，多次组织河北各县古物遗迹调查及植物标本采集。1935年3月，病逝于天津。

河北十四县古迹古物调查记略（三河县）

严智怡

民国廿二年十月十三日，由北平乘汽车至三河。进县城，过南门市桥，有康熙三十二年癸酉重修洵河桥记碑、嘉庆二十三年碑、咸丰九年己未永济桥碑、光绪二十年甲午四月下浣重修洵河桥碑。

十四日，至马坊镇诚王陵寝，有乾隆三十九年碑，碑楼已拆去。到北石渠（距马坊五里），访宛平查氏后裔。天津水西庄遗址保管委员会，多方访求查慕园老人后裔及水西庄文物。慕园老人长嗣莲坡先生后人，居三河北石渠，因往访之。查氏宅在北石渠村外，晤查平甫（名衡绥）及其长子尔昌（字子英）。平甫先生为莲坡老人嫡系，世居三河，耕读为业。大门照壁悬官衔牌，皆康熙间慕园集堂、俭堂父子官阶。客室楹联诗赋，皆花农篆仙款。平甫为莲坡次嗣善和之后。长嗣善长一支，世居河南小禹州。（客室有横榜宁廷珍书偲偲馆三字，为平甫二公子尔芳之馆名，尔芳字酌生。三公子尔祥，字子荣。四公子尔光，字子辉。孙一人，禄桓，长公子尔昌出。）平甫乘驴导往白草沟，访查雪蕉。北石渠村西有河沟，秋季可涉过。东北行，过集堂墓，又数里至白草沟，行经查慕园墓，村名为洼里。

初有稗子沟之名，查氏易名白草沟，又称白草山庄。至雪蕉先生宅。雪蕉名以钊，俭堂之后，今年七十九，精神矍铄，课孙耕读。长子来绥，已故，次子晋绥，字培之。孙三人，长尔贵，次尔强，幼尔忠。客室中有木刻集堂墓志，以蜡墨拓之。又有木刻乾隆四十二年十二月十二日御赐"俭堂福"字。雪蕉又言，其前辈省勤公与天津卞翊卿先生为同学署江苏宿迁县，咸丰十一年曾在三河盐店授读。（计是年先伯父八岁，居三河，当系先伯父授业师也。）由雪蕉先生宅辞出，复回北石渠，观平甫所藏书画。一、篆仙上款陈炳诗稿；二、秋崖像（款题秋崖高祖像，元孙元识，世代未详）；三、梅舫、如江二公遗墨（梅舫时年八十五）；四、行乐图（款字残）；五、方登峰字（款题天老长兄，盖慕园遗物）；六、黎讷字，款题花农五叔；七、篆仙墨梅；八、篆仙款字画集锦条幅（培卿兰竹，清华字，汪为霖字）。

平甫客室横幅二，一幅装裱斗方三帧：焦山借庵清恒录题梅壑老人遗砚句，款称篆仙老公祖，恒或为恒之缺笔；查林录汤文正词四首；查义诗稿，款称三叔父。一幅为陈兆寿梦占诗赋，款称厚之世老先生。有楹联二，一为龚立海，以为王长治，皆花农款。

平甫先生导往莲坡老人墓，在宅之西南，约二里。墓之右侧，葬其侧室。自此墓地北望，一片农田，昔为莲坡老人故宅遗址，早夷为平地矣。

——《河北第一博物院画刊》天津芥园水西庄专号

图54 作者发表于1993年6月16日《京郊日报》副刊散文《查先生》题图

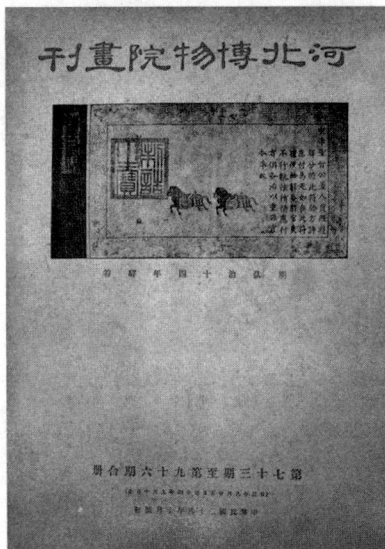

图55 《河北博物院画刊》第七十三期至第九十六期合册封面（民国二十四年十月装订）

"马坊镇诚王陵寝，有乾隆三十九年碑，碑楼已拆去"所记，应是諴亲王允祕园寝，允祕乾隆三十八年（1773年）十月薨逝。"诚"字或为笔误。"白草沟"，即是百草沟，也就是稗子沟。所记查平甫"四公子尔光"，即查尔光，查禄恒的父亲。作者访谈过查禄恒，得知他父亲查尔光是闻名乡里的兽医，并写过一篇文章发表在1993年6月的《京郊日报》（图54）上。再有，洼里查家后人所说查家大门上悬挂着的乾隆皇帝御匾，从记略的雪蕉先生宅客室"又有木刻乾隆四十二年十二月十二日御赐'俭堂福'字"语，或许乾隆皇帝所题就是这"俭堂福"三字了。"俭堂"为曰乾三子查礼之号，而调查记略明确写着"雪蕉名以钊，俭堂之后"的。

《河北十四县古迹古物调查记略》所记翔实具体，是水西庄不可多得的且具史料价值的第一手资料。这篇资料刊于《水西余韵》书中，这应该是转录，原文刊于《河北博物院画刊》（图55）第85期。1933年10月13日，天津水西庄遗址保护委员会派出人员前往三河县北石渠（今属北京平谷），专程访求查氏后裔，了解水西庄情况以及文物保存情况，并为查莲坡坟墓拍照。《河北博物院画刊》第85期刊登了这次追访记。2016年3月，作者在网上发现京城一家文史书店有《河北博物院画刊》（第1—120期）。托朋友前去，结果一问，要5000元，不散卖，必须整个买，且不让随便看，连将需要的翻拍、给钱都不行，至今想来深以为憾。

自从查家百年寿地选择了这里，查家便一直雇人帮助看坟，俗称"坟奴"。如洼里村查日乾墓，由周家看。周家从山东搬来，亦给老查家当厨子，过去周家人见着查家人要磕头的；查为义墓，由李家（图56）看。李家一说从山东来，一说从三河县黄庄来，李家人自己也说不清了。而马昌营村查礼墓，由东陈各庄村周家看。

另外，北石渠村西半里处，有一墩台，为过去查家所修。说那里是个船地，这座墩台就是船篙，村里人也有称其

图56　作者访谈洼里看守查家墓地的李氏后人李子秀老人（摄于2015年12月）

为"镇水塔"的。高约5米，下面2米以石头砌筑，上面3米以砖垒砌，约2米见方，石头以上略有收分。上为平顶，空心。西面有几块砖，砖上用朱砂写着一些字迹，如在一块砖上，写有核桃大的佛教"六字箴言"：唵嘛呢叭咪吽。这是大明咒，即大慈大悲观世音菩萨咒，源于梵文。村北为金鸡河，过去直接奔村街里流过来。修了这个墩台，河水就

往北一拐而东流了。从村后东流，村东边的庄叫东撞，河水没撞东撞村，却往英城流，英城叫"西撞"。金鸡河流入沟河，沟河往西一流，正撞英城街里。作者2007年来村访谈，老人80来岁了，记得自其小时以来，沟河河道往西移了五六十米，英城搬了不少人家。过去北石渠村真有一道石渠，被水冲走了。相对于北石渠村，还有南石渠一说，即今石佛寺村。据说石佛原来在北石渠，因村里穷，建不起庙，就被请到南石渠（也有一夜跑到石佛寺去了之说），在那里修建了石佛寺，村亦以此而名，并说石佛背后刻着"南石渠""北石渠"的字呢。墩台毁于20世纪50年代。这也是与查家有关的一点逸事，谨记于此。

马坊地区的村落与寺庙

马坊镇，辖22个行政村，旧有大小庙宇60座，分为纪念性祠庙8座，主要是关公庙、药王庙；道教庙宇39座，主要是真武庙、三官庙、马王庙、娘娘庙、土地庙、五道庙等；佛教庙宇12座，主要是佛祖庙、菩萨庙；基督教教堂1座，马坊教堂。这些庙宇都已无存。

这些寺庙规模大小不一，既有一进大殿的，也有前后两进大殿的，甚至有三进大殿的，更多的如五道庙往往就是一间。

寺庙中供奉的神像，多为泥塑像，也有木雕像及铜铸像。那些规模较小的庙宇，尤其是各村五道庙，多是画像。每座庙宇所供奉的神像常以一种为主，兼及其他。全镇大致说来，有纪念性祠庙供奉的关公、刘备、张飞、药王等神像，道教宫观供奉的真武大帝、天官、地官、水官、火神、龙王及苗神、马王、土地、财神、五道等神像，佛教寺院供奉的佛祖释迦牟尼、观音菩萨等。这一切，充分体现了民间的多神信仰。

随着寺庙的建造，一些村落规模较大的庙宇逐渐形成了自己的庙会，如李蔡街村娘娘庙农历四月初四庙会、蒋里庄悬山寺农历四月二十八庙会、三条街娘娘庙农历四月十八庙会、西大街药王庙农历四月二十八庙会等，或一天，或前后三天，到时有走会、唱大戏或唱影戏等，热闹非常。

北石渠村

图57 北石渠村委会（摄于2007年6月）

图58 北石渠村委会（摄于2023年3月）

北石渠村，位于镇域西北部，东南与东撞相接，南与权子庄相邻，西与顺义接壤，西北与河奎相连（图57、图58）。

2020年底，北石渠村有230多户，630多人。

北石渠村旧有道教庙宇五道庙2座。

五道庙，是供奉五道将军的庙宇。

五道将军，民间称作"五道老爷"。按道教说法，五道将军是东岳大帝属神，且是重要助手，掌管世人生死荣禄，为阴间大神，地位高于阎罗王前的判官。古典小说中的五道将军似乎可以代阎罗王决定世人寿限，但与阎罗王不同，五道将军更具同情心，能帮助、成全弱者实现自己的理想，是位具有正义感的冥神。

马坊地区过去有29座五道庙，有的村如东撞村、新建队没有，一般每村1座，多者如东店、蒋里庄竟有3座。五道庙规模都是一间，里面多是画像，有的五道庙也有泥塑像。旧时村人去世了，家里人要到五道庙"烧纸""报庙"。一般从老人去世时开始到五道庙烧，称作"倒头纸"，到出灵前为止，大多烧五六遍或六七遍。旧社会，有要饭花子，没地方住，黑夜往往就住五道庙里，瞅着天快黑了，就喊："住庙去啦！"

北石渠村有2座五道庙。

一在村东头，又称东小庙，过去是李家家庙。坐北朝南，前有小月台，1间，画有龙王、财神、土地、苗王、五道5尊画像，其中龙王在中间，龙王东边有财神、苗王，西边有五道、土地。东西两山墙画有壁画。庙里摆着5个香炉。村里人说，过去人去世后，家里人来庙里烧纸报庙。如果是前半夜去世的，就会送8遍纸；如果是后半夜去世的，就送7遍纸。烧纸的人将烧纸（音 zhi，读轻音）往五道庙的墙上

图59　北石渠77岁村民李信谈寺庙情况（摄于2007年6月）

挂，在哪儿挂住了，认为去世人的魂儿就在那儿呢，烧纸的人就会朝那儿哭。东小庙在1958年破除迷信中被拆毁（图59）。

一在村中间，又称西小庙，建在一座高台上，坐北朝南，南边有7步石阶。庙前西侧有1棵大槐树，1搂多粗。庙为1间，前出小廊，廊东西两山墙上，各画有1像，东边是尉迟敬德，西边是拿铜的秦叔宝。这应是2尊门神像。庙内为画像，北墙画有7尊神像，中间是龙王。摆着7个石香炉，中间香炉最大，圆形，高约30厘米，直径约30厘米，底下

图60 北石渠79岁老村书记刘香葵谈寺庙情况（摄于2007年6月）

有3个小爪。东西山墙画有壁画，如关公水淹七军等。过去除死人报庙外，还有春节三十黑夜、初一、十五等来这里烧香。廊东侧，悬挂1口铁钟，高约60厘米。村里有大年三十黑夜抢头钟的习俗，有人甚至不吃饭，就在庙这儿等着到时敲头遍钟（图60）。

西小庙与东小庙一起，毁于1958年。西小庙前西侧大槐树现在还在，树干已空。

杈子庄村

杈子庄村，位于镇域西北部，东与东撞相接，南与太平庄相邻，西与顺义接壤，北与北石渠村相连（图61、图62）。

2020年底，杈子庄村有110户，320多人。

图61 杈子庄村委会（摄于2007年6月）

图62 权子庄村委会（摄于2023年3月）

权子庄村旧有道教庙宇五道庙。

五道庙，位于村西，应该是立庄后修建的。

立庄时，李姓从南宅搬来，赵姓从赵各庄搬来，安姓从河奎搬来。2007年，全村有84户，200多人，主要就这三大姓，还有张姓2家。当时东撞那边有一条沟，冲（chòng）着权子庄村头，就盖了这座小庙（图63）。

五道庙为一间，坐北朝南，庙西一道土埂子。庙内供奉1尊泥塑坐像。村里人去世了，家人就到这儿送纸报庙。

五道庙毁于20世纪50年代末。

图63 权子庄79岁老村干部李连生谈寺庙情况（摄于2007年6月）

东撞村

图 64　东撞村委会（摄于 2007 年 6 月）

图 65　东撞村委会（摄于 2023 年 3 月）

东撞村，位于镇域北部，东与英城相接，西南与太平庄相邻，西与权子庄接壤，西北与北石渠村相连，东北与洼里毗连（图 64、图 65）。

2020 年底，东撞村有 200 多户，660 人。

东撞村旧有佛教庙宇菩萨庙。

菩萨庙，为供奉菩萨之所。

汉传佛教中，一般认为有四大菩萨，即观音、文殊、普贤、地藏，因而也就有了我国四大佛教名山，即浙江普陀山、山西五台山、四川峨眉山及安徽九华山，是这 4 位菩萨的道场。应该说，菩萨在佛教中不止这 4 位，菩萨在佛国里的地位仅次于佛，又叫"大士"。观音又叫观世音、观自在、观音大士。唐代因避太宗李世民讳，略去"世"字，简称观音。观音菩萨大慈大悲，神通无边。观音为佛国众菩萨中的首席菩萨，在世俗中知名度和影响力不低于如来佛，特别在妇女信众心中，地位甚至超过了如来佛。

马坊地区有菩萨庙6座，所供奉的主要是观音菩萨。

东撞村菩萨庙，位于东撞村中心，坐西朝东，建在一座庙台上。庙前2棵大槐树，各2搂多粗。庙为1间，供奉1尊菩萨泥塑坐像，坐像前摆着1个石香炉。过去逢年过节时到庙里烧香，村里有人去世了，家人也来这里烧纸报庙（图66）。

图66　在东撞80岁老村书记王振海家中座谈。王振海1949年入党，与老伴在院内大柿树下合影（摄于2007年6月）

菩萨庙毁于20世纪50年代，那时已经入社，檩条被村里打办公桌了。庙前2棵大槐树尚存。

村人说，过去村里有个叫王松元的，在宋哲元队伍里任副旅长，一九三几年时，与日本人打仗死了。

2007年6月，作者来东撞村调查时，应该是近日选

图67　东撞村委会近日选村主任，村委会院内车库大门做了计票的黑板（摄于2007年6月）

举的村主任，村委会院内车库大门做了计票的黑板。从统计看，何宝全41票，得票最高（图67）。院内还保存着选举的会标"东撞村第七届

村民委员会选举大会"，一个字写在一块老红纸上，张贴于北正房的屋檐下。

打铁庄村

图68　打铁庄村委会（摄于2007年6月）

图69　打铁庄村委会（摄于2023年3月）

打铁庄村，位于镇域中部，东南与小屯相接，南与西大街相邻，西南与梨羊接壤，西与太平庄、新建队相连，西北与东撞毗连，东北隔金鸡河与英城毗邻（图68、图69）。

民国二十四年（1935年）《三河县新志》"卷之六·经制志·乡间篇·村庄户口"列有"三河县第九区户口调查表"，其中记载：打铁庄村，68户，男228口，女207口，男女总计435口。

2020年底，打铁庄村有240多户，780多人。

打铁庄村旧有道教庙宇五道庙。

五道庙，位于村东北。

图70　左起打铁庄75岁老村大队长范仲宽、74岁老书记郭殿发谈寺庙情况（摄于2007年6月）

五道庙坐北朝南，前面临街。庙前西侧1棵老槐树，2搂粗。庙为1间，画有1尊大的坐着的神像，还画有其他小像，如雷公、闪公以及小鬼叫差等。庙内摆着1个石香炉（图70）。

五道庙毁于20世纪50年代。

东店村

东店村，位于镇域东南部，东隔沟河与东高村镇毗邻，南与三条街相接，西与二条街相邻，西北与小屯村毗连（图71、图72）。

民国二十四年（1935年）《三河县

图71　东店村委会（摄于2007年6月）

图72　东店村委会（摄于2023年3月）

新志》"卷之六·经制志·乡间篇·村庄户口"列有"三河县第九区户口调查表"，其中记载：东店，153户，男481口，女458口，男女总计939口。

2020年底，东店村有650多户，2100多人。

东店村旧有道教庙宇三官庙（3座）、五道庙（3座）及佛教庙宇华严寺。

三官庙，为供奉天官、地官、水官之所。

三官为天官、地官、水官合称。三官信仰源于原始宗教中对天、地、水的自然崇拜。三官功能为，天官赐福，地官赦罪，水官解厄。因与人之祸福荣辱密切相关，故受到广泛崇奉。道教为我国本土宗教，常常把对中华民族发展起过重要作用的历史人物树而为神。而三官来历说法不一，其中有一种较为普遍的说法，三官就是我国远古三位部落首领尧、舜、禹，被道教封为三官大帝。因三官大帝出生日是在三元日，即上元正月十五、中元七月十五、下元十月十五；所以三官又称"三元大帝"。

马坊地区有三官庙3座。

三官庙，位于东店村东，在华严寺前，中间隔着一条路。

　　三官庙坐东朝西，在20世纪二三十年代院墙就已坍塌，只剩1座正殿和前面1座门楼了。山门前东侧，有1棵槐树，1搂多粗。

　　正殿面阔三间，前出廊。殿内砌筑神台，高约1米。神台上，供奉天官、地官、水官3尊泥塑坐像。北山墙前供奉药王爷泥塑坐像，南山墙前供奉药圣泥塑坐像。

　　1947年春天，国民党军拆毁正殿，将砖瓦拆走修马坊炮楼了，就剩墙芯的土坯及梁架。庙东边是沟河，村里有"三官庙脊上挂苲草"之说。是说过去沟河曾发过大水，水漫过了三官庙顶（图73）。

　　1949年发大水，拆剩的残殿就整个落架了。国民党军同时拆毁的，还有二条街药王庙、三条街娘娘庙、西门外悬山寺等。

　　现在，山门前老槐树尚存。

图73　东店76岁退休教师李玉华谈寺庙情况（摄于2007年6月）

　　五道庙，全村有3座。一在村西路北，坐北朝南，仅为一间，画像。毁于20世纪50年代。一在村东头，在华严寺西南角，坐北朝南，一间，画像。过去村里有个人姓田，给学校做饭，就住在这座五道庙里，有人报庙再出来，报庙的人走后他再住进去。1963年前后拆毁。一在村东南，在三官庙南约300米处，坐北朝南，1间，画像。在20世纪50年代自然坍塌。

　　华严寺，俗称如来庙，位于村东。

　　华严寺，应该是一座佛祖庙。

　　佛祖庙，主要供奉佛祖释迦牟尼以及药师佛、弥勒佛等。

佛教起源于3000多年前，由古印度迦毗罗卫国王子乔达摩·悉达多创立，一般认为是在东汉初年佛教传入我国。而佛教中地位最高的就是佛，佛祖是释迦牟尼，也称释迦佛，最流行的称呼是如来佛，还有药师佛、阿弥陀佛、燃灯佛、弥勒佛等。这些佛是庙宇中所供奉的本尊，有时也有菩萨、十八罗汉等陪祀。

图74　东店80岁村民李增成谈寺庙情况（摄于2007年6月）

图75　东店76岁老村干部张秀田谈寺庙情况（摄于2007年6月）

马坊地区有佛祖庙6座。

华严寺坐北朝南，东西宽约7丈，南北长约10丈。南为山门，一座砖砌门楼，对开木门。院内，大殿前一边1棵柏树，各1搂多粗，有东西厢房各3间（图74）。

大殿面阔3间，有东西耳房各2间，西耳房为村里办公之所，东耳房供奉菩萨。大殿前出廊，廊前东侧悬挂1口铁钟，高约1米。过去初一、十五敲钟。抗战时期，八路军兵工厂将铁钟弄去铸造手榴弹了。殿内，供奉如来佛泥塑坐像，高约3米。下为莲花座，坐下四角有力士像。莲花座下有一头鳌鱼，村里人说是如来佛压着，不然，鳌鱼翻身就要地震。东西两山前，为十八罗汉像（图75）。

20世纪50年代拆毁，盖村小学了。

二条街村

　　二条街村，位于镇域东南部，东与东店、三条街接壤，南与河北省三河市相邻，西与西大街相接，北与小屯村毗连（图76、图77）。

　　民国二十四年（1935年）《三河县新志》"卷之六·经制志·乡间篇·村庄户口"列有"三河县第九区户口调查表"，其中记载：二条街，88户，男294口，女299口，男女总计593口。

图76　二条街村委会（摄于2007年5月）

图77　二条街村委会（摄于2023年3月）

2020年底，二条街村有450多户，1200多人。

二条街村旧有道教庙宇五道庙。

五道庙，又称龙王庙，位于村西，在西大街东头，过去二条街、西大街两村人都来这里烧纸报庙（图78）。

五道庙为一间，坐北朝南。庙内画有龙王、五道将军等神像，墙上还画有小鬼、牛头、马面等像。西大街村人谈及的龙王庙，就是这座五道庙，故在西大街处略去不写，以免重复（图79）。

图78　二条街79岁老村干部王振亭谈寺庙情况（摄于2007年5月）

图79　二条街65岁老村干部徐殿华谈寺庙情况（摄于2007年5月）

五道庙毁于20世纪50年代。

二条街村有1棵大槐树，东边1棵小槐树。

果各庄村

果各庄村，位于镇域东北部，北隔大龙河与马昌营镇天井村毗邻，东隔沟河与东高村镇北张岱及张岱辛撞村相望，西南与英城、洼里村接

图80　果各庄村委会（摄于2007年6月）

图81　果各庄村委会（摄于2022年8月）

壤，西北与马昌营镇王各庄村相邻（图80、图81）。

果各庄得名，80岁村民岳俊田（图82）说，是郭家先来立的庄，就叫郭家庄了。后来叫白了，不知道啥时候就叫成果各庄了。65岁老村主任郭廷芳说，过去都说是我们郭家立的庄，郭家从哪儿搬来的我就不知道了，过去也没听老辈儿人说过。后来再问现任村书记郭建忠，记得听老人说郭家是从山东过来的。

图82　果各庄村80岁村民岳俊田（摄于2022年8月）

《北京市平谷县地名志》记载果各庄村，"辖果各庄、小果各庄二自然村"。而果各庄"明代郭姓落户成村，称郭家庄，后谐音演为今名。抗日战争时期，化名'花村'"。记载小果各庄"清代果各庄3户村民迁此定居，故称"。

村人谈起来，一般随口称为大果各庄、小果各庄。地名志说果各庄明代成村，应该大致不差。虽没有其他明确记载，但从小果各庄王家来时先在立庄的郭家西岗子种荒地为生，并说王家来此有400来年了，可以上推郭家应该比这更早地来了无疑。至于是明早期还是中期或晚期，就不得而知了。地名志说小果各庄是"清代果各庄三户村民迁此定居，故称"，值得研究。小果各庄王海银老人肯定地说，是王家先来的，那时这儿就是一片荒地，没有别的人家，王家老祖在这儿盖几间茅草房子就住下来了。75岁退休干部王海旺也说，小果各庄主要是王姓，还有张、马、岳、李等小姓，这些小姓过去也就一两家。村里这些年一直没有郭姓。

历史上，果各庄由三河县管辖。清康熙十二年（1673年）《三河县志》"地理志·疆域"记载：有"英城社，在县北三十里"，此志没有具体写出都有哪些村庄，果各庄当在英城社内。清乾隆二十五年（1760年）《三河县志》"卷之六·乡闾志·村庄""正北路忠二乡"，记载有"果各庄"，说明此时果各庄早已立庄，且就叫果各庄。民国二十四年（1935年）《三河县新志》"卷之六·经制志·乡闾篇·区域"记载：三河539村，向分8路15乡25社108保。庚子（清光绪二十六年，公元1900年）后，改行新政，分为24区。至宣统二年（1910年），划区自治，并为13区，后又并为9区，再并为3区。其中七八九区为所并的第三区。果各庄当在第三区内。

1946年3月，取消平三蓟联合县建制，恢复平谷县单一建制。这时，果各庄从三河划归平谷，这是新编2001年版《平谷县志》"第一编·建置沿革"所记。而新编《三河县志》"第一章地理位置·第二节境域变化"记载，1946年底将果各庄划归平谷。至1949年8月，平谷县下设7个区，果各庄在第六区内。1950年5月，将7个区合并为5个区，果各庄在第二区（马坊区）内。1953年6月，建立乡政权，全县划分为6个区、

80个乡（镇），果各庄亦应在马坊区内。1956年7月，撤销区级建制，将79个乡镇并为34个乡镇，果各庄应在果各庄乡内。1958年1月，将34个乡镇合并为18个乡，果各庄在马坊乡内。1958年9月，撤销乡建制，建立5个人民公社，果各庄应在马坊人民公社马坊管理区内。1961年6月，撤销管理区，将5个人民公社划为21个人民公社，果各庄在马坊人民公社内。1975年2月，由马坊人民公社划出11个大队，建立英城人民公社，果各庄在英城人民公社内。1984年4月，全县人民公社改为乡，大队改为村，果各庄属于英城乡。2000年7月，撤销英城乡，并入马坊镇，果各庄属于马坊镇至今。

76岁村民张金生说，果各庄村在集体的时候分5个生产队，大果各庄是一二三四队，小果各庄是第五队。一队以张、顾、纪姓为主，二队以岳、张、李姓为主，三队以马、张、王姓为主，四队以岳、郭姓为主，五队以王姓为主。

顾姓，76岁退休职工顾希孟（图83）记得："听我父亲说顾家是从上海搬来的，来这儿的第一辈儿叫顾天禄，现在有12辈儿了。"顾希孟整理了顾家家谱：

图83　果各庄村76岁退休职工顾希孟（摄于2022年8月）

第一辈儿　顾天禄

第二辈儿　顾明新

第三辈儿　顾旺玺

第四辈儿　顾旺玺，生二子顾　启　顾　鹜

第五辈儿　顾　启，生二子顾宏信　顾宏义

顾　鹜，生三子顾宏礼　顾宏智　顾宏仁

第六辈儿　顾宏信，生二子顾天禄　顾天富

顾宏义，生四子顾天财　顾天佑　顾天荣　顾天明

顾宏礼，生一子顾天保

顾宏智，生二子顾天德　顾天成

顾宏仁，生一子顾天保

第七辈儿　顾乔年　顾瑞年　顾庆年　顾春年　顾余年　顾丰年

顾友奎　顾德奎　顾长奎　顾占奎　顾连奎　顾元奎

顾永奎　顾富年　顾盛年　顾友年

第八辈儿　顾俊清　顾俊臣　顾俊和　顾俊杰　顾俊林　顾俊珍

顾俊芳　顾俊财　顾俊福　顾俊生　顾宏喜　顾秀合

顾秀发　顾秀芝　顾秀芳　顾义庭　顾秀庭　顾俊洲

顾俊云　顾俊良　顾俊全　顾俊祥　顾俊丰　顾俊茂

顾俊斌　顾俊如

第九辈儿　顾希恩　顾希兰　顾希孟　顾希华　顾希旺　顾希顺

顾希尧　顾希武　顾希文　顾希江　顾希海　顾希成

顾希荣　顾希有　顾希田　顾希元　顾希维　顾希祥

顾希纯　顾希坤　顾希甫　顾宝生　顾宝力　顾宝华

顾国林　顾国华　顾国启　顾国旺　顾国良　顾希坤

顾希森　顾希忠　顾希田　顾希瑞　顾希志　顾希贵

顾希德　顾希发　顾希永　顾希国　顾希亮　顾希明

顾希宽　顾希仲　顾希君

第十辈儿　顾玉星　顾玉生　顾玉龙　顾玉广　顾玉峰　顾玉凯

顾玉正　顾玉宾　顾玉德　顾玉强　顾玉刚　顾玉同

顾玉宝　顾玉东　顾玉涛　顾晓君　顾玉树　顾玉索

顾小东　顾小宁　顾玉国　顾玉欣　顾玉杰　顾海洪

顾海峰　顾彦民　顾玉宝　顾玉申　顾玉泉　顾玉楼

顾玉库　顾贯山　顾贯辉　顾贯忠　顾贯一　顾海青

顾海波　顾海龙　顾云峰　顾云海　顾明月　顾伟峰

顾小静　顾玉松　顾春雨　顾志刚　顾玉文　顾玉民

顾成海　顾成合　顾成华　顾成义　顾玉磊　顾玉亮

顾玉明　顾世彪　顾世波　顾世辉　顾世东　顾玉东

顾相东　顾卫国　顾玉兵　顾玉勃　顾琪琳　顾玉华

顾玉祥　顾玉海　顾元元　顾玉波　顾永强　顾永胜

第十一辈儿　顾久庭　顾春庭　顾可庭　顾喜庭　顾晓建　顾　杰

顾韦庭　顾　佳　顾　晗　顾　妍　顾东磊　顾东旭

顾正庭　顾　晶　顾晓婷　顾晓雪　顾雷庭　顾雪庭

顾雨庭　顾小闫　顾小宣　顾　然　顾　帅　顾朝晖

顾朝旭　顾朝勃　顾亭亭　顾小立　顾子奇　顾　然

顾文庭　顾　平　顾　真　顾文英　顾文龙　顾月亭

顾　旋　顾　惠　顾大箭　顾　岩　顾　迪　顾姗姗

顾　庆　顾　静　顾　非　顾　俊　顾琪琳　顾琪非

顾　宇　顾新蕊　顾建新　顾建民　顾建旭　顾小菲

顾　畅

第十二辈儿　顾秋喜

顾希孟老人整理的家谱记述至此，而家谱第六辈儿记载中又出现一个"顾天禄"，与第一辈儿名字一样。还有顾宏礼一子顾天保，顾宏仁一子顾天保，应该有一为继子，因家谱未写，也就不知谁家是过继的了。看家谱，后面或许男女一并写了，另外也不是都排着叫了。为简明且清楚，从第七辈儿起不再写谁谁生有几子，而是将每辈儿人大排行统一写了。后面又有不止一个重名者，且在不同的上一代名字下，仅依谱照录。访谈中，顾希孟老人谈及自己已有重孙子，也就是第十二辈儿了，补记下面。现在，第十二辈儿应该不止一人了。

根据顾希孟老人所谈，他这一脉12代人传承至今，亦属难得了。顾希孟老人说："我父亲叫顾俊和，爷爷叫顾庆年，太爷叫顾天禄，老太爷叫顾宏信，老老太爷叫顾启，再往上为顾旺玺、顾明新、顾天禄。我有俩儿子顾玉峰、顾玉广，俩孙子顾韦庭、顾杰，还有个重孙子叫顾秋喜，也就是我大儿子顾玉峰的孙子，大孙子顾韦庭的儿子。"

这样看来，顾家第十二辈儿尚未成年不计，仅以11辈儿、每辈儿25年计，有280年上下，顾家大致在清乾隆初年前后搬来的了。现在，顾家有六七十户，200多人。顾家当是果各庄村大姓之一了。

张姓，76岁村民张金生记得："张家是从英城搬过来的，听说英城那边张家的祖根是山东。我们张家主要在一队，到这儿的第一辈儿叫张怀宇。到我这儿是第九辈儿。我父亲叫张起，爷爷叫张玉坤，太爷叫张怀德，再往上分别为张云祥、张珠林、张赞祖、张怀宇。张怀宇生俩儿子，形成张家两大门。张赞祖是老大，为东门；张攒祖是老二，为西门。我儿子叫张伟峰，孙子叫张正文。现在，张家有30来户，一百五六十人。"

张金生所说的祖上名字，上面应该有8辈儿才对，但仅说了7辈儿的名字。再有，既然张家是从英城搬来的，作者2007年6月曾到英城访谈81岁退休职工张贵城老人，说英城的张是安徽的老家，祖上挑着挑子过来的。后又几次去村里访谈老人，都说张姓人是从安徽迁过来的，先到英城立的庄，且肯定地说是随着燕王（朱棣）扫北过来的。也就是明朝初年张家人从安徽过来的了。所以，张金生老人所说英城张家祖根是山东的，或是口传记忆有误，应该是从安徽过来的。

　　果各庄一队张家，按张金生所说，到他这儿9辈儿，加上儿孙两辈儿，按这岁数正常情况下差不多该有重孙子了。重孙子尚未成年不计，且以11辈儿、每辈儿按25年计，有280年上下，张家大致是在清乾隆初期即1740年前后从英城搬过来的了。

　　68岁村民张长江说："我是二队的张，也是从英城搬来的，与张金生的张不是一个张。我父亲叫张仕秀，爷爷叫张明如，上面好像还有个祖宗叫张赵森，不知道是哪辈儿的了。我儿子叫张永旺、张永宽，孙子叫张子豪、张子润、张子杰。"张家现在有30户，100多人。

　　纪姓，76岁村民纪沛启说："纪家主要在一队，从山东寿光搬来的，第一辈儿没过来，祖坟里是砖刻的明堂。当时过来的是纪文福、纪文寿等哥儿仨，老大纪文福孙子死了没有后代，老二腿脚残疾没成家，纪家就是从老三纪文福这一脉传下来的。按明堂说，到我这儿是7辈儿。我父亲叫纪怀生，爷爷叫纪景泉，太爷叫纪永富，老太爷纪成，再往上就是纪文寿了。记得我爷爷这辈儿是五男二女，五男按顺序是：纪景山、纪景泉、纪景海、纪景瑞、纪景春。我儿子叫纪文广，孙子叫纪智超。"也就是说，按明堂说，到现在是9辈儿，而第一辈儿没来，可以不计，孙子现在已经20岁了，满打满算是8辈儿，约200年，纪家大致是在清嘉庆末年至道光初年过来的了。现在，纪家有130多人。

　　李姓，76岁老村主任李凤有说："我是二队的李，从哪儿搬来的不知道。父亲叫李斌，爷爷叫李瑞堂，再往上不清楚了。到我这儿也就四五辈儿。我儿子叫李海峰，孙子叫李新朋、李瑞朋。"现在，李家有20多户，100多人。

　　岳姓，61岁治保主任岳支华说："我们是二队的岳。岳家是从河南驻马店搬来的，来的时候是老哥儿仨，老大叫岳自聪；老二到马昌营镇王各庄去了，叫啥记不住了；老三不知道去哪儿了。大华山镇后北宫的岳，是从这儿搬过去的。据说有河南人到这边，一听说有姓岳的，回去一查家谱，说有"岳自聪"等过这边来了。我父亲叫岳俊祥，爷爷叫岳廷贵，太爷叫岳永顺，老太爷叫岳弼喜，再往上不知道了。我儿子叫岳树海，孙子叫岳立言。"二队有岳姓10多户，七八十人。

76岁村民岳支茂说："父亲叫岳俊德，爷爷叫岳廷勋，太爷叫岳永春，老太爷叫岳弼喜，往上就不知道了。记得上边最高的老祖叫岳景春。别的记不住了，到我这儿是8辈儿。我儿子叫岳树良，孙子叫岳林峰、岳林虎，重孙子叫岳子瑞。"

要是到岳支茂这儿是第八辈儿，他下面还有3辈儿，共11辈儿，最小的重孙子尚未成年不计，以10辈儿计，有250年上下，也就意味着果各庄岳家是在清乾隆中期过来的了。通过从这儿搬到马昌营镇王各庄、大华山镇后北宫及刘家店镇北店的岳家人情况看，果各庄岳家应该比这过来得要早。

80岁村民岳俊田记得："我是四队的岳，父亲叫岳廷来，爷爷叫岳永宜，太爷叫啥不记得了。我仨儿子，叫岳建华、岳建立、岳建新。孙子辈儿有岳思章、岳阳、岳峰，重孙子一个，岳明汉。"

现在，岳家有20多户，100多人。这是访谈中岳家人所说，如把果各庄二队、四队岳姓人加起来，有三四十户、200人左右，也是果各庄村大姓之一。

关于果各庄岳姓，记得2016年7月作者编写《马昌营史话》，到马昌营镇王各庄村访谈，村人说王各庄主要有张、李、刘、岳四大姓。85岁老村书记岳金秀清楚记得，岳姓是从河南迁来，先到果各庄。随后作者到果各庄访谈岳姓老人，明确说岳姓当初从河南驻马店搬来，是老哥儿仨，老大岳景石，那哥儿俩搬走了，也就没留下名字。有一脉岳姓人从果各庄再迁到王各庄。岳金秀老人说："小时我还跟着大人到果各庄那边上祖坟、吃官坟呢。当然，岳姓还陆续迁到了马昌营镇王官屯、大华山镇后北宫、刘家店镇北店等村。迁到王各庄的是老哥儿俩，叫岳如英、岳如选，这是王各庄岳姓的两位始祖，已传了约10辈，应该有200多年了。"

这里，岳金秀老人明确说是岳家人一脉从果各庄搬来的，而不是果各庄人说的同时过来，老大落在了果各庄，老二落在了王各庄。

2018年7月，作者编写《刘家店史话》到刘家店镇就北店村访谈，50岁村民岳凤来记得老人说过，最早是岳家爷儿仨过来的，老祖叫岳天齐，俩儿子叫岳自本、岳自信。村人王志友老人过去听岳青山说过，岳家是从河南搬来的。76岁老村书记王海清说，岳家最兴旺的是岳安那辈儿，南门哥儿六个，北门哥儿六个，形成了后来的南六门、北六门。现在，北店村人70%都姓岳，有120户，400多人。

这次来果各庄访谈，岳家人关于搬到这边的第一辈儿没谈出来。只是岳支茂老人记得上边最高的老祖叫岳景春，与以前谈的老大岳景石有些接近。而迁到王各庄的岳家都传了10多辈儿了，北店那边辈儿也不少，因此果各庄岳家起码应该有十几辈儿或更多了。

另外，马昌营镇东双营村岳姓有300多户、800多人，约占全村60%。访谈71岁老村干部岳明山等，说岳家是从张岱辛撞村搬来的。作者再访谈东高村镇张岱辛撞岳姓人，说是从南张岱搬来的。又访谈南张岱岳姓人，说是从山东过来的。也就是说，这脉岳姓与果各庄岳姓不是一脉。

将王各庄、北店及东双营、南张岱、张岱辛撞等相关资料一并录此，以为读者阅读研究参考。

马姓，60岁退休职工马怀山说，马家主要在三队，是从密云邵渠搬来的，是东邵渠还是西邵渠不知道了。到这儿的第一辈儿叫马自成，一担子挑来的，下边有俩儿子马宽、马举，听说到这儿有10多辈儿了。现

图84 果各庄村65岁老村主任郭廷芳（摄于2022年8月）

图85 果各庄村74岁村民王海银（摄于2022年8月）

在，马家有二三十户，100多人。

郭姓，65岁老村主任郭廷芳（图84）说："郭家主要在四队，我父亲叫郭春江，爷爷叫郭庆瑞，太爷叫啥记不得了。我儿子叫郭海阔。现在，郭家有四五十户，100多人。"

王姓，74岁村民王海银记得："王家是从山东乐（lào）陵大土岗子搬来的，第一辈儿到这儿有400年了。我听我二大爷（ye）王怀礼说，王家是闯关东过来落这儿了，到我这儿有十二三辈儿。我父亲叫王怀宝，爷爷叫王润，太爷叫王凤仙，老太爷叫啥不知道了。我儿子叫王月林，孙女叫王怡。王家主要在小果各庄，也有搬到大果各庄的。"

王海银老人（图85）初步整理了王氏家谱，以所记最早为第一辈儿：

第一辈儿 王凤仙，生有二子王 同 王 润
第二辈儿 王 同，生有五子王怀纲 王怀常 王怀仁
　　　　　　　　　　　　王怀智（无妻） 王怀信（死）
　　　　 王 润，生有三子王怀义 王怀礼 王怀宝
第三辈儿 王怀纲，生有一子王海山
　　　　 王怀常，生有三子王海玉 王海河 王海顺

王怀仁，生有三子王海春　王　二（夭折）　王海青

王怀义，生有一子王海金

王怀礼，生有一子王海通

王怀宝，生有三子王海银　王海云　王海军

　　　　　　　二女王淑芹　王翠霞

第四辈儿　王海山，生有三子王德林　王福林　王俊林

王海春，生有三子王双林　王百林　王志林

王海金，生有二子王长林　王瑞林

王海通，生有三子王春林　王秋林　王森林

王海银，生有一子王月林

王海云，生有一子王小俊

　　　　　　一女王小丹

王海军，生有一子王小建

第五辈儿　王德林，生有一子王人明

王月林，生有一女王　怡

75岁退休干部王海旺（图86）记得："我父亲说王家是从山东挑着挑子过来的。父亲叫王怀龙，爷爷叫王启，太爷叫王荣仙，老太爷子不知道叫啥了。太爷王荣仙是哥儿俩，有个哥哥叫王凤仙，王家由此分成俩大门。我爷爷那辈儿哥儿六个，爷爷是老六，其他哥儿五个记不住叫啥了。我父亲就哥儿一个，父亲上面还有俩姐姐。父亲有四个儿子、三个女儿。四个儿子是：王海

图86　果各庄村75岁退休干部王海旺（摄于2022年9月）

江、王海旺、王海营、王海祥；三个女儿是：王桂芬、王桂香、王桂英。老大王海江有俩女儿，叫王艳萍、王艳丽；我在家行二，有俩孩子，大儿子叫王友河，有个女儿叫王俊平。友河是区政协文史委主任，区作协主席，出了《清的风》《花开天地中》两本诗集。孙女叫王琨，现在英国伦敦大学读研究生；老三王海营二十六七岁去世了，没有儿女；老四王海祥有俩儿子，叫王振涛、王振楠。王振涛有个女儿，王振楠有个儿子。

"我们这个王分两处住，一在小果各庄，一在大果各庄。我们先在小果各庄，听我父亲说过去小果各庄老是闹土匪抢东西，就搬到大果各庄了，应该是从我爷爷那辈儿搬过来的，属于大果各庄的三队。一队、二队、四队都有姓王的，都是两三户，与我们不是一个王。一块儿从小果各庄搬过来的还有个王海林，早去世了，要活着有90多岁了。王海林父亲叫王怀芳，王海林有王振州、王振国等四个儿子。"

按王海银老人所述，王家到他这儿十二三辈儿，他下面又有两辈儿，老人74岁，正常情况下最小一辈儿应该成年了，也就是说，满打满算按15辈儿计，380年上下，与老人所说来这儿400年了相近。也就意味着王家大致是在清顺治初期前后从山东乐陵大土岗子搬来的了。

现在，小果各庄王家有二十七八户，200来人。如果加上搬到大果各庄三队的王家，有十几户50多人，这个山东王也是果各庄村大姓之一了。

果各庄村还有其他如赵、黄、刘、曹等小姓。赵姓赵胜龙是从熊儿寨乡小东沟招婿过来的，黄姓也是外地招来的女婿，曹姓是后来从马昌营搬来的。

民国二十四年（1935年）《三河县新志》"卷之六·经制志·乡闾篇·村庄户口"列有"三河县第八区户口调查表"，其中记载：果各庄，

115户，男495口，女405口，男女总计900口。

2020年底，果各庄村有610多户，1920人。

果各庄村旧有庙宇7座，包括纪念性祠庙老爷庙、道教庙宇真武庙、土地庙、五道庙（2座）及佛教庙宇菩萨庙、大庙。

老爷庙，又称关公庙、关帝庙，俗称老爷庙，主要是供奉三国时关羽之所。

关羽，三国蜀将，俗称关公，山西省运城市解州东南10公里常平村，为关羽故里。关羽少时以打铁为生，后到涿郡，与刘备、张飞结为兄弟，跟从刘备起军。东汉建安五年（200年），被曹操所俘，委任为偏将军，封汉寿亭侯。之后，关羽脱离曹操，仍归刘备。东汉建安十九年（214年），关羽驻守荆州，率兵大破曹军。后大意失荆州，被东吴将领吕蒙杀害。关羽生前官至"前将军"，封爵"汉寿亭侯"，以忠义闻名于世。死后，历代帝王对其多有加封，由"壮缪侯""忠惠公""武安王"，直至"三界伏魔大帝神威远镇天尊关圣帝君""忠义神武关圣大帝"及"忠义神武灵佑仁勇威显关圣大帝"等。由于历代统治者大力推崇，尤其清雍正三年（1725年），命天下直省郡邑皆得立庙，春秋祭以太牢，再有描写刘、关、张故事的著名长篇小说《三国演义》广泛传播，使关羽社会影响不断扩大，祭祀的祠庙也在全国广为修建。而关羽就有了"武圣人"之称，与"文圣人"孔子齐名，关庙故又称武庙。

马坊地区的老爷庙，按关公塑像大致分两种：一是关羽头戴冕旒，手持圭板，一副帝王装束，常称为关圣帝君，此类庙往往称作关帝庙；二是关羽形如武将，且周仓、关平在前侍立，此类庙常称作关公庙。关羽是"忠义神武灵佑仁勇威显关圣大帝"，"神武""仁勇"自是守城作战所不可或缺；关公还"司命禄，庇护商贾，招财进宝"，且忠义，故被奉为财神，所以，祈求财神保佑，甚至祈求自己发财，为民众普遍信念；

关羽被封为"三界伏魔大帝神威远镇天尊关圣帝君","伏魔大帝,神威远镇","祛病除灾,驱邪辟恶,诛罚叛逆,巡察冥司",因此,民间有时也将关公庙作为一种"镇物",建在街头或河边等地,祈求一方平安。有的关公庙中还同时供奉刘备、张飞,实际上这是三义庙了。

马坊地区有老爷庙7座。

老爷庙,位于村东二队,坐北朝南,建在一座庙台上。庙前有4棵槐树,庙台下有2棵槐树,各有1尺多粗。庙为一大间,供奉关公泥塑坐像,红脸,头戴冕旒,手持圭板,应该是关帝像。西边,周仓持大刀侍立;东边,关平也拿着刀侍立。该庙毁于20世纪60年代。

真武庙,主要是供奉北方之神真武大帝之所。

相传古净乐国王子生而威猛,越东海来游,遇天神授宝剑,入湖北武当山修炼。功成飞升,威镇北方,号玄武君,后为避讳而改真武。宋代以来屡有加封:翌盛将军、翌圣保德真君、镇天武侯灵应佑圣帝君、元圣仁威玄天上帝等。明成祖崇奉真武,御用的监、局、司、厂、库等衙门中,都建有真武庙。由于宋、元以来诸代倡导,真武庙几乎遍及天下。人祈求延生长寿,都要奉祀真武大帝。农历三月初三,为真武大帝神诞之日,各地真武庙均有奉祀祝诞祭典。

马坊地区有真武庙2座。

真武庙,位于村北四队,坐北朝南,一大间,供奉真武帝泥塑坐像,毁于20世纪60年代(图87)。

图87 果各庄78岁老村干部王春田谈寺庙情况(摄于2007年6月)

土地庙，供奉土地神之所。

土地，又称土地爷。土地神源于远古人民对土地的崇拜，有了土地，才有了农业，有了衣食。随着社会发展，土地之神被尊为"后土皇地祇"。后土与天帝对应，总司土地的国家级大神，由国家祭祀。但在地方和乡村供奉地区性的土地神，并逐渐人格化。土地神是只管理某一地面、某一地段的小神，也作为村庄的守护神。

土地庙常将土地与龙王、财神、五道将军等一起供奉，或画像或塑像。也有专门供奉土地的庙宇，一般称为土地庙，往往画有或塑有一慈眉善目的老头和一慈眉善目的老太太，民间多称为土地爷、土地奶奶。

马坊地区有土地庙1座。

土地庙，位于村北，坐北朝南，1小间，庙后为小河。村里人说，没建小庙时，河往南来。建了这座小庙，河就往北去了，冲不着村庄了。庙内画有土地等神像。过去附近人家有人去世了，也来这里送纸报庙。看来尽管不是五道庙，也兼具了五道庙的功能。该土地庙毁于20世纪60年代。

五道庙，全村有2座。一在村后街，坐北朝南，面阔1间，没有塑像，应该是有画像，庙里摆有五六个香炉；一在小果各庄村西，又叫小果各庄五道庙，面阔一间，画有五道将军等神像。2座五道庙都毁于20世纪60年代。

菩萨庙，位于西边三队，坐南朝北，向北正对南北大街。庙为一间，没有塑像，只是画像，画有观音菩萨等。菩萨庙毁于20世纪60年代。

大庙，位于村中心。

清乾隆《三河县志》记载果各庄有"静业庵"，或为此庙。

大庙坐北朝南，东西宽约7丈，南北长十几丈。南有山门，一座砖砌门楼，山门在南墙东侧。山门前两侧，有2棵大槐树，各有1尺多粗。

大庙分前后院。

前院，没有树和石碑，有前殿三间，殿内供奉1尊泥塑坐像，两边各有1尊站像，武将打扮。墙上绘有壁画。前殿辟前后门，由后门可至后院。前殿东侧辟一小门楼样的便门，亦可通向后院（图88）。

后院，后殿前一边2棵柏树，各有1尺来粗。有东西厢房各三间，西厢房住姑子。有一姑子叫沙奎，小名

图88　左起果各庄87岁老村干部张宝贵、84岁老村干部李义谈寺庙情况（摄于2007年6月）

小五，排行老五。有一姑子走了，招到王各庄。后殿为正殿，面阔三间，东西耳房各二间。殿内供奉的是铜像，有几十尊，高三四十厘米，村里人说铜像是凤白铜加渗金。其中有一个约20厘米高的小铜像，一手上指天，另一手下指地。这当是小时佛祖像，意为天地之间唯我独尊。这尊小铜像，叫小五姑子弄走了。

大庙旧有庙产40亩地。

大庙毁于20世纪50年代初。

果各庄村东小河边有棵大槐树，1搂多粗，长得粗壮茂盛。

河北村

河北村，位于镇域西南部，东与梨羊接壤，南隔小龙河与李蔡街、

石佛寺毗邻，西南与早立庄相接，西与顺义相邻，北与新建队毗连（图89、图90）。

民国二十四年（1935年）《三河县新志》"卷之六·经制志·乡间篇·村庄户口"列有"三河县第九区户口调查表"，其中记载：马坊河北，139户，男356口，女342口，男女总计698口。

2020年底，河北村有450多户，1200多人。

图89　河北村委会（摄于2007年5月）

图90　河北村委会（摄于2023年3月）

河北村旧有道教庙宇三官庙、马王庙、五道庙及佛教庙宇庵庙。

三官庙，位于村北。

1959年，第一次文物普查资料记载三官庙：

名称，三官庙。年代，建于辽金，明清重修。地址，平谷县马坊公社河北村，坐北向南。规模与形制，前大殿三间，硬山脊，吻代（带）剑把，有垂兽，有四小兽，筒瓦顶。大式作法。通面长11.30米，明间3.35米，次间3.20米，进深7米。明窗修改，内部撤（彻）上明造，旋

101

子彩画，五架梁，前后插今（金）柱。现为小学。附属文物，大殿前有石碑一块，螭首，龟趺方座，高2.50米，宽0.80米，厚0.25米。方座浮雕二龙戏珠。碑文重修碑，崇祯癸未年重修。群众传说转角碑，一夜间面向东南。周围环境，建于高台，四周依田地。保管和使用情况，小学利用。保留价值，无保留价值。调查日期，59年4月29日。附注，后大殿三间，硬山清水脊代（带）兽头。小式作法。门窗改装，合瓦垄。长10.50米，明间3.20米，次间3.10米，进深6.80米，内部撒（彻）上明造，前有插今（金）柱，三架梁，彩画不清。东西厢房各二间，清水脊瓦顶。东西配房各三间，清水脊瓦顶。绘有简略平面图。

2007年5月，作者来村访谈，村人谈到三官庙，说是坐北朝南，东西宽约7丈，南北长约30丈。南为山门，一座砖砌门楼，山门前有一道影壁，以砖垒砌。门前东侧，有1棵大槐树，2搂多粗，树干已空。前院，东南角建有钟楼，一大间见方，一层，高约2丈，悬挂1口大铁钟，高一米七八；西南角建有鼓楼，与钟楼格局一样，里面摆着一面大鼓。前殿西侧，1棵柏树，2搂多粗，旋转着长，村里人称其为拧丝柏。

前殿东侧1通汉白玉石碑，螭首楷书。当时庄头叫李明芳，碑正面朝东南，背面向西北，正是以八卦中"巽（xùn）""乾"之位摆放，故称之为转角碑。据说把碑摆正了，自己还转过来（图91）。

图91　左起河北村71岁老村书记李策、76岁老村干部刘万顺谈寺庙情况（摄于2007年5月）

前殿面阔三间，东西耳房各两间。正殿檐下悬挂一方木匾，蓝底金字，上写"真有灵应"四个大字。前殿有走廊，廊两边有2通小碑。殿前建有月台，前面砌筑三四步石阶。前殿辟前后门，从后门可通后院。殿内建有神台，高约1米。神台上供奉天官、地官、水官3尊泥塑坐像，坐像2米多高。两山墙绘有壁画。后院，中间铺砌一条甬道，甬道两侧有六七棵柏树。后殿比前殿略矮些，后殿前东侧，有1棵紫丁香树。殿前建月台，前有三四步石阶。东西厢房各3间，为看庙人所住及村公所办公等用。后殿面阔三间，东西耳房各两间。后殿内也供奉有泥塑像，比前殿塑像小。村里人记不得神像名字了（图92）。

图92 河北村71岁退休工人侯长起谈寺庙情况（摄于2007年5月）

普查资料记载到了"转角碑"，访谈时老人也谈到了转角碑及大铁钟。而民国二十四年（1935年）《三河县新志》"卷之十六·艺文下·金石附"之"石刻古物"亦记载："三官庙转角碑，先面向西，后因地震面向东南，崇祯癸酉年立。在西马坊。"志书所记起码说明两点：一是普查资料和村里人所谈不虚，所谓"转角"为地震所致，即碑转向东南了。这里的"地震"，当指清康熙十八年（1679年）旧历七月二十八日平谷、三河大地震。崇祯癸酉年，为崇祯六年（1633年）。普查资料记作"崇祯癸未年"，为崇祯十六年（1643年）。所说不一，但为明代晚期无疑。二是志书所载西马坊，即是现在的河北村。此志"艺文下·卷之十六·金石附"之"金制古物"还记载："三官庙前大钟，高五尺，径三尺余，崇祯十年（1637年）造，在西马坊。"这与村里老人所谈吻合，虽时隔多年，但人们所记不差。

三官庙毁于1973年，庙内石碑碑首尚存，已断为两截。从碑首看，整个碑身应该不小。而这个碑首，应该是三官庙转角碑碑首。三河西曹庄《重修三圣庙碑》所写"三河有六马坊，西曹庄居兔西马坊"之语，与河北村为西马坊并不矛盾。西曹庄在马坊镇南，与河北村相邻不远，二村旧时或同属西马坊之地了。

2018年10月，作者和历史传承的诸位学员踏察河北村养马场遗址，并参观村史展。就在村史展院内，近年村人已将残碑碑首及找到的半个碑座、两截碑身，运来集中保护。据村人所谈，还应有两截碑身。这样看来，碑通高3.5米。碑阳有"崇祯癸酉"落款，即崇祯六年（1633年），证明上面引用的民国二十四年（1935年）《三河县新志》所记"崇祯癸酉年"是准确的，而普查资料所记"崇祯癸未年"有误。详情见"马坊地区的碑刻"。

马王庙，又称马神庙，供奉马元帅之所。

马元帅，道教常称其为"华光大帝"，又称"灵官马元帅""三眼灵光""华光天王""马天君"等，道教护法四帅之一。相传他姓马名灵耀，因脑门中间还长一只竖着的第三只眼，故民间又称"马王爷三只眼"，并有"不知道马王爷长几只眼"的俗语。

马坊地区有马王庙1座。

马王庙，位于村西南，坐北朝南，庙前东侧1棵松树，树下1通小石碑。庙面阔一大间，画有马王等神像。这里建有马王庙，大概与过去这里有养马场有关。马王庙毁于20世纪50年代。

五道庙，位于村中间，在庵庙院外西侧，坐北朝南，仅为一间，画有五道将军以及雷公、闪公等神像。村里人记得，在西墙北侧，画一小鬼，手捧招魂牌，上面写着："你来正好，正要拿你！"五道庙毁于20世纪50年代末。

庵庙，位于村中间路西。民国二十四年（1935年）《三河县新志》

"庙宇"中记载马坊河北有"观音寺",或为此庙。

庵庙坐北朝南,东西宽约7丈,南侧还有七八丈。庵庙分前后两层殿。南面有1大间,为药王殿,两边有墙,各辟一便门。庙前2棵大槐树,3搂多粗。药王殿(村里人也称药王庙)为南倒座,南面辟窗,北面开门。殿内供奉1尊泥塑坐像,为药王孙思邈,面朝北,约1米多高。墙上绘有壁画,其中东墙画一只老虎半蹲半卧,张着嘴,村里人说药王是在给老虎剔牙,应该是药王正在给老虎掏卡在嗓子里的东西。院内,北为正殿,殿前西侧1棵大柏树,2搂多粗,柏树形如一杆毛笔。有东西厢房各3间。大殿面阔3间,东西耳房各两小间,东耳房有一间为小门道,可通后院,后院为一片空地,有五六丈长,后来作为小学操场。殿内,神台上供奉1尊泥塑坐像,在同一神台上,两边还各有1尊站像。根据村里人所述,供奉的应为观音菩萨,两边站像为善财童子和龙女。庵庙毁于20世纪60年代初。

河奎村

河奎村,位于镇域西北部,东与洼里接壤,东南隔金鸡河与北石渠毗邻,西与顺义相接,北与马昌营镇毗连(图93、图94)。

2017年5月,作者来村访谈。

图93 河奎村委会(摄于2007年6月)

图94　河奎村委会（摄于2023年3月）

88岁村民王汉芬老人（图95）说："我记得先叫'河会村'，好像是1944年，才改名'河奎村'。当时把村名的'会'字，改为咱村会头甄廷奎的'奎'字，村名的'河'字指的是从村西南流过的金鸡河。"

85岁村民张锡福（图96）也说："我记得过去祭祖的账本上、家里的口袋上、赶集背的上马子上，都写着'河会庄'。我是1933年生人，

图95　河奎村88岁村民王汉芬（摄于2017年5月）

图96　河奎村85岁村民张锡福（摄于2017年5月）

小时候一记事，记得就叫'河会庄'。到了10来岁，村庄头写的路牌上，就写着'河奎庄'了。"

两位老人所记应该不差，且一致认为村名原叫"河会村"，或"河会庄"，1944年前后才改为"河奎庄"。

过去这里归三河县管辖，查阅清康熙十二年（1673年）《三河县志》"地理志·疆域"，记载有"英城社，在县北三十里"。没有具体写出英城社都有哪些村庄，有无河奎村、如何书写也就不得而知了。如有河奎村，当在英城社内。

清乾隆二十五年（1760年）《三河县志》"卷六·乡闾志·里社"记载，仍有"英城社"。"卷六·乡闾志·村庄"记载，"西北路义三乡"，有河魁庄。写作"魁首"的"魁"，而不是"奎"字。民国二十四年（1935年）《三河县新志》"卷之六·经制志·乡闾篇·村庄"记载，第九区亦有河魁的名字。

1946年3月，撤销平三蓟联合县建制，恢复平谷县单一建制。这时，从三河县划入86个行政村，其中有河奎村。这是新编2001年版《平谷县志》"第一编·建置沿革"所记。而新编《三河县志》"第一章地理位置·第二节境域变化"对此记载，时间为1946年底，划入平谷的是89个村，其中有河奎。这时两县县志都已写作"奎"字，且延续至今。这与王汉芬、张锡福两位老人所谈1944年前后改为"河奎庄"，大致吻合。

三河旧志未记"河会村"，是不是一立庄就叫"河魁"不得而知，起码清乾隆甚至以前就是"河魁"了，直至1945年划归平谷才写作"河奎"的。是否过去"河会"与"河魁"同时写或同时叫呢？不得而知。

王汉芬老人记得，1945年时，全村有69户，三百八九十人，到1960年仍是390人。突破400人，是在1962年。

民国二十四年（1935年）《三河县新志》"卷之六·经制志·乡闾

篇·村庄户口"列有"三河县第九区户口调查表",其中记载:河魁,55户,男147口,女137口,男女总计284口。

2020年底,河奎村有270多户,720人。

图97 河奎村77岁村民甄仲起(摄于2017年5月)

77岁村民甄仲起(图97)说:"在'四清'的时候村里编写村史,我做过笔录。河奎村就甄、王两大姓,甄家坟在王官屯村西北2里地,有三四亩地,坟地上没有石碑。河奎村最早的是安姓,据说有次大地震,这村全震没了。村南二三百米的地方,1973年平整土地挖出过砖头瓦块啥的。村西北有安家坟,四五亩地,没有石碑。大地震前河奎就已经立庄了,就有安家了,西太平庄、权子庄的安都是从这儿搬去的。"

这里说的大地震,应该是清康熙十八年七月二十八日(1679年9月2日)平谷、三河发生的8级地震,震中马坊烈度11度,波及北京、天津、河北、山西、陕西、山东、辽宁等省市。

85岁村民张锡福说,据说安家是财主,家里使响场,就是在自家的场院底下挖一坑,坑里扣着缸,缸里边挂着铃铛,大麦二秋一轧场就嗡嗡响。后来,皇上过来听到了,就把他家抄了,安家从此就败家了。安家在这儿没法待了,就搬到河奎东南4里的地方住下来,起名太平庄。

甄仲起老人说,大地震以后,是王家先来,随后甄家就来了,再往后就是张家、李家等。还有刘家,不知道从哪儿搬来的,住在村前街中间,家里开着炮仗厂。一天炮仗厂着火了,就败家搬走了,不知道搬哪儿去了，大致在民国初期。

王汉芬老人记得："当时圪塔头村和田各庄村俩村为争河奎的学生打架，争执不下，就想一个办法，量量从河奎到俩村大庙的距离，各村会头主持。从河奎村东头街口的五道庙，往西量到田各庄村西大庙是3里，往西北量到圪塔头村南头南倒座的菩萨庙是2里。到圪塔头近，村里20多学生就到圪塔头念书了。我88岁了，这事有80来年了。"

甄仲起老人说，过去有"五合会"，应该在一九三几年就有了，也就是抗战前就有了，由河奎、圪塔头、洼里、北石渠和顺义的田各庄这5个村组成。圪塔头在河奎西北，洼里在河奎东边，北石渠在河奎东南，顺义的田各庄在河奎西边，咱河奎正在这5个村子中间。会址就设在河奎，甄廷奎当过会头。当时他30多岁，1950年去世，去世时40多岁。

河奎村主要有甄、王两大姓。

甄姓，分东过道（dáo）、西过道，如83岁村民甄仲平是东过道的，77岁老村长甄廷福是西过道的。两位老人记得，甄家是从三河大窝头村搬来的，大窝头村离河奎40来里地。据说当初过来的是老哥儿俩，一挑子挑着逃荒过来了。这儿留一个，另一个去了王官屯。现在，王官屯那边还有一两户。西太平庄的甄、三河新庄子的甄，都是从这儿搬去的。

甄仲平老人（图98）说："我父亲叫甄绍存，爷爷叫甄俊才，太爷叫甄天义，再往上不知道了。过去家有

图98　河奎村83岁村民甄仲平
（摄于2017年5月）

图 99 河奎村 77 岁老村长甄廷福
（摄于 2017 年 5 月）

祖宗牌，'文革'中红卫兵给弄走了。我儿子叫甄克来，孙子叫甄奇伟。"

甄廷福老人（图 99）说："我父亲叫甄行，爷爷叫甄德怀，太爷叫甄天善，老太爷叫甄现达，再往上不知道了。我儿子叫甄殿存，孙子叫甄雅楠。"

甄仲起老人说："过去我们到王官屯那边去上坟，就分东过道、西过道，就是甄家分为两支。我父亲叫甄绍善，爷爷叫甄俊来。甄家有搬到太平庄的，那里现在有十几户。搬到王各庄的也有几户，圪塔头也有 1 户。"

甄家有 70 多户，200 多人，比王家大。

王姓，88 岁村民王汉芬说："王家是从山西洪洞县搬来的，过去有家谱，都烂了，现在早没了。王家坟在村西北 1 里地，从东往西排的，有两个大坟头。坟地有一大片，后来没地埋了，就搬到庄南头。我小时候老坟还在，有个石供桌，新坟也有个石供桌。石供桌高约 70 厘米，宽约 60 厘米，长约 5 尺。就是二十里长山的料子石。王家有 70 多户，200 来人。我父亲叫王仕祥，爷爷叫王俊峰，太爷叫王宗武。再往上记不住了。我儿子叫王和平，孙子叫王静涛，有个重孙子也 10 多岁了。"

张姓，85 岁村民张锡福说："张家是从王辛庄镇放光村搬来的。放光的张是从东北关外随着大清朝进关，张家给满人抬轿过来的。放光的张先从放光搬到口外，又从口外搬到丰宁。就是我爷爷到了 20 多岁，赶上闹土匪，世道比较乱，我爷爷就搬到了这儿，应该是抗战还没开始，1920 年以前，我去过放光那边，看那大坟地有几十亩，没有石碑。张家没有家谱，到这儿也就百十年，现在有7户，20多人。我父亲叫张玉华，爷爷叫张维奎，再往上不知道了。我儿子叫张立军，孙子30多岁了，叫张冬雪。"

74岁村民张振起（图100）说："河奎村西1里地是张家坟，有4亩地，八九十个坟头，没有石碑，坟上全是枣树。过去上坟，从家里抬着桌子去，到那儿好上供。顺义吕布屯的张，是'庆'字辈儿的从这儿搬过去的。吕布屯离这儿10来里地，清明了他们也过来上坟。没听说我们张家从哪儿搬过来的，过去家里有挂着的明堂，记得来到河奎的始祖叫张自立，第二辈儿叫张庆兰、张庆西，第三辈儿叫张魁、张维。第四辈儿就是我爷爷，叫张顺，爷爷有个弟弟不知道叫啥。第五辈儿我父亲叫张洪路，我是第六辈儿。我有俩儿子，大儿子叫张海军，二儿子叫张海臣；海军生个儿子张驰，海臣生个儿子张毅。张家现在有8辈儿人了。"

李姓，75岁村民李长友（图101）说："李家是从三河梁台子搬来的，我父亲叫李春海，爷爷叫李生，再往上不记得了。我儿子叫李占岭，孙子叫李茂俊。李家有8户，30来人。"

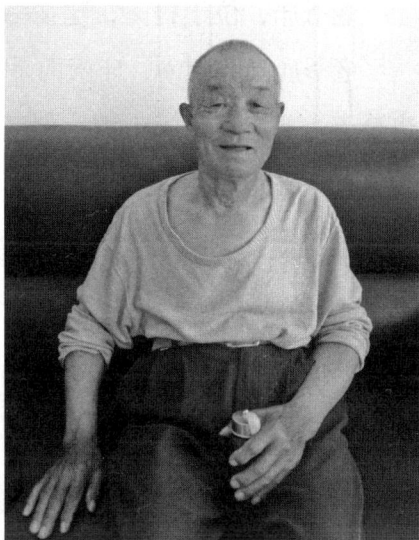

图100 河奎村74岁村民张振起（摄于2017年5月）

图101 河奎村75岁村民李长友（摄于2017年5月）

72岁王友生这个王，是从平谷城搬来的，有四五家。王友生的父亲叫王永顺，爷爷叫王福才。儿子叫王子厚，孙子叫王大伟。

河奎村旧有纪念性祠庙老爷庙、道教庙宇五道庙。

老爷庙，位于村南，建在一座房子那么高的台上。

老爷庙坐北朝南，庙南面是十几亩地的一个大水坑，西边是沟，沟西边是道，北边也是大土坡。到庙上要从东边上去才行，其他地方上不去。庙前东侧有1棵大槐树，2尺多粗。庙为1间，供奉3尊泥塑像，中间为关公坐像，红脸庞，头戴冕旒，手持圭板。前边周仓、关平塑像侍立两旁。墙上绘有壁画（图102）。

图102　河奎79岁村民甄挺秀谈寺庙情况（摄于2007年6月）

过去一般逢年过节的时候，村里人就来庙里烧香。据说，村里一个姓甄的人，将神像推到南边水坑里了，后来就落下毛病，老喝坑水。

老爷庙毁于20世纪50年代。

五道庙，坐北朝南，仅为一小间，庙里没有泥塑像，人去世了来这里烧纸报庙。

2023年3月，再次来村访谈86岁的退休职工王德珍、83岁的老村会计甄廷福，谈及五道庙，说都叫它小庙，在村前街东头。再问有大庙吗？说村人管村南的老爷庙就叫大庙，叫大庙其实也就一大间。

五道庙毁于20世纪50年代。

蒋里庄村

蒋里庄村，位于镇域南部，东北与西大街接壤，南与三河毗邻，西与石佛寺相接，西北与塔寺毗连（图103、图104）。

图103 蒋里庄村委会（摄于2007年4月）

图104 蒋里庄村委会（摄于2023年3月）

图105 蒋里庄社区（摄于2023年3月）

近年，蒋里庄人都搬进了居民楼，过去的村落变为了社区（图105）。

民国二十四年（1935年）《三河县新志》"卷之六·经制志·乡间篇·村庄户口"列有"三河县第九区户口调查表"，其中记载：蒋里庄，84户，男240口，女215口，男女总计455口。

2020年底，蒋里庄村有270多户，1180多人。

蒋里庄村旧有道教庙宇五道庙（3座）及佛教庙宇悬山寺。

图106　蒋里庄77岁村民岳守信谈寺庙情况（摄于2007年4月）

图107　蒋里庄82岁退休职工刘希顺谈寺庙情况（摄于2007年4月）

五道庙，全村有3座。一在悬山寺西南角，有小庙台，有1棵国槐，庙前1眼水井，庙坐北朝南，1间，画像；一在村中心，坐北朝南，1间，庙前1棵大槐树，画像；一在村西头，坐北朝南，庙前1棵大槐树，1眼水井，庙为1间，画像。这3座五道庙与悬山寺一起，在抗战胜利后不久被拆毁（图106）。

悬山寺，位于村东北，坐北朝南，建在一座高台上，东西宽30多米，南北长40多米。南为山门，对开木门，门前一对石狮子，有四五十厘米高。门前上边有7级台阶，下边有13级台阶。门西侧1棵大槐树，3搂多粗。山门前为道，道南有1眼水井。山门西侧有一座五道庙，与西山墙连着（图107）。

前院，前殿前面，一边2棵松树，各有1搂多粗。有东西配殿各五间，东配殿供奉刘备、关羽、张飞3尊泥塑像。东配殿南侧有钟楼，悬挂1口大钟，近2米高，钟上铸有铭文。西配殿村里人没说供奉什么神像。前殿面阔3间，辟前后门。殿内，神台上供奉如来佛泥塑坐像，神台下有两条龙，两山墙悬塑许多小神像。在东西两角，有两个泥塑动物像，有人骑在上边。村里人又称如来佛为当阳佛、花边佛。在如来佛背后有挡板，挡板后有观音菩萨坐像，面朝北。

后院，后殿前一边1棵松树，东侧1棵绒花树，有东西配殿各三间，东配殿有泥塑像，西配殿为画像，画有七十二司。后殿前东侧有一小便门，可以出去。后殿面阔五间，供奉菩萨等坐像（图108）。

悬山寺西侧有跨院。农历四月二十八为庙会，到时如东店高跷、西大街五虎棍、二道街小车会等都来走会。抗战胜利后不久，国民党军傅作义部队过来，拆了庙，把木头烧火了，在后院改建了炮楼。时间不长，国民党军就让解放军打跑了。

图108 蒋里庄82岁村民田广信谈寺庙情况（摄于2007年4月）

李蔡街村

李蔡街村，位于镇域西南部，东与石佛寺接壤，南与三河毗邻，西北与早立庄相接，北隔小龙河与河北村毗连（图109、图110）。

民国二十四年（1935年）《三河县新志》"卷之六·经制志·乡间篇·村庄户口"列有"三河县第九区户口调查表"，其中记载，没有李蔡街，却有娘娘庙：娘娘庙庄，99户，男252口，女237口，男女总计489

图109 李蔡街村委会（摄于2007年4月）

图110 李蔡街村委会（摄于2023年3月）

图111 作者在李蔡街蔡连元家中访谈（摄于2019年3月）

口。不知这个数字，是否包括李蔡街的人口、户数。

2020年底，李蔡街村有380多户，1080多人。

李蔡街有一位著名鼓书艺人，叫蔡连元。2019年3月，作者到其家中访谈。蔡连元老人已95岁高龄（图111），头脑尚且清楚。记得蔡家由山东过来老哥儿四个，落这儿一个，先在这儿立庄。随后，李家过来了，故称蔡李街，后来才改为李蔡街，这也就意味着是蔡家先来立的庄了。

经细致向蔡连元次子蔡全海了解，蔡家立庄在村子的东部，通称蔡街。蔡街主要是蔡家人，后又有张姓及刘姓等搬来；蔡家之后，李家搬来了，就在蔡家西边居住下来，通称李街。据说一位叫李同的，是李家的先祖。后又有雷姓、史姓、曹姓等搬来。村西北有座道教庙宇娘娘庙，在娘娘庙西南，也就是李街西边，后来又建一小村，以张姓为主，也有几户贺姓及1户曹姓，小村就以庙名而称娘娘庙。因此，村人俗称李蔡街为"南三庄"。

蔡全海记得，蔡家祖坟在村南三四百米，有20多亩地，坟是由北往南排的，最北边第一座祖坟高有1丈，往下是一辈儿一排，得有20多排。按25年一辈儿，足有五六百年了。这样看来，李蔡街当是明时建村了，甚至是明朝初年。

《北京市平谷县地名志》写到李蔡街村，说是"明代由山东迁来李、蔡二姓落户成村，故得此名。抗日战争时期，化名木村、草村"。地名志随后又写到"娘娘庙"："李蔡街村委会辖村"，"成村于明代，因建娘娘庙，村以庙得名。抗日战争时期，化名良村"。

蔡连元老人记得，父亲叫蔡春生，爷爷叫蔡福顺，太爷叫蔡林，老太爷叫蔡龙兴，再往上记不住了。

老人生有三儿两女，女儿都已出阁。

长子蔡全河，有一子一女一孙，子蔡东坡，孙蔡晓宇。

次子蔡全海，有一子一女一孙，子蔡东林，孙蔡艺宸。

三子蔡全江，有一子二孙，子蔡东良，孙蔡付金、蔡付彬。

李蔡街村旧有庙宇6座，包括纪念性祠庙大老爷庙、小老爷庙、道教庙宇娘娘庙、五道庙（3座）。

大老爷庙，位于村东南，坐北朝南，建在一座高台上，南有三四级石阶，庙西为水坑，东为水沟，村里人称南柳沟。有正殿五间，殿内供奉关公泥塑坐像，红脸，两边为周仓、关平站像。周仓旁边有赤兔胭脂马，一把大铁刀120斤重，也摆放旁边。石佛寺村人白贺明能"背三花"，把大刀耍起来。庙内1通石碑。近年村里改水，街道挖沟时挖出碑座，为须弥座，上面雕刻着莲花瓣等图案（图112）。庙里有一副联语，

图112　李蔡街村大老爷庙旁碑座（摄于2007年4月）

上联为"兄玄德弟翼德德天德地"，下联为"友子龙师卧龙龙有龙种"。横批"亘古一人"。大老爷庙毁于20世纪50年代初，拆庙盖村小学了。小老爷庙，位于村东南，在大老爷庙西侧，房山对着房山。村里有"自来佛"的传说，说有个师傅早晨起来一看，来了个佛像。坑里有扳倒井，关公显圣，马渴了，没有水桶，就把井扳倒。后来，就在这里盖了座关公庙。仅为1间，坐北朝南，庙内关公为红脸，泥塑坐像。早在民国二十七年（1938年）时，村里人就再没见过这座小庙了，或许很早就毁了。

娘娘庙，为供奉娘娘女神之所。

娘娘，道教及民间俗神中并非专指一神，如碧霞元君、九天玄女娘娘、顺天圣母、女娲娘娘、王母娘娘等。就平谷地区而言，共有21座娘娘庙，多供奉碧霞元君等，常常统称娘娘庙，以至时代久远，有些地方具体供奉的哪位娘娘都说不清了。

马坊地区有娘娘庙3座。

娘娘庙，位于村西北，现在村活动中心的地方，坐西朝东，南北宽约60米，东西长约110米。东为山门，有3座门楼，中间一座大门楼，其间以卡子墙连接。山门前1棵大槐树，树干有四五搂粗，后来放倒后，村里人在树桩上放一张小桌子，坐4个人打扑克。据说是明代的时候栽的，当地有"千年松，万年柏，还得问老槐"的老话，这与马昌营镇魏辛庄村老人所谈"千年槐，万年柏，不如老槐踹（zhuǎi）一踹"近似，是说老槐树生长时间长，延年。中间山门外，有高约1米、宽约7米的高台，前面平直，两边半圆形，周遭条石砌筑，台面方砖铺墁。东部中间砌筑台阶，不是7级就是9级。在台上曾唱过影戏。槐树在台下，正对台阶。槐树东边，有一道大影壁，底下为条石基座，南北长约2丈，高约1丈，磨砖对缝，东面镶嵌一块大方砖，雕饰蟠龙图案；西面也有一块砖雕。影壁东面为大水坑（图113）。

进入山门，前院，有3棵香柏，前殿南侧2棵，北侧1棵，约1搂粗，长得笔管条直。传说树上落过凤凰，过去南蛮子给3斗银子想买1棵树，村里不卖。1966年把3

图113　李蔡街83岁鼓书艺人蔡连元谈寺庙情况（摄于2007年4月）

棵柏树给卖了，卖了800元，那棵大槐树也放了。殿前北侧，还有1棵小槐树，约1搂粗。另外有2个拴马桩，大青石的，地上高一米六七，宽约60厘米。殿前东南角有1眼水井。从山门至前殿有砖墁甬路。前殿面阔五间，起脊抱厦，大脊饰螭吻，垂脊饰望天犼等神兽。村里人说前殿有抱厦，抱厦敞着，有4根明柱，没有门窗。抱厦两侧，一边1尊站像，相对而立，蓝脸，长得龇牙咧嘴，手里拿着一个方牌，村里人说是勾魂牌。前殿内每间砌筑1座神台，神台上分别供奉3尊泥塑坐像，为琼霄娘娘、云霄娘娘、碧霄娘娘，彩画金身。两侧没有站像。墙上画有七十二司。如打公公、骂婆婆的，割舌头。生前做善事，走金桥，过银桥。旁边还有一条血水河，做恶事就打入血水河里。村里人说，"人怕死，鬼怕托生"。托生是把鬼打到火里，然后上"轿"走了。"法轮"老是转着，该进哪道轮回就进哪道轮回。

后院，在后殿南侧，有1棵大黑枣树，1搂多粗，东边枝能搭着前殿后檐，西边枝能搭着后殿前檐。后殿北侧，还有1棵绒花树，1尺来粗，春天开粉红色花，很香。后殿前有南北配殿各三间，20世纪三四十年代改作学堂。后殿面阔五间，前出廊，廊北山墙上，镶嵌1通石碑，高约1.5米，下为碑座，碑上刻着"五合会"人捐款名字。过去周边5个村的孩子来这儿读书，有早立庄、戴家庄、菜园、李蔡街、娘娘庙庄，简称"五合会"。后殿有南北耳房各二间，南耳房住看庙的和尚，北耳房存放杂物。后殿内，供奉关公泥塑坐像，红脸，五绺长髯，卧蚕眉，丹凤眼，绿缎包匝巾，绿战袍。两边有周仓、关平等站像。墙上绘有壁画（图114）。

图114 李蔡街63岁老生产队长王瑞堂谈寺庙情况（摄于2007年4月）

过去，农历四月初四为庙会，唱影戏、蹦蹦戏（评剧前身）等，善男信女挎着厦斗子，里边是煮熟的黄豆，来上供，庙里每年至少能收3笸箩。村里人过去听庙外的老和尚说，娘娘庙有庙产10亩地，种些玉米、豆子等庄稼，够庙里的和尚一年吃了。村里人记得一个和尚叫心秀，谦恭和善。心秀有个徒弟叫闫贺仁，是村里人，法号元灵，受过戒，北京大钟寺请他几次都不去。后来在娘娘庙。还俗后一直也没结婚，2006年去世，享年79岁。留下一个戒钵，上面有"北京拈花寺戒钵"字样（图115）。

娘娘庙1966年拆毁，那时"五合会"分了，李蔡街分后殿和西配殿。早立庄分前殿和山门，拆了盖村小学了。

五道庙，全村有3座。一在娘娘庙西边，坐北朝南，一间，画像，毁于20世纪50年

图115　北京拈花寺戒钵（摄于2007年4月）

代。一在村中间，坐北朝南，建在一座高台上，台高六七尺，前有十几步石阶。庙台右侧，以一块1米见方的大石头抱角。庙东为一条道，西为人家。庙仅为一间，画像。借这座庙，村里人搭台唱戏。这座五道庙毁于20世纪60年代。一在村东头，坐北朝南，一间，画像，毁于20世纪50年代。

梨羊村

图116　梨羊村委会（摄于2007年6月）

梨羊村，位于镇域中部，东北与小屯接壤，东南隔小龙河与西大街、二条街、东店毗邻，南隔小龙河与塔寺、石佛寺相接，西与河北村相邻，东北与打铁庄、西北与新建队毗连（图116、图117）。

图117 梨羊村委会，设在社区的一栋一层楼里（摄于2023年3月）

清代康熙皇帝第二十四子諴亲王允祕及允祕长子弘畅墓地南宫、北宫之间，过去建了些房子，为北京来人上坟住的地方，称为"阳宅"。相传村里人过去就从"阳宅"那地方，搬来几户人家，建立了梨羊村。梨羊村有冯、李、孙三大姓。新中国成立前才几十户，100多人。这是2007年6月作者来村访谈时，村里老人说的。

民国二十四年（1935年）《三河县新志》"卷之六·经制志·乡间篇·村庄户口"列有"三河县第九区户口调查表"，其中记载：犁羊，54户，男144口，女149口，男女总计293口。

《三河县志》写作"犁羊村"，20世纪30年代不足300人，确实是个小村。

近年，梨羊村老村落已拆，且搬迁上楼，成为梨羊社区了（图118）。

2020年底，梨羊村有140多户，620多人。

梨羊村旧有1座

图118 梨羊社区（摄于2023年3月）

道教庙宇五道庙。

五道庙，位于村西头，坐北朝南，庙前有4棵槐树，最大的1尺多粗。庙为一间，画有五道将军等4尊神像，庙内摆着4个石香炉。五道庙毁于20世纪50年代末（图119）。

图119　梨羊70岁老村书记孙德全谈寺庙情况（摄于2007年6月）

石佛寺村

石佛寺村，位于镇域南部，东与塔寺、蒋里庄接壤，南与三河毗邻，西与李蔡街相接，西北隔小龙河与河北村、东北隔小龙河与梨羊相邻（图120、图121）。

图120　石佛寺村委会（摄于2007年4月）

图121　石佛寺村委会（摄于2023年3月）

图122　石佛寺、塔寺社区（摄于2023年3月）

近年，石佛寺村人搬迁上楼，由旧有的村落变成石佛寺社区了（图122）。

民国二十四年（1935年）《三河县新志》"卷之六·经制志·乡间篇·村庄户口"列有"三河县第九区户口调查表"，其中记载：石佛寺，52户，男145口，女131口，男女总计276口。

2020年底，石佛寺村有260多户，1070多人。

石佛寺村旧有道教庙宇五道庙及佛教庙宇石佛寺。

五道庙，位于村东头，在石佛寺东南角墙外，坐北朝南。庙南面有一道大影壁，影壁在大街东头。影壁东面是水坑。影壁以砖垒砌，壁芯抹白灰，东西两面中间都是砖雕龙的图案。五道庙面阔一间，庙内为画像，北墙画有五道将军等3尊神像，两山墙画有龇牙瞪眼的小鬼等像。画像前有3个石香炉。五道庙毁于20世纪50年代（图123）。

石佛寺，位于村东头。

村里老人说，石佛寺村以前叫南石渠。清康熙十八年（1679年），平谷、三河大地震，石佛寺被震毁，重修时迁至村东，村亦以寺而名。现存1961年所拍古建筑照片中，有一张石佛寺照片（图124），并简单记述："石佛寺，据说清末民初年间重修，至今仍完整存在。"1959年4月平谷县第一次文物普查登记表有记："名称，石佛寺。年代，建于唐代贞观年。地址，平谷县马坊公社石佛寺村东头，坐北向南。规模与形制，大殿三间，硬山

图123　左起石佛寺村67岁村民何朝天、65岁村民鲍昌江谈寺庙情况（摄于2007年4月）

图124　石佛寺村石佛寺（摄于1961年）

脊筒瓦顶，吻代（带）剑把，有垂兽。大式作法，通长11.3米，明间3.15米，次间3.05米，进深6.8米。有前廊。五抹方格，阁（隔）扇，砖石坎墙，东西有8个阁（隔）扇。内部撤（彻）上明造，五架插（梁），旋子彩画，插今（金）柱。"这即是说，大殿面阔三间，单檐硬山顶，上覆青瓦合瓦垄，大脊两端为螭吻，四道垂脊饰以神兽，以不同于民间的质量较高的官式木作法，前出廊，中间为门，门两边下面是矮墙，亦称

坎墙，矮墙上面为方格隔扇窗，东西共有8个隔扇。大殿内没有顶棚天花，梁（柁）上承托5条桁（檩），梁枋施以明清官式建筑中运用最为广泛的仅次于和玺彩画的旋子彩画，殿内檐柱以里设有明柱。普查登记表"附注"还记载，"东西配殿各三间，西配殿筒瓦顶，脊已坏；东配殿改修。通长10.50米，明间3.15米，次间3.05米。内部撤（彻）上明造，三架梁，前插今（金）柱，彩画看不清"。根据所记及保存的1961年照片，所谓大殿当为主殿后殿，东西配殿即是后殿前之配殿。另外，普查登记表又记载"附属文物，有三个石制须弥座，上刻莲花瓣，东次间前须弥座雕刻'贞观元年正月初一日住持悟胜'"。

看来石佛寺建筑较为讲究，而殿内原来供奉着石佛像，这也是石佛寺得名的由来。应该说，佛寺主要是供奉佛祖释迦牟尼等的庙宇。佛教中最高的就是佛，佛祖为释迦牟尼，也称释迦佛，最流行的称呼是如来佛，还有药师佛、阿弥陀佛、燃灯佛、弥勒佛等。这些佛是庙宇中所供奉的本尊，有时也有菩萨、十八罗汉等陪祀。石佛寺自然也不例外。而佛像座上刻有"贞观元年"，即唐太宗李世民年号，时为公元627年。一般情况下，都是先建造庙宇，再塑佛像。如此看来，石佛寺最晚建于唐初了。

石佛寺坐北朝南，东西宽约60米，南北长约80米。全寺旧有三进大殿，南为山门，且是前殿，为门殿合一，辟前后门，面阔三间，对开红木门，木门两边为隔扇窗，村里人说是"正打斜交"的窗棂。两山两边各有一门楼样的小便门。山门前有月台，周遭以石砌筑，台上以砖铺墁。石佛寺虽为佛教庙宇，可前殿内却供奉关公木雕坐像，红脸。这也体现了民间的多神信仰。周仓西侧侍立，为泥塑像，旁边有1把大铁刀及1匹红马。据说村里有个人非要骑上去，结果下不来了，用猪头上供才下来。那把铁刀108斤重，一般人很难耍起来。过去有个叫何兰亭的人，却能够耍动。关平在东侧侍立，亦为泥塑像。两山墙绘有三国故事壁画。前殿于20世纪50年代拆毁（图125）。

进入院内，中殿前东侧，有1棵白丁香花树。中殿前有东西配殿，也供有泥塑神像，村里人记不得供奉什么神了。中殿面阔三间，辟前后门，殿内供奉大肚弥勒佛泥塑坐像，背后为韦驮站像，双手合十，金刚宝杵横于腕上。中殿墙上绘有壁画。中殿于1943年被日军拆毁，盖马坊炮楼了。

图125 石佛寺村82岁村民茂奎元谈寺庙情况（摄于2007年4月）

后院，北为后殿，全寺主殿（图126），有东西耳房各两间，西耳房住看庙和尚，东耳房存放杂物。殿前砌筑月台，月台下东侧有1通石碑，长方形碑座，通高约2.5米。后殿前有东西配殿各三间，称作东西禅堂，20世纪三四十年代改为学堂。后殿前有月台，中间有砖墁甬道。甬道两边，一边1棵红牡丹，近2米方圆；另一边1棵芍药。后院有两口铁钟，东侧1棵桑树悬挂一口铁钟，高六七十厘米，铸有铭文；还有一小钟扣在地上。后殿面阔三间，门楣上边悬挂一方木匾，上书"佛光普照"四

图126 石佛寺村石佛寺大殿（摄于1983年10月）

个大字。后殿前廊后厦。殿内，神台上供奉3尊石雕像，两侧为十八罗汉。至第一次普查时，仅存3个石制须弥座，普查者没有见到石佛。据当时所记，"有石佛5尊，已埋在西配殿南约3米的地方"。新中国成立初期破除迷信，村里人将佛像推倒，但没有砸毁，而是于1952年埋入地下。1985年，石佛寺被列入第二批县级文物保护单位。

1987年7月，寺因雨倒塌，作为第二批县级文物保护单位就此撤销。

1986年，将5尊石佛从地下挖出，包括释迦牟尼佛、文殊菩萨、普贤菩萨及迦叶、阿难。文殊菩萨骑六牙象，普贤菩萨骑狮子。看来，普查时见到的"三个石制须弥座"，就是释迦牟尼佛、文殊菩萨、普贤菩萨坐的莲台了，迦叶、阿难为侍立的站像。唐代石佛先为上宅文化陈列馆收藏，后区博物馆建成，就移至博物馆展出了。石佛详情见"马坊地区的碑刻"。

三条街村

图127　三条街村委会（摄于2007年6月）

三条街村，位于镇域东南部，东隔洵河与东高村镇相望，南与河北省三河相邻，西与二条街村接壤，北与东店村毗连（图127、图128）。

民国二十四年（1935年）《三河县新志》"卷之六·经制

图128　三条街村委会（摄于2023年3月）

志·乡间篇·村庄户口"列有"三河县第九区户口调查表"，其中记载：
三条街，61户，男168口，女159口，男女总计327口。

2020年底，三条街村有230多户，830多人。

三条街村旧有道教庙宇娘娘庙及2座五道庙。

娘娘庙，位于村西路北。

娘娘庙坐东朝西，南北宽约7丈，东西长十五六丈。西为山门，砖砌门楼。山门前砌筑20多级石阶，石阶正对一座小石桥，石桥桥面为大条石（图129），两边有石栏杆，是一座带望柱的梁桥。

前院，在前殿前面

图129　三条街村娘娘庙西侧石桥条石（摄于2007年6月）

北侧有1棵大柏树，2搂多粗。柏树下边放着1口大铁钟，1人来高。柏树西边，有1通石碑。南北有配殿各3间，南配殿为火神殿，供奉火神爷和马王爷泥塑坐像，一边有4个拿着刀等的站像；北配殿为娘娘殿，供奉3尊娘娘泥塑坐像，中间是子孙娘娘，怀里抱着小孩，身上背着的上马子里也装着小孩。前殿有南北耳房各两间，为看庙人所住。

前殿面阔五间，前出廊，后出厦，前后辟门。殿内神台上，供奉娘娘泥塑坐像，不是1尊，村里人记不清都有什么神像，只是说中间是"正宫娘娘像"，但记得南边是眼光娘娘，村里人眼疼了就上庙里供供，给娘娘添油。两边还有泥塑站像。墙上没有壁画。从后门进入后院。

图130　三条街67岁老瓦匠何瑞洪谈寺庙情况（摄于2007年6月）

后院，没有树和石碑，也没有配殿和耳房，就有后殿7间。殿内没有塑像，满墙都是壁画。中间有三大画像，不知啥神像。而壁画有油锅炸的、小磨磨的、做买卖给小分量用秤钩子钩的，俗称阎王殿，画的是阴曹地府七十二司（图130）。

过去农历四月十八为娘娘庙会，十七至十九连着三天，十八为正日子。到时要走会，拉大片的、卖东西的，三里五村的人都来烧香赶会。

1947年，国民党军拆娘娘庙去盖炮楼了。炮楼就在马坊镇水塔附近，供销社北部的地方。

五道庙，全村有2座。一在村东路北，坐北朝南，面阔一间，画像；一在村西北，坐北朝南，庙前东侧1眼枯水井，庙为小三间，没有塑像，有画像。2座五道庙都在20世纪50年代破除迷信中被拆毁了（图131）。

村西头河北，与娘娘庙对着，村里人说他们小时就有一庙台，比娘娘庙要长，宽度差不多。啥庙不知道，那时就种地了。在村东头路北水坑边上，也有一庙台。周边都种地了，庙台中间空着。他们小时听大人说过去那里是一座庙。这两座庙毁得或许都很早，湮没年深日久，现在一点遗迹都没有，以至连啥庙人们都不记得了。

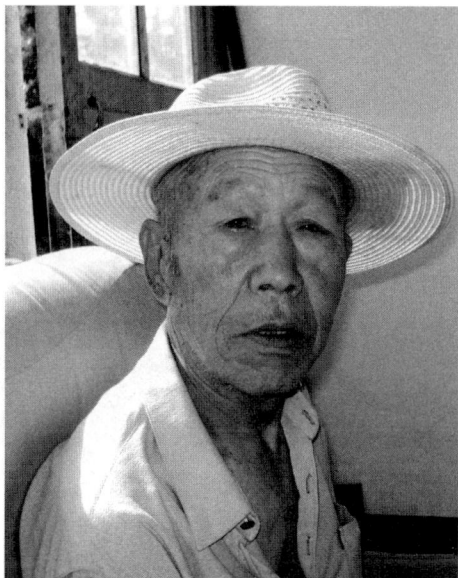

图131 三条街75岁老村干部杨秀华谈寺庙情况（摄于2007年6月）

塔寺村

图132 塔寺村委会（摄于2007年4月）

塔寺村，位于镇域南部，东与西大街接壤，东南与蒋里庄相邻，西与石佛寺相邻，北隔小龙河与梨羊相毗邻（图132、图133）。

近年，塔寺村拆迁改造，搬到楼上，旧有的村落已

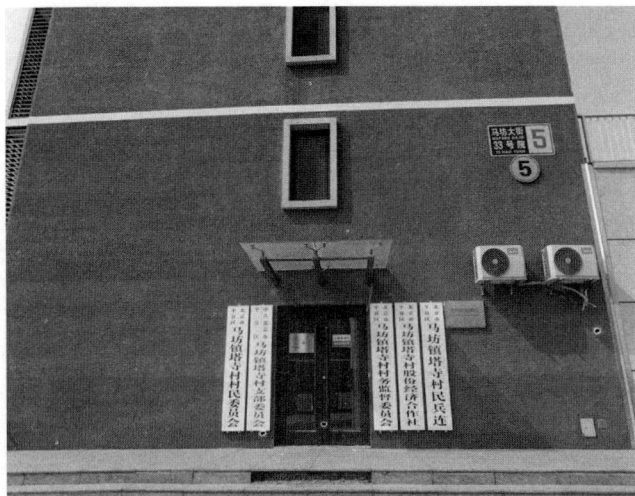

图 133　塔寺村委会（摄于 2023 年 3 月）

变成塔寺社区了。

民国二十四年（1935年）《三河县新志》"卷之六·经制志·乡间篇·村庄户口"列有"三河县第九区户口调查表"，其中记载：塔寺，57户，男 170 口，女 182口，男女总计 352 口。

2020 年底，塔寺村有 270 多户，790 多人。

塔寺村旧有道教庙宇五道庙及佛教庙宇塔寺。

五道庙，位于村中间。

五道庙坐北朝南，建在一座庙台上。小庙仅为一间，庙两边一边 1 棵大槐树，西边那棵槐树还活着，树干早就空了。庙台下东边有一条南北向大道，道东边是水坑。庙内供奉画像，北墙画有 3 尊神像，筑有供台，摆着香炉。

五道庙毁于 20 世纪 40 年代末。

塔寺，位于村西北，村里老人小时见过塔根子和庙刹子。

村里人说，塔寺立庄为明末清初，建村时有塔，为庙里塔。这座庙据说为皇家庙宇，方丈为皇帝干儿子，死后修了一座塔，葬在塔下，传说是铜棺材。有一句话流传至今，"庙里有名的和尚一千五，没名的和尚数不清"。三条街老爷庙为东配殿，李蔡街娘娘庙为西配殿，塔寺为正殿。说明庙的格局与规模很大（图 134）。

从建庄来看，原来这地方叫南石渠（石佛寺村的人也说石佛寺村过去叫南石渠），后来建这村，就叫塔寺。新中国成立前叫塔儿寺，新中国成立后简称塔寺。

查阅清乾隆二十五年（1760年）《三河县志》"卷之六·乡间·村庄"记载："西北路忠一乡"下，有"塔儿寺"。

村里人说，这个村过去就在庙址里边，一建村吃的就是庙井的水，现在这井还在，被掩埋了。

因为是皇家庙，势力大，抢男霸女不行好，地方官又惹不起，就上报朝廷。皇上口谕，叫御史来："惊惊，怕怕。"本意是吓唬一下。御史听错了，以为是"耕耕，耙耙"。平谷地区方言，"耕"字读"jīng"。结果，御史到庙这儿，把和尚们一个个像栽葱一样都栽在地上，就露个脑袋，用犁给犁了。回去一报告，皇上也无奈，就把庙毁了。

图134　塔寺68岁老村干部罗维林谈寺庙情况（摄于2007年4月）

图135　塔寺村塔寺残龟趺头部（摄于2007年4月）

村里人推测，明朝时应该有庙，也是明朝时拆毁的。现在王八驮石碑（龟趺座）的残碑还在，龟趺的头部（图135）还在，当初这碑规格应该不算低。残碑为上半部，碑首方首圆角，饰以浮雕祥云图案。碑首额题"万善同居碑"阴刻篆书5个大

图 136　塔寺村塔寺残碑（摄于2007年4月）

图 137　塔寺村塔寺内碾轱辘，现散落街头（摄于2007年5月）

图 138　塔寺村塔寺遗址旁散落的汉代柳条砖（摄于2007年4月）

字。碑右侧有"南石渠东马"等字迹。"东马"，可能是"东马坊"，如河北村是"西马坊"，都是明代的养马场。碑左下侧有"锦衣卫指挥""天寿山五灵"等字迹。"锦衣卫"，为明朝专有军政搜集情报机构，明太祖朱元璋时设立。有明一代，锦衣卫一直存在。还有南寨里、东店及一些人名等。从碑首形制及文字看，这应是明代石碑（图136），且是碑阴。因半掩地里，没有挖出来看，也就不知碑阳所记文字了。庙里所用碾子的轱辘，还散落街头（图137）。

根据名字及村里人的介绍，这应是佛教庙宇。至今村里还相传："南道北道，九缸十八窖，刨出银子修大庙。"到现在银子也没刨出来，庙也没修。

村头路边，散落一些带纹饰的砖（图138），请教收藏家李润波先生，他肯定地说，这是典型的汉代柳条砖，平原一带用得多些，尤其河流两岸用得更多。靠山区往往是荆条砖，比这错乱些。还有那种席纹砖，往往是平原靠近山区的地方用得多些。过去这一代可能有汉代居住遗址或汉代墓葬遗址，与塔寺就没有关系了。

洼里村

洼里村，位于镇域北部，东北与果各庄相邻，东南与英城相接，南隔金鸡河与东撞、北石渠相毗邻，西与河奎相邻，北与马昌营镇接壤（图139、图140）。

图139　洼里村委会（摄于2007年6月）

民国二十四年（1935年）《三河县新志》"卷之六·经制志·乡间篇·村庄户口"列有"三河县第八区户口调查表"，其中记载：洼里，52户，男146口，女144口，男女总计290口。

图140　洼里村委会（摄于2023年3月）

2020年底，洼里村有290户，850多人。

洼里村旧有纪念性祠庙老爷庙、道教庙宇五道庙及佛教庙宇南大庙。

老爷庙，位于村西。

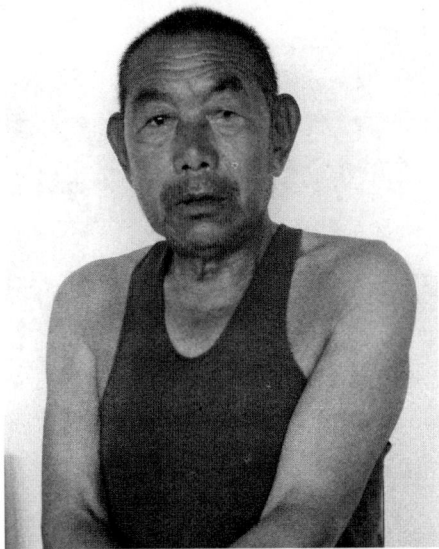

图141 洼里78岁村民郑朝相谈寺庙情况（摄于2007年6月）

老爷庙坐北朝南，东、北、西三面都是水坑，庙就在3个水坑中间。庙为一间，供奉关公泥塑坐像，西边周仓持刀侍立，东边关平侍立。庙西边有1棵大榆树，1搂多粗，朝南歪长着。这榆树奇怪处，是秋后长榆钱（图141）。

老爷庙毁于20世纪50年代。

五道庙，位于村中间，坐北朝南，一间，画有五道将军等神像，墙上都是壁画。五道庙毁于20世纪50年代。

南大庙，位于村南，现在为村小学。清乾隆《三河县志》记载洼里有"圆通寺"，当是此庙。庙里曾有铁钟，民国《三河县新志》"金制古物"记载："圆通寺钟，明万历四十一年铸。在洼里庄。"明万历四十一年，为公元1613年，明晚期了。

南大庙坐北朝南，东西宽约11丈，南北长约8丈。南为山门，一座民居似的门楼，前有5级台阶。山门前，有4棵槐树，各有1尺多粗。山门东侧，还有1通石碑，方碑座，座有1米高，通高约3米，宽约1米，厚30多厘米。碑首为盘龙，即螭首。碑身两面都有字，村里人记得还是篆字，内容记不清了。

山门内，以砖砌筑一道影壁，影壁南北两面写有字迹。影壁北边有

1棵柏树，1尺来粗。院内，有东西厢房各三间，东厢房作为学校，西厢房为看庙人所住，原来是和尚，后来就由村里人看管了。

北为大殿，面阔五间，前出廊，东西耳房各三间，耳房存放杂物。殿内砌筑神台，神台上供奉3尊木雕坐像，下为木雕莲花座，雕像头上都有发髻。当是供奉的佛祖，或横三世佛，或竖三世佛，因佛像已无存，也就难以确定了。在木雕像两边，各有2尊泥塑像，村里人记得有一骑象的在东边，4尊泥塑像都骑着什么，也许是四大菩萨吧，如普贤菩萨就骑着大象的。在西山墙前，有药王泥塑坐像，面朝东，药王旁边还有1尊站像，拿着枪，尖帽子，戴盔甲；东山墙前，也有1尊塑像，面朝西。墙上绘有壁画，所画都是人物。

南大庙后面，有2棵大杨树。

20世纪50年代，县里修大礼堂，将南大庙拆毁了。

新建队村

新建队村，位于镇域中西部，东与打铁庄相邻，东南与梨羊相接，西南与河北村相邻，西与顺义毗邻，北与西太平庄接壤（图142、图143）。

新建队村，1970年4月修黄松

图142　新建队村委会（摄于2007年6月）

图143　新建队村委会（摄于2022年7月）

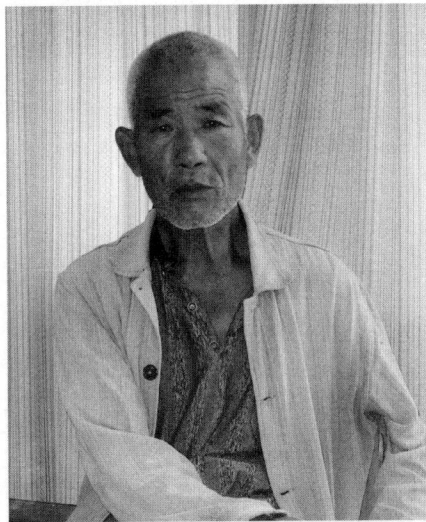

图144　新建队村65岁村民何金生（摄于2007年6月）

峪水库时，从库区里刁窝村搬过来的。

2007年6月，作者来村访谈65岁村民何金生（图144），说他们从刁窝搬来的时候，这儿是农场。

2022年7月，作者就村落有关问题，同区委党史办主任白云兵一起再次来村，访谈73岁老村主任何金成、75岁老村副书记王金荣、79岁村民于淑云、69岁村民赵成祥、62岁老村支委张宝东、65岁老村会计高克银、67岁村民崔义等。

村人公认，就是1970年4月从刁窝村搬来的，主要由于修建黄松峪水库。当时搬迁，是拆了刁窝房子的柁木檩架拉过来的，有折了的檩条啥的，县里给换根新的。刁窝有几间，这边还盖几间，县里给盖，砖瓦石头啥的县里出。每人发10块钱搬家费。到了2006年，国家给农村户口的移民每人一年补贴600元，暂定20年；给非农业户口的移民每人补贴

560元，暂定5年，非农户的移民确实是发了5年就停了。

村人说，刚搬过来的时候，与太平庄是一个大队。那时分生产队，太平庄是第一生产队，我们是第二生产队。后来有些矛盾，也就一两年时间，经上面批准就独立成村了。当时是归马坊公社管，新建队这个名儿就是政府给起的。而《北京市平谷县地名志》和新编2001年版、2019年版《平谷县志》，都写作"新建村"。作者编写《平谷寺庙志略》时，依据地名志也写作"新建村"了。约1975年前后，新建队划归英城公社。后来公社改乡。直至2000年6月，撤销英城乡，并入马坊镇至今。

村人记得，当初搬来的时候是19户、98人，都是刁窝村的，没有外来村的人。其中何家有何明、何存、何海清、何保清，张家有张友山、张友林、张怀，赵家有赵怀、赵顺、赵明，崔家有崔海、崔江，秦家是秦宝山，高家是高清富，康家是康万富，杨家是杨宝成等。村人说的19户、98人，应该是不会差的。只是具体都有哪些户，时隔50多年，户名记得不是很清楚了。

2022年10月，为编写《黄松峪史话》来刁窝村访谈，69岁老村书记何金义（图145）说，记得何家是从黄松峪搬过来的，当初何家这边有地，就落这边了。在刁窝西边、石林峡南边有条山沟，沟里有棵大桃树，叫桃木峡，现在这棵大桃树早没了。由于修水库，1970年3月开始搬迁，到4月底全部搬完。一队有赵怀、赵明、赵顺、张友山、张友林、康万富、康文、秦宝山、王瑞芬、何明、何存、

图145　黄松峪乡刁窝村69岁老村书记何金义（摄于2022年10月）

139

何海清、何保清，二队有高清富、崔富生、杨满生、崔海、崔江、张怀，两队共19户搬迁到马坊人民公社，成立了新建队村。可做参考。

图146 新建队村73岁老村主任何金成（摄于2022年7月）

何家，73岁老村主任何金成（图146）说："从刁窝搬到这儿是老哥儿仨，何明、何存、何友。我父亲何明，是老大，爷爷叫何俊臣，再往上不知道了。我有仨女儿，叫何秀芹、何秀梅、何秀菲。何存没成家，跟着何友过。何友有俩女儿，叫何来香、何玉香。"

这是何金成所谈，经村书记王晓燕帮助进一步整理，何明生4个儿子、5个女儿。何金成是何明的二儿子。

何明长子何金海，生何东生、何东红俩儿子及何秀英1个女儿。何东生生个女儿何笑，何东红生个儿子何宽。

何明三子何金才，有个女儿何秀芝，有个儿子何伟涛。

何明四子何金奎，有个儿子何军，有个女儿何秀凤。何军有个儿子何宇龙，有个女儿何宇桐。

何明有5个女儿何春香、何秋香、何桂珍、何桂香、何桂兰。

何友生有俩女儿何兰香、何玉香。何玉香招婿张自力，有个儿子张波，有个女儿张萌。张波有个女儿张宇涵，有个儿子张宇轩。

何金生父亲叫何海清，何海清有仨儿子何金柱、何金生、何金锁及俩女儿何桂云、何桂珍。何金生有个儿子何卫忠，有个女儿何卫红；何金柱有个儿子何卫东，有个女儿何卫芳；何金锁残疾，没有儿女。

何宝清有4个儿子何金贵、何金友、何金胜、何金山及1个女儿何海兰。何金贵未娶；何金友有俩女儿何静、何月，有个儿子何震；何金胜有个女儿何琼，有个儿子何飔；何金山有个儿子何欣。

现在，何家有8户，71人。

张家，79岁村民于淑云（图147）说："我娘家是南独乐河的，嫁到刁窝，我爱人叫张友山。听说张家是从山东庄搬到刁窝的。当时张家从刁窝搬到这儿是3户，有张友山、张友林、张怀。张友山的父亲叫张芳。我们有个女儿张晓伶，有俩儿子张晓平、张晓明。张晓平有仨女儿张然、张嘉桐、张一心，有个儿子张焕。张晓明有个儿子张兴。"

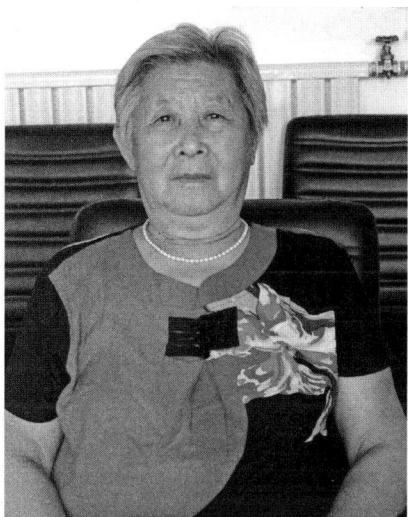

图147　新建队村79岁村民于淑云（摄于2022年7月）

62岁老村支委张宝东说："我父亲叫张友林，爷爷叫张芳。我有个儿子张磊，有个女儿张敏。"

张友林除有个儿子张宝东外，还有俩女儿张宝连、张宝英。

至于张怀，在张家是长辈，有个儿子张友才，有俩女儿张凤英、张凤芹。张友才有个儿子张志松，有个女儿张小娟。张志松有个儿子张梓阳。

现在，张家有4户，31人。

赵家，69岁村民赵成祥说："赵家搬来的时候有3户，是老哥儿仨，叫赵怀、赵顺、赵明。据说在刁窝，就是我们赵家最早来的，赵家是从东高村搬到刁窝的。"

作者为编写《东高村史话》，到东高村访谈，71岁村老建筑公司经理赵如模记得，听老辈儿人说赵家是从山东跟着燕王扫北过来的。燕王就是后来的明成祖朱棣，看来赵家从山东过来是明朝初年了。

赵成祥说："我父亲叫赵明，是老三。爷爷叫赵进熟，就是爷爷那辈儿家里穷，从东高村搬到刁窝的。爷爷那辈儿哥儿俩，还有个赵进户留东高村那边了。太爷叫赵盼，没过刁窝这边来。我父亲2007年去世，属鼠的，要活着99岁了。"

赵成祥说："我有俩儿子赵小勇、赵小旭，有个孙女赵心越。"

赵明有仨儿子，大儿子赵成祥，二儿子赵成军，三儿子赵成利。还有俩女儿赵淑英、赵淑华。赵成军未娶。赵成利有个儿子赵小龙，有个女儿赵小梦。

老大赵怀，有个儿子叫赵成芳。赵成芳有个儿子赵启东，有俩女儿赵秋玲、赵秋萍。赵启东有个儿子赵亮，有个女儿赵曼。赵亮有俩女儿赵梓涵、赵梓钰。

老二赵顺，有俩女儿，长女赵桂芝；次女王淑云，自小给到大兴庄镇三府庄村王家。赵桂芝招婿崔义。

67岁村民崔义说："我老家是黄土梁的。黄土梁主要有许、崔、陈、于四姓。我们崔家有家谱，我小时候看过，记得崔家与北寺的崔家是本家，当年祖上是从北寺挑挑子到刁窝的。我父亲叫崔文来，爷爷叫崔盛，再往上不知道了。在黄土梁那边我是队长。2007年前后，黄土梁搬到黑豆峪。我在1980年就下来了，当时我25岁。我爱人赵桂芝，我们有俩儿子崔晓凯、崔晓璇。崔晓凯有俩女儿崔思佳、崔思冉，崔晓璇有俩女儿崔思淇、崔思研。"

现在，赵家有4户，20人。

这里谈及赵家是刁窝最早来的事，赵成祥父亲赵明排行老三，赵成祥的孩子与赵明长兄的孩子差十几岁二十岁很正常，再加上赵成祥父亲的年岁，赵家从东高村搬到刁窝大致120年上下。

作者在刁窝村访谈85岁村民李如意，老人说刁窝是魏家来得最早。而63岁老村干部魏德珍说，魏家是从大兴庄镇三福庄村搬来的，且是太爷魏福太这辈儿过来的。魏家满打满算6辈儿，最小一辈儿尚未成年不计，以5辈儿每辈儿25年计，130年上下，大致在清光绪中期前后。

这么说来，刁窝应是魏家立的庄，而赵家来刁窝也是比较早的，或与魏家前后脚来的。

崔家，从刁窝搬过来的，有崔海、崔江。崔海有仨儿子崔福旺、崔福金、崔福山，1个女儿崔秋兰。崔福旺有个女儿崔小妍，崔福金有俩女儿崔小娜、崔小丽，崔福山有仨女儿崔小晶、崔晓志、崔晓男。

崔江未娶，没儿女，过继了崔海二儿子崔福金。

还有个崔福生，也是一块儿从刁窝搬过来的，他父亲崔继也跟着过来了。崔福生有4个儿子崔宝库、崔宝金、崔宝成、崔宝永，有个女儿崔凤艳。崔宝库有俩女儿崔月超、崔月明。崔月超招婿魏元恒，魏元恒是门头沟人，有俩女儿魏瑾萱、魏嘉萱。崔宝金有个儿子崔立新，崔立新有个女儿崔艺桐。崔宝成有个儿子崔浩然。崔宝永有个儿子崔浩楠。

现在，崔家有9户，34人。

秦家，75岁老村副书记王金荣（图148）说："我是嫁到刁窝秦家的，爱人叫秦玉江。听说秦家是从下纸寨搬到刁窝的。"

下纸寨秦家，2019年8月，作者为编写《平谷镇史话》，访谈下纸寨的老人。72岁退休干部秦章（图149）说："说下纸寨最早立庄的，是秦、齐、刘三大姓，从山东济南过来的，

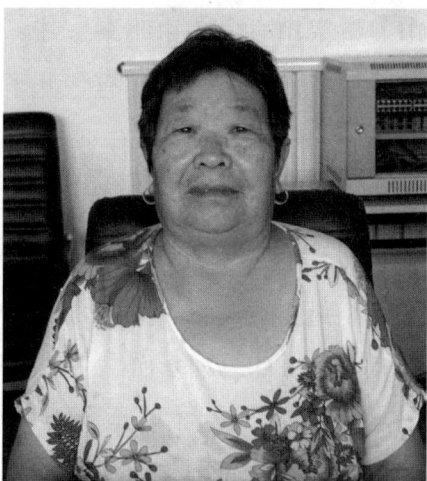

图148　新建队村75岁老村副书记王金荣（摄于2022年7月）

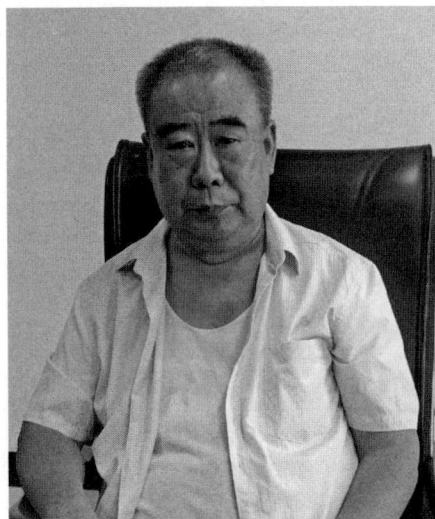

图 149 平谷镇下纸寨村 72 岁退休干部秦章（摄于 2019 年 8 月）

这仨人是表兄弟，也有说是把兄弟的，听说是随龙过来的。"73 岁老村治保主任刘保说："我听说是一块儿挑着挑子逃荒过来的，挑着孩子。"这么说来，下纸寨这三大姓，当是明朝初年过来的了。

2007 年 6 月，作者调查寺庙来平谷镇下纸寨，73 岁公路退休职工秦雅保存着 1955 年秦伯芬整理的秦氏家谱，记载：第一辈儿秦业隆生有一子秦朝柱，第二辈儿秦朝柱生有一子秦凤，第三辈儿秦凤生有三子秦学明、秦学圣、秦学儒，由此形成秦家三门（图 150）。不知搬到刁窝的是哪门了。

王金荣说："秦玉江的父亲叫秦宝山。秦宝山有个弟弟叫秦宝才，没成家，就跟着我们过。秦宝山有仨儿子秦玉江、秦连成、秦玉成，还有个女儿秦连英。我爱人秦玉江是老大，我们有个儿子秦永东，还有俩女儿秦永梅、秦永莉。秦永莉招婿刘再学，刘再学是四川人，生俩儿子刘秦佳、刘秦旭。

"秦连成有个儿子秦永春，有俩孙女秦杨钰、秦杨坤。

"秦玉成有俩儿子秦永强、秦永鑫。

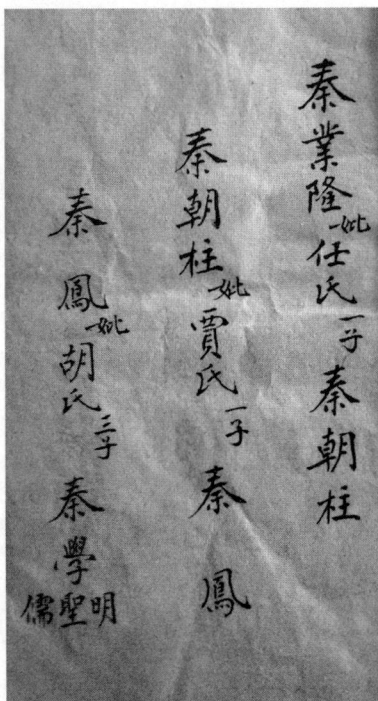

图 150 下纸寨秦伯芬 1955 年 9 月所编秦氏家谱第一页

"秦永强有俩女儿秦佳玉、秦佳怡，秦永鑫有个女儿秦紫钰。"

现在，秦家有4户，27人。

高家，65岁老村会计高克银说："高家当初过来的时候就1户，父亲他们是老哥儿俩，父亲是老二，老大高清有是个残疾人，跟着我们过。高家听说是从山东过来的，先到马屯，从马屯搬到刁窝。父亲高清富，爷爷叫啥忘了。父亲有仨儿子，叫高克芹、高克银、高克金；还有个女儿高桂芝。我有个儿子叫高学文，有个女儿高小娇，有个孙女高若霖；高克芹有个女儿高倩颖，高克金有个女儿高倩云。"

现在，高家3户，9人。

康家，从刁窝搬来就1户，叫康万富。康万富有个儿子康林没成家，过继俩外甥史保贵、史保龙，来村养他。史保贵有俩儿子史志刚、史志彪，史志刚有俩儿子史明轩、史明扬；史保龙，爱人王晓燕，现任村书记。史保龙儿子史志超，孙子史名楷。史家现在有2户，11人。

杨家，当时搬来时是1户，叫杨宝成，没成家，48岁就去世了。

这是从刁窝最初搬来的主要姓氏及发展情况。后来，又陆续有些姓氏从外面搬来。

于文远，1975年前后从湖洞水搬来的。于文远有4个儿子，叫于全国、于全力、于全新、于全义。于全力有个儿子于洋，有个女儿于淼。于洋有俩女儿于梦淇、于梓淇。于全新有个女儿于月。于全义有个儿子于嘉良，有个女儿于盼。

马德才，1973年前后从塔洼一队搬来的。马德才有个儿子马爱友。马爱友有2个儿子马利、马季。马利有个女儿马宇鑫，有个儿子马宇航。

张与，1983年前后从塔洼搬来的。张与有俩儿子张宝珍、张宝桐，有仨女儿张彩凤、张彩莲、张彩云。张宝珍有个儿子张海滨，有个女儿张海霞。张宝桐有俩女儿张雺媛、张雺雅。

王青（女），带着俩儿子张自有、张自力和俩女儿张秀华、张翠华，1982年前后从梨树沟三队搬来的。张自有娶个哑巴媳妇，哑巴媳妇带着仨儿子，户口没在这边。张自力招为何友女婿，有个儿子张波，有个女儿张萌。张波有个儿子张宇轩，有个女儿张宇涵。

赵平，1982年前后从梨树沟一队搬来的。赵平有个儿子赵琪琦，赵琪琦有个女儿赵晨曦。

图151　新建队村建村时所盖的库房（摄于2007年6月）

图152　新建队村1970年建村时赵顺家盖的房子（摄于2007年6月）

2007年6月，作者来村访谈，问有没有建村时的房子。何金生老人说，建村时盖的库房（图151）还在，1987年，被王青家以2000元买下。库房有六七丈宽，主人王青是一位老太太，说一丈二一间。大概是五间，看上去有六七间。这家人还在住着。库房东山角有"抓革命"字样，西山角有"促生产"字样，这是毛泽东主席的指示。

还有一处1970年建村时盖的房子（图152），是赵顺家的房子，后来招赘的崔义住了。房为三间，砖包角，石砌芯。屋前墙门东侧有"走大寨之路"漫画，门西侧有"学大庆精神"漫画。这些漫画，很有那个时代的烙印。院里养猪，屋里存放杂物，早不住人了。屋顶挂满蛛网，可见芦苇苦背，西山墙已很残破。院里1棵柿子树，建庄时就有，树干有些空洞。

2022年7月，再次来村访谈踏察，看到这两处房子已翻盖一新，那棵柿子树也不在了。而整个新建队村街道整洁，亦早今非昔比了（图153）。

2020年底，新建队村有40多户，170多人。

图153　新建队村村景，左边站立者为村书记王晓燕（摄于2022年7月）

西太平庄村

图154　西太平庄村委会设在书记安俊广家里（摄于2007年6月）

西太平庄村，位于镇域中西部，东与打铁庄相邻，南与新建队接壤，西与顺义毗邻，北与权子庄相接。2007年6月，作者来村调查寺庙，当时村委会设在村书记安俊广家里（图154）。2023年3月

图155　西太平庄村委会（摄于2023年3月）

五道庙，位于村东头。

五道庙坐北朝南，庙前1棵大槐树，3搂多粗。庙为一间，供画像，中间画的是龙王，还有五道将军、苗神等5尊神像。两山墙画有雷公、闪公、量天尺、小鬼等壁画。五道庙画像画于1936年，是顺义小塘村人画的（图156）。

过去村里才20多户，都比较穷，盖不起瓦房。流传着一句顺口溜："太平庄，街头长，抛除小庙没瓦房。"是说五道庙是村里最好的房子（图157）。

五道庙于1958年拆毁。

2007年6月进村调查时，村书记安俊广家后院并生3棵大桑树，都有1搂甚至1搂多粗。

再来，看到近年早已盖好了一座村委会（图155）。

2020年底，西太平庄村有110多户，310人。

西太平庄村旧有道教庙宇五道庙。

图156　西太平庄84岁退休职工赵荣谈寺庙情况（摄于2007年6月）

图157　西太平庄78岁老村干部黄文荣谈寺庙情况（摄于2007年6月）

小屯村

小屯村，位于镇域中东部，东隔泃河与东高村镇相望，南隔小龙河与东店、二条街、西大街毗邻，西南与梨羊相接，西北与打铁庄相邻（图158、图159）。

近年，小屯村拆迁改造，村民搬至楼上，旧有的小屯村已变成小屯社区了（图160）。

民国二十四年（1935年）《三河县新志》"卷之六·经制志·乡间篇·村庄户口"列有"三河县第九区户口调查表"，其中记载：小屯，122户，男333口，女328口，男女总计661口。

2020年底，小屯村有330多户，1280多人。

小屯村旧有道教庙宇真武庙、三官庙、五道庙（2座）及佛教庙宇菩萨庙。

真武庙，位于村南，建在一座高土台上。

真武庙坐北朝南，东西宽约

图158　小屯村委会（摄于2007年6月）

图159　小屯村委会（摄于2023年3月）

图160　小屯社区（摄于2023年3月）

6丈，南北长约7丈，四周一圈石头基座的院墙。南辟山门，门框与门槛以一块石头雕凿而成，村里人称"一块玉儿"。门前一对石狮。门前东侧1棵大松树，约1搂粗细。

图161　小屯85岁老村干部范云奇谈寺庙情况（摄于2007年6月）

院内，有一进大殿，面阔三间，前出廊，廊东侧一木架，悬挂一口铁钟，高约1米。西有耳房三间，为看庙人所住。看庙人叫岳（平谷方言读yào）小七，外地人，落户西大街。大殿前有东西厢房各三间，东西厢房南各有盝顶二间。东厢房中间供奉许多小佛像，二三十厘米高矮；西厢房早在20世纪三四十年代就已辟作学堂。大殿前东南侧1棵绒花树，五六寸粗。院里没有石碑（图161）。

大殿内，神台上供奉真武帝坐像。神台坐像前有1尊小站像，一手拿宝剑，一手南指。据说南边土岗是一条龙，真武庙就建在龙头上，镇着这条龙。真武帝像前两边，一边三四尊站像。

1946年秋，国民党军（又称顽军）进攻时，拆毁真武庙盖炮楼了。

三官庙，位于村后街西头道北。

三官庙坐北朝南，庙前2棵槐树，1搂多粗；庙后边也有2棵槐树。庙为一间，北墙画有天官、地官、水官3尊神像，两山墙还有许多小画像。庙内摆着6个石香炉。

1947年闹伙会，又称摸瞎队，一到晚上10点来钟就来了。所以，村里的民兵就在村口埋地雷。埋地雷时，将石香炉扣在地雷上，使地雷杀伤力更大。

庙北为沟河，1953年前后发大水，连庙带树一块儿被冲走。树在河里翻滚，没人敢捞。三官庙的位置，现已在沟河河道中间了，沟河河道随着水冲也是改道的（图162）。

五道庙，全村有2座。

一在村北街中心，菩萨庙山门西侧贴墙而建。坐南朝北，一间，供画像。菩萨庙是村里老周家的家庙，五道庙与菩萨庙是一起的。国民党军修炮楼，与菩萨庙一起拆毁。

图162　小屯70岁老村干部方万银谈寺庙情况（摄于2007年6月）

一在村前街东南，坐北朝南，没有树和石碑，就是孤零零一间五道庙，建在一座土台上。庙里画有五道将军等神像。五道庙早已不存。

菩萨庙，位于村北街中心。

菩萨庙东西宽三四丈，南北长五六丈，坐南朝北。北为山门，山门为普通的乡间的门楼子。门前西侧1棵槐树，约1尺粗细。山门西侧，贴墙建一座五道庙。

院内，在大殿前西侧有1棵松树，西厢房三间，为学校。大殿面阔三间，门外东侧檐下悬挂1口铁钟，高四五十厘米。抗战时期，八路军兵工厂将铁钟弄去铸造手榴弹、地雷了。大殿有东西耳房各二间，东耳房供奉有小铜像，高二三十厘米。西耳房住人。

大殿内供奉观音菩萨泥塑坐像，东山墙前有1尊泥塑坐像，据说是关公；西山墙前也有1尊泥塑坐像，村里人不知是什么神像。神像前摆有供桌、香炉等。

1946年秋，国民党军将菩萨庙拆毁，修炮楼了。

村里1棵老槐树，大半都糟朽了。

西大街村

西大街村，位于镇域中南部，东与二条街相接，南与河北省三河毗邻，西南与蒋里庄接壤，西与塔寺相邻，西北与梨羊、北与小屯相接（图163、图164）。

图163　西大街村委会（摄于2007年5月）

图164　西大街村委会（摄于2023年3月）

民国二十四年（1935年）《三河县新志》"卷之六·经制志·乡间篇·村庄户口"列有"三河县第九区户口调查表"，其中记载：西坊镇马坊西街，169户，男559口，女243口，男女总计802口。在这里，明显妇女人数偏少，但志书就如此记载。

2020年底，西大街村有400多户，1420多人。

西大街村旧有纪念性祠庙药王庙及基督教堂马坊教堂。

药王庙，位于村北，庙址现为马坊中心小学。

药王庙坐北朝南，东西宽约5丈，南北长约15丈。南为山门，山门前有六七棵槐树，一般1尺多粗。南面建有戏楼，坐南朝北，木结构建筑，面阔三间，进深三间。二条街人说药王庙是1958年被国家拆走，去墁天安门前的广场了（图165）。

进入院内，前院没有石碑，有1棵柏树、1棵槐树，东西厢房各三

图165 西大街72岁老村干部王沛臣谈寺庙情况（摄于2007年6月）

间。北为前殿，面阔五间，辟前后门，一边2尊站像，中间没有塑像，这应是一座过殿。后院，有东配殿四间，没有西配殿。院内有五六棵槐树，各1尺多粗。

图166 西大街76岁村民王景颐谈寺庙情况（摄于2007年6月）

后殿为正殿，面阔五间，有东西耳房各三间，耳房为看庙人所住。殿内，神台上供奉药王等3尊泥塑坐像。

药王庙为农历四月二十八庙会，前后3天，到时唱大戏、走会等，三里五村的人都来赶庙会（图166）。

药王庙在1947年被拆毁，当时国民党军占领，在此不过1个月，拆药王庙修炮楼了。

马坊教堂，位于西大街村路北，属于基督教中的长老会，隶属于北京鼓楼西教会。

基督教创建于公元1世纪，在其发展过程中，出现了天主教、新教及其他一些较小派别。基督教即是以尊奉耶稣基督为救世主的各教派的总称，与佛教、伊斯兰教一起，并称世界三大宗教。我国现在一般将天主教、基督教（新教）并称，而其宗教建筑都称教堂。基督教，在民国二十三年（1934年）《平谷县志》中，称其为"耶稣教"，由于进来时间较晚，在我区传播范围不广，所建教堂很少，有的甚至还以民房临时改建。至1936年，全县有教堂4处，教士5人（外国人3名），教徒117人。天主教，虽然清光绪初年，县内已有秘密信奉天主教者，庚子年（1900年）后渐多，在1934年教徒约有300人。

马坊地区的教堂，仅此1座。

清光绪二十九年（1903年），美国牧师海国瑞在马坊建造，占地1.5亩。这座教堂，主要建筑有二层楼房1座，还有瓦房17间。另在西大街路南，占地8亩，建楼房1座，瓦房40间，为教会学校，在马坊西门里路南。当时建筑要用红砖，而当地烧的都是青砖。可巧南宅村砖窑烧两窑都是红砖，正卖不出去，就都给海牧师了。一般每个有大教堂的地方，都设有学校、医院。所以这里也建一座小学，名崇实小学。长老会立的学校都叫崇实小学，北京还有崇实中学。

这一带没有多少人信教，传教时，在外边街上，吹打洋号、铜鼓，集聚的人多了，就开始讲经传教。至于念书，那时农村还是念私塾，没人上教会学校去。起初对于去的学生每人给1块钱，就那样也没人去。后来有些孩子去了，又开始收学费了。而这些学生来源，都是信教人的子女（图167）。

教堂每礼拜日上午要做礼拜，或海牧师或传教士进行宣讲。当时传教者中，有牧师、长老及传教士，牧师比长老大，再下为传教士。做礼拜时，还有外地信教的人一起参加，如三河的，都是农民模样，套着马车来，车上拉着自己的老婆。

1917年，海国瑞去世，美国詹申牧师接任。后又相继在张各庄、南独乐河设立分堂。

抗战时期，马坊教堂被日伪军占为兵营，住着1418部队及宪兵队。抗战胜利后，马坊教堂作为区公所办公用房，新中国成立初期被拆毁。

图167　二条街82岁退休教师李士德小时曾在教会学校念书，谈马坊教堂情况（摄于2007年8月）

英城村

图168　英城村委会（摄于2007年6月）

英城村，位于镇域中北部，东隔沟河与东高村镇相望，南隔金鸡河与打铁庄毗邻，西南隔金鸡河与东撞相邻，西北与洼里、东北与果各庄相接（图168、图169）。

英城村因村北

图169　英城村委会（摄于2023年3月）

旧有緓城而得名。

《北京市平谷县地名志》写到英城村，说是"商末周初成村，时名不详。北魏始称緓城，明代称英城，沿用至今。抗日战争时期化名旅村"。并说"该村东、西堡子为西周至战国时期城寨和居住遗址，另外发现汉至辽、金等代的墓葬群，已出土陶猪、羊、灶等"。

地名志明确说英城商末周初成村，大概主要依据文物部门所确定的村北遗址为西周城址。即使根据出土文物，遗址上限可至西周之时，也只能说那时这里曾有一座不知叫什么名字的城，北魏郦道元写《水经注》时称其为緓城。尽管早期有城，但与后来的英城村不能混为一谈，更不能简单认为英城那时已经成村，毕竟今天的英城村不是由商周时城寨延续下来的，英城村人更不是由商周时人一脉相承繁衍下来的。

现存清康熙十二年（1673年）《三河县志》记载："英城社，在县北三十里。"说明在清康熙十二年以前，英城已经成村，且在这一带较为重要，所以才用作社名。一直到新中国成立后有了公社、乡，还依然以英城作为公社及乡的名字，直至前些年才并入马坊镇。

英城村究竟建于何时？记得2007年6月，作者曾到英城调查寺庙情况，访谈81岁退休职工张贵城老人，说英城的张老家是安徽，祖上挑着挑子过来的。2012年、2014年、2016年，作者先后三次又来村访谈、踏察，村里83岁老村干部张德存（图170）、79岁老村干部张春廷（图171）、73岁退休教师张仲耕（图172）等老人，都说是张姓人先来立的庄，张姓从安徽迁过来的，且肯定地说是随着燕王（朱棣）扫北过来的。这么说来，今天英城村来得最早的张家人，当在明朝初年过来的了，也就意味着英城村立庄亦在明初了。只因立庄于英城城址附近，最早来的张家人便以此而名英城村了。

张家人记得，20世纪50年代，安徽那边来北京做工的人，曾过来与村里人见过面，他们有家谱。而当初过来的张姓祖先，有张家人说是燕王手下一个王爷，村西南半里有张家祖坟，那个最大的坟头有半亩地大小，立一通石碑。坟地里还有石供桌、石香炉等物。20世纪六七十年代的"文化大革命"中将坟平了，那通石碑被四队盖库房做了根基石。村里人已记不清来这里的张姓始祖名字，只知道张家后来分了三大门，是张姓始祖或后来有3个儿子所致。

英城村张姓有600多户，1700多人，占了全村户数、人口的70%还多，并陆续迁到区内外许多地方去了。

图170　英城村83岁老村干部张德存（摄于2012年10月）

图171　英城村79岁老村干部张春廷（摄于2012年10月）

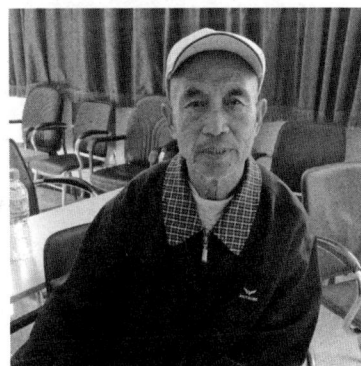

图172　英城村73岁退休教师张仲耕（摄于2012年10月）

图173 英城村79岁老村干部黄殿华（摄于2014年7月）

村里还有其他一些姓，如何姓，有二三十户、100多人，还有崔姓、李姓等。座谈中，79岁老村干部黄殿华（图173）谈及黄家，当场背下八九代先人名字，说："我们黄家从山东过来的，先到峨嵋山村，从峨嵋山村到的英城，英城的黄家已经13辈儿了。我父亲叫黄德奎，爷爷叫黄金贵，太爷叫王万福，老太爷叫黄兆龙，再往上黄俊芝、黄志明，上面应该还有两辈儿，一直到黄有道，就是黄有道最早过英城来的。我有个女儿叫黄雅丽，姑爷叫李文洪，有两个外孙子，叫李黄镇、李黄维。"

谈及村里的事，70多岁村民张福全（图174）记得，过去有个皇上的干儿子，听说是个侯爷，在这里建有宅院，街头现在还散落着一些石构件（图175）。他家门前有一对上马石，20世纪70年代被知识青年砸坏了，缺了一角。上马石上雕刻着奔跑的马、花瓶等图案（图176）。村里人说，过去这里有货栈，里边死个人，三河县城警察来办案，见此石赶快下来，

图174 英城村70多岁村民张福全谈村里往事（摄于2007年6月）

图175 英城村街头还散落着一些石构件（摄于2007年6月）

图176 据说是英城村侯爷家门前的上马石（摄于2007年6月）

问此家主人在不在，要去拜访。一听说不在了，就走了。

村里有棵古槐，糟朽得只剩少半边树皮。

民国二十四年（1935年）《三河县新志》"卷之六·经制志·乡间篇·村庄户口"列有"三河县第九区户口调查表"，其中记载：英城，231户，男666口，女644口，男女总计1310口。

2020年底，英城村有890多户，2640人。

英城村旧有庙宇4座，包括纪念性祠庙老爷庙、道教庙宇娘娘庙、五道庙及佛教庙宇南大庙。

老爷庙，又称北大庙，位于村中间，北大庙与南大庙对着。清乾隆二十五年（1760年）《三河县志》"卷之六·乡间志·寺观"记载，英城有"关帝庙"，当是此庙。

老爷庙坐北朝南，建在一座高台上，四周都是坡子，东西宽约9丈，南北长20多米。南为山门，砖砌门楼。院内，北为大殿，前有月台。月台上一边1棵柏树，各有2搂多粗。大殿面阔五间，东西耳房各二间，西耳房住看庙的人。看庙的人是一个拐子，一条腿，另一条腿是木头的，在大腿上绑着。殿内供奉关公泥塑坐像，红脸，前边一边有2尊站像。

20世纪50年代，县里修大礼堂时，将老爷庙拆毁。

娘娘庙，位于村西，坐北朝南，有正殿五间，没有院落配殿。殿内，供奉泥塑坐像5尊，其中有眼光娘娘。村里人说，这5尊娘娘像与丫髻山供奉的娘娘像一样，而且殿内西侧塑一小毛驴，一小孩牵着，坐着一位

图177　英城81岁退休职工张贵城谈寺庙情况（摄于2007年6月）

老太太，人称王二奶奶。这座娘娘庙随着丫髻山庙会，也是农历四月初一开庙门，四月初十关庙门。庙前搭上大席棚。庙会期间，香河、武清、宝坻等地朝拜丫髻山的香客，经过此地，便先在此进香，吹打一通，并表演中幡、大鼓、小车会等。然后，香客们才到丫髻山进香朝拜（图177）。

这座娘娘庙，《三河县志》没有记载，毁于20世纪50年代。

五道庙，位于村西，在娘娘庙东侧，中间隔一条道。五道庙建在一座高台上，坐北朝南，庙前有一道影壁，以砖砌筑。影壁前面是下坡，有二三十步砖垒的台阶。庙为一间，供奉3尊泥塑坐像，东西山墙一边各有1尊神像，为相对坐像。塑的什么神，村里人记不清了，反正村里有人去世了，就来这里报庙。五道庙毁于20世纪50年代。

南大庙，位于村东南。民国二十四年（1935年）《三河县新志》"卷之六·经制志·乡间篇·庙宇"记载，英城有"观音寺"，或为此庙。

1959年第一次文物普查资料中有英城药王庙的记述：

名称，药王庙。年代，建于明代，清代复修。地址，平谷县马坊公社英城村，东南，坐北朝南。规模与形制，庙门楼，悬山顶，有吻有垂兽，

大式作法。西吻已残。通宽3米，进深3.50米，门宽1.50米。前殿有三间，硬山脊，吻代（带）剑把，垂兽有四个小兽，筒瓦顶，通面长11.50米，明间3.40米，次间3.20米，进深7.35米，内部撤（彻）上明造，五架梁，前后插今（金）柱，旋子彩画（小学）。附注：东西配殿各三间，硬山脊，吻代（带）剑把，有垂兽，筒瓦顶，大式作法，长9.90米，明间3米，次间2.50米，进深6.15米，内部撤（彻）上明造，三架梁，旋子彩画，前有插今（金）柱。西配殿门窗改修，东配殿已残。后殿三间，硬山清水脊，代（带）兽头，小式作法，筒瓦顶，旋子彩画，长11.30米，明间3.15米，次间3.10米，内部撤（彻）上明造，五架梁，进深6.45米，前有插今（金）柱，东西配房各三间，东西厢房各二间。绘有简略平面示意图。

清乾隆《三河县志》、民国《三河县新志》中，没记载英城有药王庙，就其格局当是南大庙，即观音寺。普查资料记述中，后殿有"东西配房各三间"，看图示，当指东西耳房。资料所记较为翔实具体，是难得的第一手资料。而调查的情况为村里人口述，更为直接具体（图178）。

南大庙坐北朝南，东西宽约100米，南侧还有50米。南为山门，砖砌门楼，对开木门，2扇门有近3米宽。山门前有七八棵槐树，都有1尺多粗。

图178 英城74岁村民张春廷谈寺庙情况（摄于2007年6月）

前院，前殿前面一边1棵柏树，各有2搂多粗，没有石碑。东南角地上扣着1口大铁钟，高约1.5米，铸有铭文，铭文有铸造年号、人名等。民国二十四年（1935年）《三河县新志》"卷之十二·文献志·艺文篇

下·金石附·金制古物"记载："观音寺钟高四尺五寸，径三尺六寸，置地下，清顺治十四年造。在县北英城。"村民所述，与志载相合。清顺治十四年，即公元1657年，时为清初。

前殿有东西配殿各三间，配殿里各有泥塑站像七八个，不知什么神像，塑得较凶，看了让人害怕，一般人都不敢进去。前殿面阔五间，供奉1尊泥塑坐像，有七八尺高，据说这是菩萨庙，供奉的大概就是菩萨像了。门内两边一边有2尊站像，东西山墙一边各有4尊站像。前殿辟前后门，从坐像两边过去，出后门，可至后院。

后院，后殿前西侧1棵松树，东侧1棵柏树，里边是红色，村里人称"胭脂柏"。有东西厢房各3间，后来改为学校。后殿面阔5间，东西耳房各2间，耳房为看庙和尚所住。庙里一个和尚，叫张永生，村里人。后殿内，供奉几十个铜像，一般二三十厘米高，最高的三四十厘米高，那些铜佛不知哪儿去了。后殿有夹皮墙，不知做啥用的。

南大庙毁于20世纪六七十年代"文革"之时。

早立庄村

图179 早立庄村委会（摄于2007年5月）

早立庄村，位于镇域西南部，东部与石佛寺、李蔡街相接，南与河北省三河县毗邻，西与顺义接壤，东北隔小龙河与河北村相邻（图179、图180）。

早立庄村应该包括早立庄、戴家庄、菜园三个自然村。翻阅民国二十四年（1935年）《三河县新志》，"卷之六·经制志·乡间篇·村庄户口"

图180　早立庄村委会（摄于2023年3月）

所列的"三河县第九区户口调查表"中，有"代庄""菜园"两个村名，没有早立庄。县志记载：

代庄，29户，男78口，女67口，男女总计145口。

菜园，14户，男35口，女35口，男女总计70口。

2020年底，早立庄村有340多户，780多人。

早立庄村旧有纪念性祠庙老爷庙、道教庙宇五道庙及佛教庙宇北大庙。

图181　早立庄87岁村民曹松林谈寺庙情况（摄于2007年5月）

老爷庙，位于村南。

老爷庙坐北朝南，东西宽约4丈，建在一座高台上。庙前一个大水坑。庙台前西南有1棵大槐树，村里人说有这村就有这棵大槐树，树干都空了，5个人在里边随便转，下雨时在里边都淋不着。树上有3个大树杈，每个树杈1个人搂不过来。1958年集体吃食堂时，将槐树放倒烧火做饭了（图181）。

老爷庙正殿3间，西耳房1间，耳

163

房为村里人打更歇息之所。殿内供奉关公泥塑坐像，红脸，头戴冕旒。坐像前，东边有周仓侍立像，西边有关平侍立像。

过去村里一般正月烧香，烧过破五，一过初六就不烧了。

老爷庙毁于20世纪五六十年代。

五道庙，位于村北，坐北朝南，仅有一间，画有五道将军等神像。庙后墙朝北辟一小龛，画有观音菩萨坐像。过去庙里住要饭花子，放一个破锅铲儿，要来饭煮着吃。五道庙早已无存。

北大庙，位于村北，庙大约占3亩地。村里人小时就没见过这座庙，这里早就种地了，连砖头瓦块村里人都捡走盖房了，所以不知道什么时间毁的。庙里过去有1通石碑，还有1口大铁钟，1米多高，现在都不知下落（图182）。

据说北大庙是唐朝时修的，有"唐朝庙，清朝道"之说，即是唐朝讲究修庙，清朝讲究修道。查阅《三河县志》，未见相关记载。

图182 早立庄79岁老村干部曹春起谈寺庙情况（摄于2007年5月）

过去村有"五合会"，由早立庄、李蔡街、戴庄、菜园、娘娘庙庄五个庄组成，管村里的事。戴庄、菜园现在属于早立庄，娘娘庙庄属于李蔡街。李蔡街有扳倒井，自动流水。据说辽时萧太后曾在这里作战，过去早立庄称草栏地，给萧太后养马。河北村算城里，早立庄算城外。这是访谈时村里老人所谈，且作参考。

马坊地区的石刻

　　历史上，马坊地区的石刻应该不少，包括雕像、石碑、墓志等，主要应在寺庙及墓地。只是经历了千百年风雨蚕食等，多已无存了。现仅存的如石佛寺村唐代石佛、河北村明代三官庙碑、打铁庄清代诚亲王及其嫡长子墓碑拓本、北石渠村清代查为仁墓志等，具有重要的历史价值、文物价值、民俗价值及艺术价值。

石佛寺村唐代石佛

　　石佛寺村因石佛寺而得名，寺在村东。1959年4月平谷县第一次文物普查登记表有记："名称，石佛寺。年代，建于唐代贞观年。"普查登记表又记载："附属文物，有三个石制须弥座，上刻莲花瓣，东次间前须弥座雕刻'贞观元年正月初一日住持悟胜'。""贞观"，为唐太宗李世民年号。"贞观元年"，为公元627年，说石佛寺"建于唐代贞观年"，当依据于此了。

　　石佛寺坐北朝南，旧有三进大殿，后殿为全寺主殿，殿内供奉5尊石雕像。据普查登记表所记，"有石佛5尊，已埋在西配殿南约3米的地方"。新中国成立初期破除迷信，村里人推倒佛像，但没有砸毁，而是于1952年埋入地下。1986年，将5尊石佛从地下挖出，包括释迦牟尼佛、文殊菩萨、普贤菩萨及迦叶、阿难（图183）。文殊菩萨骑六牙象，普贤菩萨骑狮子。看来，普查时见到的"三个石制须弥座"，就是释迦牟尼佛、文殊菩萨、普贤菩萨坐的莲台了，迦叶、阿难为侍立的站像。

释迦牟尼佛像（图184），通高151厘米，莲花石座上盘腿呈跏趺坐，左手掌心向上横放右腿上，右前臂已损坏，看其姿势，应是右手向上向前，再具体说，向上向前的右手拇指和中指接触弯曲成环状，这个手势称"说法印"。释迦牟尼为佛教创始者，生活的年代与我国孔子相同，其本人是古印度一个小国国王净饭王的儿子，29岁时出家，35岁悟道成佛。弟子将其教法记录整理结集，成为经、律、论"三藏"，形成世界性宗教。

图183 石佛寺村石佛寺现存石佛像（摄于上宅文化陈列馆，2007年6月）

图184 石佛寺村石佛寺释迦牟尼坐像（2012年2月）

迦叶像（图185），侍立佛祖左侧，年长，通高187厘米，双手抱拳于胸前，侍立椭圆形莲花石座上。石像已损坏为三截，腿部、颈部断裂处中心均有圆孔，用以嵌楔相连。佛祖圆寂后，僧侣们就是由迦叶来领导，通过大家回忆背诵，对佛祖言教进行第一次结集，使许多佛教理论学说得以流传，被尊为传承佛法的第一代祖师。

阿难像，侍立佛祖右侧，年轻，头已无存，残高152厘米，双手合掌于胸前，侍立椭圆形莲花石座上。阿难为佛祖堂弟，随侍佛祖25年，直至佛祖圆寂。他博闻强识，且以闻法最多著称，一人诵出全部经藏（佛教三藏经、律、论之一）。初祖迦叶逝世后，阿难继续率领信众，被尊为"二祖"。

文殊菩萨像，残高71厘米，右腿盘坐于莲花石座上，左腿垂下，左手掌心向上置于右脚上，右手向上竖于胸前，头部不存。莲花座下跨石狮。石狮高75厘米，长105厘米，狮头左倾，狮身左侧雕刻一持缰狮奴（图186）。文殊道场在山西五台山，寺庙里通常作为佛祖左胁侍，专管智慧，表"大

图185　石佛寺村石佛寺迦叶侍立像（摄于2012年2月）

智"，与管理德、表"大行"的右胁侍普贤，并侍佛祖两旁。其坐骑青狮，表智慧威猛。

普贤菩萨像，残高50厘米，左腿盘坐于莲花石座上，右腿垂下，左手掌心向上置于左脚上，右手竖于胸

图186　石佛寺村石佛寺文殊菩萨像莲花座下石狮左侧雕刻的持缰狮奴像（摄于2007年6月）

前，胸部以上不存。莲花座下跨六牙石象。石象，高77厘米，长120厘米。象身右侧雕刻一持缰象奴。普贤道场在四川峨眉山，寺庙里通常作为佛祖右胁侍，与文殊并侍佛祖两旁。其坐骑白象，表威灵，象征"愿行广大，功德圆满"。

这些造像雕刻线条流畅，形象生动，虽然原有彩绘已脱落，但隐约尚可看出痕迹。作为唐代造像，历经1000多年风雨沧桑、战火动乱，能够较好地保存至今，在北京地区亦不多见。唐代石佛先为上宅文化陈列馆收藏，后区博物馆建成，就移至博物馆展出了。

河北村明代三官庙碑

河北村三官庙，位于村北。

三官庙坐北朝南，前后两进大殿。前院东南角建有钟楼，一大间见方，一层，高约2丈，悬挂1口大铁钟，高一米七八；西南角建有鼓楼，与钟楼格局一样，里面摆着一面大鼓。前殿东侧1通汉白玉石碑，螭首楷书。访谈村人，说当时庄头叫李明芳，碑正面朝东南，背面向西北，正是以八卦中"巽（xùn）""乾"之位摆放，故称之为转角碑。据说把碑摆正了，自己还转过来。1959年，第一次文物普查资料记载三官庙：附属文物，大殿前有石碑一块，螭首，龟趺方座，高2.50米，宽0.80米，厚0.25米。方座浮雕二龙戏珠。碑为重修碑，崇祯癸未年重修。群众传说转角碑，一夜间面向东南。

民国二十四年（1935年）《三河县新志》"卷之十六·艺文下·金石附"之"石刻古物"亦记载："三官庙转角碑，先面向西，后因地震面向东南，崇祯癸酉年立。在西马坊。"志书所记起码说明两点：一是普查资料和村里人所谈不虚，所谓"转角"为地震所致，即碑转向东南了。这里的"地震"，当指清康熙十八年（1679年）旧历七月二十八日平谷、三河大地震。明崇祯癸酉年，为崇祯六年（1633年）。普查资料记作"崇祯癸未年"，为崇祯十六年（1643年）。所说不一，但为明代晚期无疑。二是志书所载西马坊，即是现在的河北村。此志"艺文下·卷之十六·金石附"之"金制古物"还记载："三官庙前大钟，高五尺，径三尺余，崇祯十年（1637年）造，在西马坊。"这与村里老人所谈吻合，虽时隔多年，但人们所记不差。

三官庙毁于1973年。

2007年5月，作者来村访谈。在三官庙遗址看到石碑碑首尚存，已断为两截，上半部（图187）高54厘米，下半部高50厘米，宽87厘米，厚34厘米。碑额篆书"三官碑记"四个大字（图188）。从碑首看，整个碑身应该不小。而这个碑首，应该是三官庙转角碑碑首。

图187　河北村三官庙内残存石碑碑首上半部（摄于2007年5月）

2018年10月，作者和历史传承的诸位学员踏察河北村养马场遗址，并参观村史展。就在村史展院内，近年村人已将残碑碑首及找到的半个碑座、两

图188　河北村三官庙内残存石碑碑首下半部（摄于2007年5月）

截碑身，运来集中保护。据村人所谈，还应有两截碑身。这样看来，碑通高3.5米左右（图189）。根据1959年普查资料碑身2.5米高所记，应该还有散落的一截未找到。碑首，额题"三官碑记"，说明碑阳应为此记。而看现在的两截朝上的碑身（图190），经整理，碑文大致为：

图189　河北村三官庙残碑（摄于2018年10月）

图190　河北村三官庙残碑碑身碑阴（摄于2018年10月）

□□□□埒（liè，同等）本庙香火地亩善信□□□□□□后

□□□火地伍段及坑南园围共□□□□□□四至具载

御马监□□西马房太监信官

御马监贴马房　　太监信官

御马监贴马房　　太监信官

御马监贴马房　　太监信□　　　忠

　信官吴承勋

信士刘思孝

   杨凤岐　　　韩□

   刘得□　　　刘□

   王进寿

   柳守礼

   谢承恩　　　许□

   吴承恩　　　杨□

   关孔德　　　王□

   姜□魁　　　张

   胡儒选　　　王

   尚景春　　　王□

   王□虎　　　刘□

   侯朝相　　　许

本□马□□□□

当是记述三官庙有关香火地及部分功德名录，应为碑阴。一时不便翻个儿，未能看碑那面文字。仅从这里就可以看出，一是有西马房字迹；二是有御马监太监字迹，证明明崇祯时，甭管是新建还是重修三官庙，或置办香火地，一定与马坊有关了。这里有个"吴承恩"的名字，因此碑立于明崇祯时，已是明末，与《西游记》作者吴承恩应不是同一人，尽管《西游记》作者吴承恩也是明朝人，却是明嘉靖前后的人，约1500年至1583年，也就是说，至万历十一年前后就去世了。所以，应该是两个吴承恩，不过重名而已。

踏察回来后，请学员郭顺友帮助找人将两截断碑翻个儿，拍照片发来。再看，确是碑阳，且有碑记（图191）。

重修兔西马房三官庙记

图191　河北村三官庙残碑碑身碑阳
（摄于2018年10月）

●三河，古号泃阳，盖蓟西名邑云。人文蔚□

□□，拥带玉之山，龙蟠凤舞，气概诡常。□□

□初欲卜为陵寝地，继而不果，废。石森如□

□□其于

□骥天闲，云锦匹练，庶几哉，壮

□威而实内地也。●堡之东北隅，有

三官庙，不知堡先而建后，亦不知堡后而建先。庙貌湫（qiū）

隘，瞻拜者时蒿目讶之，会典厂中

□□张公忠、秦公进朝、马公时以，朔望诣叩□□，欲宽其基址，而新其堂构不得也。获□厂

□拉问□韩君玉、杨君凤岐，挥使吴君承勋，住持上人真参辈协谋和衷徼厂尊之灵

□□期旦夕以求天□。惟是广厦，非一木之□。而好善讵一人任也

□□□□□□能使檀那辐辏，万善咸归。阅□□已见聿（yù）新，而雕栏画栋，翚（lì）飞鸟革，莫□

□子怗□区寓品物咸亨，不无望神之阿□□，神既安享若是，谓不效庇？萧萧之鸣，□

172

□□犹曰□然而始事刘□不期□而获□壁玉□金□□券□□虽仁人之有后□

□□□□□春雨润□□□□根始□□缘□力既成千载令图，则赐福消灾解危

令共事诸君不□始事者，□戠□有□□□必不□□。诸功德植众善因，□兴是

讫于何时？则巳己夏也。●砻（lóng）石以请文者，□刘思孝君等也。记之者，东海刘宪宬。书之者

崇祯癸酉孟夏吉日东海居士刘宪宬

□马监□□、西马房太监李芳明、□协厂太□鲁贵、张启元、秦忠、马进朝

□□会等□□刘思孝、韩玉、杨凤岐指挥使吴承勋等仝建，住持僧真参

首题，也就是碑文题目，为"重修兔西马房三官庙记"，说明是对旧有三官庙的重修，三官庙坐落于兔西马房。

其碑文，由于下半截的缺失，内容主要为上半部分。尽管如此，仍可读出其大概。符号"●"，为划分大致段落所添加，碑文没有。

第一部分，从"三河"至"威而实内地也"，主要写三官庙所属三河及三官庙的地势，道其地势及气势不凡。这里"初欲卜为陵寝地，继而不果，废"句，为我们提供了一个鲜为人知的信息，那就是：这里当初曾想作为陵寝的地方，应该与皇家有关。陵寝一般用于皇帝，王侯之墓一般称为冢，平民百姓之墓才叫坟。当然，也有个别例外，这就是圣人，如孔子墓称为孔林，三孔就是孔府、孔庙、孔林；关羽作为武圣人，在河南洛阳的墓地，称为关林。是最初明陵想定这儿吗？没有明说。既然

明十三陵定在了今昌平区境内，是否为明代某位重要皇家王爷初步选定的百年寿地？为啥又废弃了，不得而知。"□骥天闲"，所缺之字，当为"良"字，明朝开国文臣之首、明初诗文三大家之一、曾作《送东阳马生序》的宋濂，著有《宋学士集》。《四库全书总目提要》写道："濂文雍容浑穆，如天闲良骥，鱼鱼雅雅，自中节度。""明初诗文三大家"，是指宋濂、高启和刘基。这里用了"天闲良骥"四字，碑文中看来是倒了过来，写作"良骥天闲"了，意思一样。宋濂散文或质朴简洁，或雍容典雅，各有特色，这里以此形容和描述宋濂散文的特点和风格。而碑文用此，意在写马房之马为"良骥"，故两字后置了。

第二部分，从"堡之东北隅"至"则巳己夏也"，主要记述三官庙主要位置及重修等事，记述了重修时间及主要供奉的三官神像等。这里的"檀那"，又写作"檀越"，就是施舍或施主的意思。如黄松峪乡白云寺村白云寺前重修白云寺碑碑阴额首镌刻"十方檀越施主"字样。"庙貌湫（qiū）隘"，大意是说三官庙地势低洼且狭小。"赐福消灾解危"6字，正是对三官功能的述说。三官是天官、地官、水官合称，三官信仰源于原始宗教中对天、地、水的自然崇拜。三官功能，简单说就是天官赐福，地官赦罪，水官解厄。对水官，也有说解危的，碑文就这么写的。因与人之祸福荣辱密切相关，故受到广泛崇奉。道教为我国本土教，常常把对中华民族发展起过重要作用的历史人物树而为神。三官来历，主要指谁，说法不一，其中一种较为普遍的说法，三官就是我国远古三位部落首领尧、舜、禹，被道教封为三官大帝。因三官大帝出生日是在三元日，即上元正月十五，中元七月十五，下元十月十五，所以三官又称"三元大帝"。"讫于何时？则巳己夏也"句，当是说重修三官庙，竣工于什么时候？在巳己年的夏天。这里的"巳己"，或书写、刊刻之误，作为天干地支纪年，应为"己巳"，结合下面的"崇祯癸酉"，当为"崇祯己巳"，即崇祯二年（1629年），意为崇祯二年重修竣工。

第三部分，从"砻（lóng）石以请文者"至末尾，记述重修三官庙主要人及立碑事。包括御马监、西马房太监、指挥使等。记述刘思孝等请刘宪宬撰写碑文，并请人书写碑文，所谓书丹。而刘宪宬作为居士也参与重修三官庙。"崇祯癸酉"，即崇祯六年（1633年），是立碑时间，证明上面引用的民国二十四年（1935年）《三河县新志》所记"崇祯癸酉年"是准确的，而普查资料所记"崇祯癸未年"有误。三官庙当时住持僧人叫真参，也一定是立碑之人。

这通三官庙碑，对研究明代军事、养马、宗教以及今天马坊镇名字由来、河北村历史等，无疑具有重要意义和价值。

打铁庄清代诚亲王及嫡长子墓碑拓本

2007年6月，作者来打铁庄调查寺庙时，访谈75岁老村大队长范仲宽、74岁老村书记郭殿发，同时了解王爷坟的情况。他们说，在村南边，有两座清代王爷坟。听说南边这座王爷坟，是乾隆皇帝的老叔。东边一座桥，是个罗锅桥，桥西边一座王八驮石碑，碑西边一座牌楼，牌楼西边一座宝顶等。这就是清康熙皇帝二十四子、和硕诚亲王允祕的南宫。碑拓本（图192）尚存，没有碑高、宽等相关资料。碑文正书，汉、满文合璧。碑文：

图192　和硕诚亲王碑拓本

和硕諴亲王碑文

朕惟天潢衍庆，本支之泽方隆；藩度贻庥，大雅之风可溯。畴若宗盟之长，攽愍（bān mǐn）册以非私；每怀尊属之贤，勒贞珉（mín）而有耀。惟王端凝协矩，醇谨流禔（tí）。慧著垂髫（tiáo），圣祖洽承欢之爱；荣膺疏爵，先皇推同气之恩。忆曾展帙（zhì）同堂，进学常偕夫讲习；越自剖符就邸，睦伦更切乎倚毗。典属籍于宗司，望崇瑶牒；籍分猷（yóu）于统制，政肃牙麾。班朝则首率常联，殿上列维城之冠；巡守而综襄庶事，禁中资留务之勤。正茂景之承禧，祥歌行苇；何凉飙之戒节，疾问长桑。惟时回跸初闻，频咨摄卫。宣医遄遣，期道康绥。尚看扶掖来朝，想旉（fū）裀之如昨；讵（jù）意仓皇临视，怆和药之空劳。爰亲奠醊（zhuì）以申哀，仍举彝章而锡襚。给精镠（liú）于内府，荐雕俎于长筵。节惠攸宜，易名曰恪（kè）。于戏，唐叔之封圭宛在，谊笃懿亲；河间之茔树方新，情深感逝。念昔日诗书起誉，嘉仪表于皇枝；信他时金石扬徽，荷（hè）丝纶于国典。式昭令闻，永视丰碑。

乾隆三十九年十月　日

“攽”，发给，分给。“贞珉”，石刻碑铭的美称。“醇谨”，淳厚谨慎。“禔”，衣服好的样子。“猷”，谋划，打算的意思。“旉”，古同“敷”，敷本义为施加、给予，引申为传布等义。“醊”，祭祀时把酒洒在地上。“荷”，这里读作“hè”，有担、扛之意。“丝纶于”的“于”字，这里繁体字左边写作“木”字旁，而没写作“方”字。请教书法家刘建丰先生，告诉作者说就是“于”字，有时写作“方”字旁，有时写作“木”字旁，这在书法上都是可以的。

村人记得，北边约1里地，现在是一个厂子的院内，就是另一座王爷坟。也是坐西朝东，东边，一座石牌楼，牌楼东边北侧，有个王八驮石碑。这是允祕之子弘畅之碑，拓本（图193）亦存。题为"弘畅墓碑"，简介："清乾隆六十年（1795年）十二月刻。碑在北京平谷县马坊。拓本碑身高252厘米，宽85厘米；额高35厘米，宽38厘米。正书，额篆书，汉、满文合璧。"额"御制"二字。碑文：

多罗諴郡王谥密弘畅碑文

朕惟义隆惇懿，茅壤流黄祚之光；礼重摅（shū）悲，松隧饬翠珉之典。权衡功过，由笃念于亲亲；袚（fú）饰始终，益推恩而贵贵。惟王绍承华构，早袭藩封。长麟趾之宗盟，督虎门之洪胄。裔（yù）皇宝牒，聿秉专裁。桓赴羽林，咸归约束。伊昔山陵奉使，诚效云彰；迨夫位号加崇，委寄弥重。何图末路，偶弛小心。俾随朝薄示以改修，谅席壤自深于悔过。易名曰密，梗概斯昭。於戏（wū hū），数十年禁近趋跄，承恩本渥；千百载山丘零落，赍（jī）恨如何。式揭丰碑，庸示来叶。

乾隆六十年十二年月

图193 多罗諴郡王谥密弘畅碑拓本

"黄祚"，意为黄帝的后裔。"摅"，表示，发表。"珉"，像玉的石头。"赍"，怀抱着，带着。"乾隆六十年"，为公元1795年。

这两通石碑，皆为乾隆皇帝亲笔所书，记述了康熙皇帝二十四子、和硕諴亲王允祕及其世子、多罗諴郡王弘畅的简略情况，亦可见乾隆皇帝的书法墨迹。

北石渠村清代查为仁墓志

查为仁墓，在北石渠村东南。

查为仁墓志，长48厘米，宽47厘米，厚10厘米。志文32行，满行38字，楷书。杭世骏撰，唐陆秩书，戴章甫篆。墓主人康熙甲戌年十一月初七日丑时生，乾隆己巳年六月二十八日巳时卒，乾隆壬申年八月二十日葬。

1949年后马坊镇北石渠村出土，现存上宅文化陈列馆。

查为仁墓志（图194）全文：

图194 皇清例授承德郎议叙六品莲坡查君（为仁）元配金安人继配刘安人墓志拓本

皇清例授承德郎议叙六品莲坡查君元配金安人继配刘安人墓志铭

召试博学鸿词翰林院编修仁和杭世骏撰文

赐进士出身翰林院编修掌京畿道监察御史加二级钱唐陆秩书丹

赐同进士出身工部屯田司主事掌河南

道监察御史加二级仁和戴章甫篆盖

　　吾友查君莲坡殁后三年，岁壬申八月二十日，将卜葬于三河县北石渠之原，两安人祔（fù，合葬）焉。其孤数千里走书币，请铭于予，辞不获。谨按状：

　　君讳为仁，字心毂（gǔ），一字莲坡。其先江西临川人。明万历间讳秀者，北迁顺天宛平。子讳忠，中万历己酉顺天乡试副榜，是为君高祖。忠生国英，国英生如鉴，如鉴生日乾，是为君考。封承德郎，赠朝议大夫，即慕园先生也。慕园生三子，君为长。年十七，□学官弟子。辛卯，举顺天乡试第一，以习贯误书被斥，系于狱。越九年，乃解。

　　当在西曹益励于学，口诵手录，继晷焚膏，忘其身居狴（bì）户中也。时吴门谈汝龙、甘肃布政朝琦亦在系，相与精研诗学，倡予和汝，作金台诗会。其外与会者，皆都下名彦，一时传诵，为之纸贵。

　　庚子，放归里，与仲弟为义、季弟礼，分灯课读。筑澹宜书屋，遍访江吕（yǐ）南藏书，贮其中。闻有善本，虽重赀（zī）□，亦不惜。丹黄甲乙，交相雠（chóu）订，时有"三查"之目。辛酉，丁慕园先生艰，毁瘠苫次，观者动容。癸亥，复丁马太恭人艰，亦如之。而孺慕之诚，至老愈笃。甲子，拓街南隙地，构古春小茨（cí），为王太恭人承欢处。凡服□□戏，可以娱亲者，无不备及。

　　暇则与里中耆旧，作沽上五老会。先是，会稽释元弘，高僧也。君□□□□□颜，其居日"花影庵"，称佛弟子。晚乃益逃于禅，殁之前数日，犹作小楷，书高、王《观世音经》，并《心经》，受□欲作《金刚经》，而未逮也。不意一夕秉烛，正检阅几上残帙，忽头眩体痿，执卷而逝。

　　君享年五十六，生康熙甲戌年十一月初七日丑时，卒乾隆己巳年六月二十八日巳时，以捐赈奉旨议叙授六品。元配山阴金安人，甫婚一岁，

179

先君二十九年而殁，年二十六岁，生康熙丙子年正月十七日巳时，卒康熙辛丑年二月二十五日子时，遗有《芸书阁倡和草》。继配宝坻刘安人，性柔稳，知书善琴，孝于姑，和于先后，抚诸子，无间己出，家事克勷（xiāng，辅助）为多，后君一年而殁，享年四十六岁，生康熙乙酉年四月初四日申时，卒乾隆庚午年六月初六日戌时。

子二：长善长，侧室曹氏出，天津府廪膳生，娶大兴严氏。次善和，刘安人出，天津县附学生，娶海宁陈氏。

女七：长，曹氏出。次二，侧室蔡氏出。次三，刘安人出。次四，殇，刘安人出。次五，张氏出。次六，刘安人出。次七，侧室陆氏出，殇。婚嫁皆名族。

孙一：维城；孙女二，善和出。

君性伉（kāng，同慷）爽，与人交不设城府，遇事无稽疑，随至随应。里中以事纷争交讦（jié）者，君入座，片言剖晰，众帖然服。平生以友朋为性命，推襟送抱，宾至如归。急难，求无不应。或怵以□患，亦不计。吴县徐君兰以事，并妻孥（nú）安置天津。君存问赒（zhōu，接济）恤，略无顾忌。及殁，亲视含殓，抚其后人。兰临危与君遗书，有"倘他生再托人道，必投君家为子"语。尤笃于宗族，其孤贫不能婚嫁丧葬者，皆力为之经画。至于施棉衣，设火会，捐常平仓谷，凡属乡党善举，曾不少吝。

著有《莲坡未定稿》二十二种，已刊行。其未刊者，又若干卷。

铭曰：

一第而斥生不逢，九年励志阛（huán，围墙）土中。

学淹经术闶弗穷，等身述作畴能同。

地当渤海鱼盐通，骚坛树帜风雅宗。

闭门投辖今孟公，四方学者如云从。

晚乃学佛参苦空，白莲结社伊蒲供。

写经未毕掷笔终，花影去来原无踪。

北石之渠田盘东，卜兆更旁先人宫。

松楸郁郁千岁隆，我铭贞石藏新封。

墓志首题之"皇清"，为清时人对清朝的正式尊称。

"例授"，清制封典，朝廷按照定例授予官爵，授予本身者为例授。

"承德郎"，文散官名，金代始置，清时正六品概授承德郎。

志文为杭世骏所撰。杭世骏（1695—1773），字大宗，号堇浦，别号智光居士等，室名道古堂，仁和（今浙江杭州）人。雍正二年（1724年）举人，乾隆元年（1736年），举鸿博，授编修，官御史。乾隆八年（1743年），因上疏言事，遭帝诘问，革职后以奉养老母和攻读著述为事。乾隆十六年（1751年），得以平反，官复原职。晚年主讲于广东粤秀和江苏扬州两书院。工书，善写梅竹、山水小品，疏淡有逸致。生平勤力学术，著述颇丰，著有《道古堂集》《榕桂堂集》等。

书丹的陆秩与篆写志盖的戴章甫，记载不详。但有一点，陆、戴与杭三人均为杭州人。

志文作于乾隆壬申年（乾隆十七年，1752年）八月，杭应查为仁两子查善长、查善和"数千里走书币"之邀，"谨按状"所撰。"状"当指行状，或行述，亦谓之事略，叙述逝者世系、生平、生卒年月、籍贯、事迹之文章，常由逝者门生故吏或亲友撰述，以便撰写墓志或为史官提供立传之据。也就意味着墓志原始资料，由家人提供。而杭与查平生过从甚密，故称"吾友"，对查应该很了解。因此，志文应该更具真实性。

马坊地区的古树

马坊地区历史上古树应该不少，主要分布于庙宇、村落、墓地等，这就与寺庙建造、村人立庄、百年寿地等有关了。

这些古树历经战火、动乱等，今多已无存。园林好建，古木难求。现存的这些古树，是活着的文物，应予很好地保护才是。

图 195　北石渠村中间五道庙西侧大槐树（摄于 2007 年 6 月）

北石渠村五道庙古槐

北石渠村，旧有道教庙宇五道庙 2 座。

村东头五道庙没有古树。

村中间五道庙，仅为一间，画有龙王、五道 7 尊神像，毁于 1958 年。

庙前西侧 1 棵槐树（图 195、图 197），为国槐，1 搂多粗，尚存，树干已空（图 196）。

图196　北石渠村中间五道庙西侧大槐树空洞的树干（摄于2007年6月）

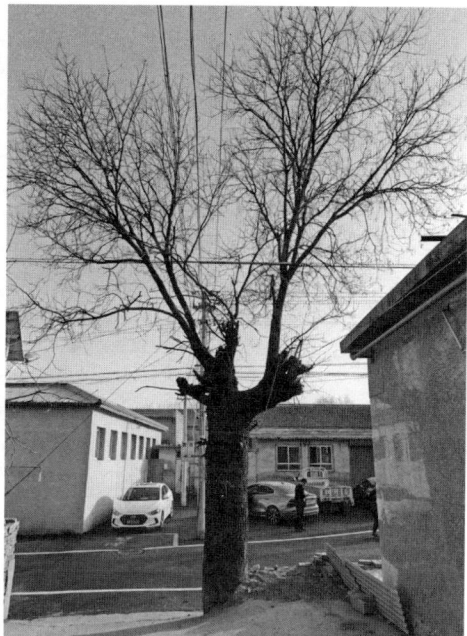

图197　北石渠村老槐树（摄于2023年3月）

东撞村菩萨庙古槐

东撞村中心旧有佛教庙宇菩萨庙，坐西朝东，一间，供奉1尊菩萨泥塑坐像，毁于20世纪50年代。

庙前2棵大槐树，为国槐，各2搂多粗（图198）。

据《北京郊区古树名木志》记载：此2棵古槐为一级古树，形如兄弟。兄者，树高11米，胸径105厘米，冠幅东西16米，南北9米，树根外露呈云花状（图199、图200、图201）；弟者，树高10米，胸径85厘米，冠幅东西10米，南北8米（图202、图203）。此2棵古槐树龄约500年，长势健壮。

2007年6月，作者去村里调查时，北边那棵槐树树干大部树皮已脱

图198　东撞村菩萨庙前2棵古槐（摄于2007年6月）

图199　东撞村菩萨庙前南面古槐（摄于1988年9月）

图200　东撞村菩萨庙前南面古槐（摄于1990年）

图201　东撞村菩萨庙前南面古槐（摄于2001年8月）

图202　东撞村菩萨庙前北面古槐（摄于1988年9月）

图203　东撞村菩萨庙前北面古槐（摄于1990年）

落，两个大枝杈已枯干。从空洞的树干中生出一棵椿树，已有胳膊粗细（图204）。2014年5月，再来村里，北边古槐树干树皮大多已剥落，光溜溜的，只剩西南一小部树皮，二三条树枝还活着（图205）。那两个大枯杈早已被锯掉，那棵椿树也已死去，整体显得更衰落了。而南边那棵依然粗壮繁茂（图206、图207），据说过去4个人可以坐上面打

图204　东撞村菩萨庙前北面干枯的古槐（摄于2007年6月）

扑克。2023年3月，又来村里，2棵古槐依然生长在那里（图208），只是北面那棵似乎已无一点生机了。

图205　东撞村菩萨庙前2棵古槐（摄于2014年5月）

图206　东撞村菩萨庙前南面古槐（摄于2007年6月）

图 207　东撞村菩萨庙前南面古槐（摄于 2014 年 5 月）

图 208　东撞村菩萨庙前 2 棵古槐（摄于 2023 年 3 月）

东店村三官庙古槐

图 209　东店村三官庙山门前古槐(摄于 2007 年 6 月)

东店村，旧有道教庙宇三官庙、五道庙（3 座）及佛教庙宇华严寺。

村里 3 座五道庙没有古树，村东华严寺大殿前一边 1 棵柏树，各 1 搂多粗，早已无存。

村东三官庙，建有山门及正殿，供奉天官、地官、水官 3 尊泥塑坐像，毁于 1947 年。

山门前大槐树（图 209）尚存，为国槐，西南半拉有些空了，树下大根裸露出来。2014 年 5 月，作者再来村里，见古槐更空洞糟朽了（图210）。村里老人说这棵槐树有200多年了。前二三年村里打道，为保护古槐，将大槐树挨着路边的土坎子打了水泥护坡（图211）。2023年3月，又来村里，只觉古槐愈加苍老（图212）。尤其那树干，更加空洞得上可望天了（图213）。

图210　东店村三官庙山门前古槐树干局部（摄于2014年5月）

图211　东店村三官庙山门前古槐（摄于2014年5月）

图212　东店村三官庙山门前古槐（摄于2023年3月）

图213　东店村三官庙山门前古槐树干更加空洞了（摄于2023年3月）

二条街村古槐

图214　二条街村大古槐（摄于2007年5月）

二条街村，村西旧有道教庙宇五道庙，又称龙王庙，画有龙王、五道等神像，毁于20世纪50年代，没有古树。

二条街村有棵大槐树（图214），为国槐，1搂多粗。村里人说有100多年了。大槐树东边十几米处，还有1棵小槐树（图215），也有1尺多粗了。2023年3月作者再来，古槐被保护得很好（图216）。

图215　二条街村小古槐（摄于2007年5月）

图216　二条街村古槐（摄于2023年3月）

果各庄村古槐

果各庄村，分大果各庄和小果各庄，旧有纪念性祠庙老爷庙，道教庙宇真武庙、土地庙、五道庙（2座）及佛教庙宇菩萨庙、大庙等7座庙宇。

村北真武庙、土地庙、村后街五道庙、小果各庄村西五道庙、村西菩萨庙没有古树，村东老爷庙前有4棵槐树，庙台下有2棵槐树，各有1尺多粗；村中心大庙，建有山门及前后殿。山门前两侧有2棵大槐树，各有1尺多粗；后殿前一边2棵柏树，各有1尺来粗。这些古树都已不存。

村东沟河岸边，有棵大槐树（图217），为国槐，1搂多粗，长得粗壮茂盛，

图217　果各庄村东沟河岸边的大槐树（摄于2007年6月）

图218　果各庄村东沟河岸边的大槐树（摄于2023年3月）

连一根树枝也没人敢动。据说上面住有蛇，村里人都敬畏着大槐树。2023年3月，作者再来村里，大槐树长势良好（图218）。

塔寺村五道庙古槐

塔寺村，旧有道教庙宇五道庙及佛教庙宇塔寺。

村西北塔寺，村里老人小时见过塔根子和庙刹子。立庄为明末清初，建村时有塔，为庙里塔。这座庙据说为皇家庙宇，方丈为皇帝干儿子，死后修了一座塔，葬在塔下，传说是铜棺材。有一句话流传至今，"庙里有名的和尚一千五，没名的和尚数不清"。从建庄来看，原来这地方叫南石渠（石佛寺村的人也说石佛寺村过去叫南石渠），后来建这村，就叫塔寺。村里人推测，明朝时应该有庙，是明朝拆毁的。现村存有明代残碑，碑上写有"南石渠东马"等字迹。庙被毁得很早，人们不知是否有古树。

村中间五道庙，仅为一间，画有五道等3尊神像，毁于20世纪40年代末。庙两边各有1棵大槐树，为国槐，西边那棵槐树还活着，树干早已空了。村里人为保护古树，往树洞里填了些砖头等物。空洞的树干里边似乎什么时候着过火，可见黑乎乎烧焦的痕迹（图219）。2023年3月，作者再来村里，村民早已搬迁上楼，旧

图219　塔寺村五道庙西侧老槐树（摄于2007年4月）

村落已成了一片旷野,老槐树依然兀立着(图220)。

小屯村古槐

小屯村,旧有道教庙宇真武庙、三官庙、五道庙(2座)及佛教庙宇菩萨庙。

村南真武庙,建有山门及大殿等建筑,供奉真武帝等泥塑像,1948年秋拆毁。山门前东侧1棵大松树,为油松,约1搂粗细;大殿前东南侧1棵绒花树,五六寸粗。

图220 塔寺村五道庙西侧老槐树(摄于2023年3月)

村北街菩萨庙,建有山门及大殿,供奉观音菩萨等泥塑像,1948年秋拆毁。山门前西侧1棵槐树,为国槐,约1尺粗细。这些古树都已不存。村后街三官庙,为1间,画有天官、地官、水官3尊神像。庙前有1搂多粗的2棵槐树,庙后边也有2棵槐树,都是国槐。1953年前后庙北沟河发大水,连庙带树一块儿被冲走,树在河里翻滚,没人敢捞。

三官庙的位置,现已在沟河河道中间了。村里2座五道庙,都没有古树。

村里1棵老槐树,为国槐,大半都糟朽了,只剩一点树皮还活着,长得尚有生机。村人树下乘凉坐着的大石头,经年累月,都磨得非常光溜了(图221)。2023年3月,作者再来村里,村民早已拆迁上楼,旧村落已成为一片旷野,老槐树在路边矗立着,半边树干都糟朽了(图222、图223)。

图 221　小屯村老槐树（摄于 2007 年6月）

图 222　小屯村老槐树（摄于 2023 年3月）

图 223　小屯村老槐树半边糟朽的树干（摄于2023年3月）

英城村古槐

英城村旧有纪念性祠庙老爷庙，道教庙宇娘娘庙、五道庙，佛教庙宇南大庙等4座庙宇。村中间老爷庙，建有山门、大殿等建筑，供奉关公等泥塑像，毁于20世纪50年代。大殿月台上一边1棵柏树，为侧柏，各有2搂多粗。村西娘娘庙及五道庙没有古树。

村东南南大庙，建有山门、

前后大殿等建筑，毁于20世纪六七十年代"文革"时。山门前有七八棵槐树，为国槐，都有1尺多粗。前殿前面两边各有1棵柏树，为侧柏，有2搂多粗。后殿前西侧1棵松树，为油松；东侧1棵柏树，里边是红色，村东头人称"胭脂柏"，即侧柏。这些古树都已无存。

村里1棵古槐，为国槐，糟朽得只剩少半边树皮，一些树枝还顽强地生长着（图224、图225）。2023年3月，作者再次来村，在老槐树附

图224 英城村古槐（摄于2007年6月）

图225 英城村古槐东侧半边糟朽了（摄于2007年6月）

图226 英城村75岁村民张玉华（摄于2023年3月）

近生活多年的75岁张玉华老人（图226），说在2010年前后，孩子玩火烧了老槐树。作者拿出2007年6月拍摄的照片，老人一眼看出，说这糟朽得只剩少半边树皮的是老槐树东边，老槐树就剩左侧一边还活

图227 英城村古槐东边左侧剩余的一小半仍顽强地生长着（摄于2023年3月）

图228 新建村赵顺家院内柿子树（摄于2007年6月）

着（图227）。近年附近盖房，把树下面用土垫起来了，为了树不倒，底部还垒砌了砖垛。老人一再说，这是英城立庄的树，就剩这么点了。甭看这么点，也生长五六百年了。

应该好好保护，终究这是英城村的一个见证。

新建队村柿子树

新建队村，1970年4月修黄松峪水库时，从库区刁窝等村搬迁而来。这里原是农场。2007年6月，作者来村调查，建村时盖的房子还有一家，房为三间，砖包角，石砌芯。屋前墙门东侧有"走大寨之路"漫画，门西侧有"学大庆精神"漫画。这些漫画，很有时代烙印。屋早已不住人，存放杂物。

院里1棵柿子树（图228），建庄时就有，树干有些空洞，据说当年就这样。这棵柿子树比新建队立庄还早，是新建队立庄的见证。2022年7月，作者再次来村访谈踏察，看到这处房子已翻盖一新，那棵柿子树也早已不在了。

西太平庄村桑树

西太平庄村，旧有道教庙宇五道庙，画有龙王、五道、苗神等5尊神像，毁于1958年。庙前1棵大槐树，3搂多粗，今已无存。

2007年6月，作者来村调查时，新村部正在建设中，村委会就临时设在书记安俊广家里办公。安家后院并生3棵大桑树（图229），是紫桑葚，都有一二搂粗，少说也有几十年了。如此粗大的桑葚树，在平谷地区不多见。因后院狭窄，只能拍摄树干部分。

2023年3月，作者再次来村，村人说3棵大桑树前几年放了，大概是树太大了，碍着房子的事。

图229　西太平庄安俊广家后院并生3棵大桑树（摄于2007年6月）

马坊地区的战事

马坊地区在革命斗争中，在中国共产党领导下，八路军、解放军和民兵积极开展活动，并发生了一些重要战斗。马坊人民为抗战的胜利和新中国的成立，做出了重要贡献，其中61位烈士为此献出宝贵生命。而当年日军侵略中国，在马坊地区大肆烧杀抢掠，收录的李金华整理的果各庄、东撞村的日军暴行，就是其确凿的罪证。

革命回忆

卜静安、刘向道独立大队在马坊地区的活动

刘向道（图230）长篇回忆录《我寻求革命道路的经历》中讲道：

一日，巩敬一来城里购药品，悄悄告诉我说：靠山集一带来了红军，此军坚决抗日，英勇善战，纪律严明，深得民心，不如回去探听下究竟。我闻讯大喜，立即安顿了妻子，回到岳丈家住下，不断四处活动，打探情况，得知八路军邓宋纵队攻占了平谷城，并动员各界民众团结抗日。蓟县邦均也发生了李子光同志发动的暴动。我便骑车赶往邦均，行至段甲岭就遇到暴动农民武装。我急回马坊，欲与巩敬一在马坊一带组织暴

动。而形势发展之快，全出乎我们意料，三河、平谷一带村庄，几乎是一夜之间，闻风而动，四处揭竿，一队又一队的暴动武装相继出现。其中三河县大石庄的石文远带领100多人暴动武装先声夺人，一举将马坊镇的伪警察所端了。巩敬一恰与石文远相识，他和我商议，不如因势利导，就以石队做基础，再行扩充。我同意了。巩将我的情况向石做了介绍，石果然欢迎，接纳我为他的参谋长。我便加紧整顿队伍，收缴大户枪支子弹，队伍不久便扩充到200多人。

图230　刘向道

　　此时，又有十来股暴动武装云集马坊一带，均是各立旗号，或称××支队，或叫××大队，有的百余人，有的几十人，成分也十分复杂，地主富农、贫农雇农、绿林好汉无所不有，虽然旗号都是抗日，但真实动机各异，比如有枪的人加入暴动队伍，主要是为了保存枪支。根据这种情况，我认为应当将这路人马统一起来，团结抗日，不得各自为政，群雄相争。我与巩、石二人商量后，他们都同意我的主张，决定由巩敬一出面联络组织各部，共图大业。由于巩家在三河以北颇有声望，巩敬一又有才学，工作成效甚佳，各路的头头大体都同意联合。这当儿，忽然从蓟县又来一路人马，名曰胡队，是胡香圃组织的武装，有500多人，枪支齐全。我们想把这部分人也统一起来，但不明他们的态度如何，便主动前去拜访，摸清底细。通过交谈了解到，他们是在邦均暴动影响下由胡香圃、卜静安、李友梅拉起来的队伍。胡、卜、李都是国民党员，胡是蓟县五区民团的团总。这支部队号称总队，胡为总队长，卜为副总队长，李为委员长。经过几次接触，他们也同意联合。

我与巩、石研究的结果是，为图抗日救国大计，以胡队为联合的基础。又经与胡商谈，确定了联合整编的方案，队伍名称为"平三蓟顺密五县联合抗日游击总队"，总队下设三个支队，支队下设大队、中队。胡队为第一支队，卜静安为支队长。原驻马坊各路人马编为第二、第三支队，分别由石文远、孔照贵（段甲岭人）任支队长。这些部队主要有：平谷县青杨屯王子青队，坎沥津路德成队，三河县八百户高纯队，梁台子张朝瑞队，栲栳山赵××队，九百户高秃子队，蓟县马子聪队、朱××队，蒋福山贾秉斋队，顺义县李作东队，另有密云县一个队未到。三个支队总计1600多人，号称2000人。一切准备好后，在马坊西大树林子里召开了抗日宣誓大会。大会由巩敬一主持，推选胡香圃为总队长，卜静安为副总队长，李友梅仍为委员长，我为总队参谋长。为建立这支抗日武装做了大量工作的巩敬一，因其父为教会牧师不便公开活动而甘愿不担任任何职务。我们这支队伍，是在共产党领导发动的冀东大暴动中产生的一支地方抗日武装。

……

到9月底10月初，青纱帐无存，形势发生变化，听说八路军主力过平古路撤向平西，东部各地的抗联部队也随之西撤。我们也决定去平西，先行北移。总队行至杨家桥住了一天，了解到北边杨家会、瓦官头一线，不断有抗联队伍西行。待总队到达华山、北宫一带时，我们又见身着灰色军装的抗联队伍由北而南不断返回。经过了解，才知他们是滦县、丰润一带的抗联部队。据他们介绍，平古路沿线及潮白河岸都已被日军封锁，未能通过的抗联部队损失惨重，只得东返。我们也只好又回到杨家桥，发现石文远支队在总队北进时擅自返回了马坊。我与胡、卜、李商量，决定由我去石队了解究竟。我带上警卫员富士瑞和两名队员到达马坊时，已是夜间10点，石文远果然在那里。我问他为什么离开总队？他说是因为和蓟县的人合不来。我又问他如若敌人来进攻怎么办？他说敌人来了就打。可是第二天清晨岗哨就来报告，说从三河县开来十来部大卡车，载有约一个大队"警防队"和少数日军，在距马坊3里多的地方下车，向这边作散开包围。我立即要求石文远下令部队北撤至沟河东，并以小部兵力阻击敌人。他却不以为然地说，他已派人于昨天和"警防队"吴大队长联络，吴大队长同情抗日，今天是来"会面联合"的，他将亲自前往"迎接"，不准我阻挡，不许打枪。听罢此言，我目瞪口呆。我立刻意识到，这个蠢材不是自投罗网便是蓄意投敌。石文远说罢，带着手枪，手持马棒，急匆匆南去。部队见状，一哄而散，无法控制。我立刻带着富士瑞等顺河沿北行，涉水至河东，隐蔽起来，却未听见马坊方向一声枪响。就这样，一支数百人的队伍，便顷刻间化为乌有了。就在我到马坊的当夜，胡香圃也把他的队伍拉到蒋福山解散了。这支号称2000人的"游击总队"就此消亡。

选自《平谷文史选辑》第二辑

南张岱战斗

1944年2月23日（正月三十），在东高村镇南张岱村及马坊镇果各庄村，发生了南张岱战斗。关于这次战斗，作者在县委党史办时，20世纪80年代末90年代初在法制办干部张佩龙陪同下，来到南张岱村，访谈抗战时民兵、张佩龙父亲张忍，并实地踏察，且翻阅相关资料后整理写成了《南张岱战斗》一文：

冀热察军区第十三军分区所属第二区队，在队长李满盈、政委谭志诚率领下，于三河附近胜利地打了一个伏击战，痛击夏垫据点"清乡"

日伪军。随后，部队向北活动，2月21日来到离南张岱村不远的南宅村。南张岱村一群众悄悄找到部队，说马坊据点日军和警备队常来南张岱一带抢粮，盼望部队把他们消灭了。李队长和谭政委一商量，决定再打一个伏击！第二天，队伍便埋伏在南张岱东边的崔庄子村北一条小马路两边。这天日伪军确实来了，但没有进村，直接去了平谷县城。

日伪军去平谷，第二天准要返回马坊，一定会从南张岱村边过。我部队当晚便悄悄住进南张岱村。队长李满盈在民兵带领下连夜察看地势，将马振峰连长率领的三连埋伏村东，二连埋伏村北。指战员将院落围墙掏好枪眼，一切准备就绪，坐以待敌。这时已是23日凌晨。

天亮了，日伪军从东边路上大摇大摆走来。2个特务先走近村头，发现墙上一个个枪眼，掉头就跑，我战士厉声喝问："站住，哪部分的？"特务不答只是狂跑，一战士伸出枪来，叭！叭！两枪，特务应声毙命。后面日伪军听见枪声，哗啦一下散开，很快占领村东两座大坟地，架起机枪朝村里凶狠扫射。我三连指战员在马连长指挥下也同时猛烈开火。一时间，枪声震耳，烟尘纷扬。打了一阵，马连长一声命令："冲啊——！"便率战士们冲向日伪军阵地，一些战士在冲锋中倒下。就在这时，从平谷方向开来3辆卡车，满载日伪军赶来增援。

三连冲上去了，埋伏在村北的二连迅速集中到村东。一会儿，侦察员报告，马坊日伪军也来增援。一看腹背受敌，李队长命令马上撤出阵地。而冲上去的三连，在日伪军密集火力封锁下，一时撤不下来。我便集中火力压制敌人，掩护三连下撤，三连的一些战士在撤退中又倒下了。一战士背着身负重伤的马连长，眼看就到村头了，不幸被子弹打中，马连长和那个战士牺牲了。马连长名马振峰，又名马普德，天津蓟县人，牺牲时年仅32岁。

就在撤出战斗之前，李队长派人从南张岱辛撞村学校搬来桌子，在沟河上搭一座浮桥，以便渡河撤退。同时派二连两个班在辛撞村南警戒、掩护。

李队长和谭政委带着战士，顺南张岱村西河坡过浮桥，撤到河西果各庄。警戒的两个班顶住敌人，掩护撤退。最后当他们撤到浮桥时，不少群众也蜂拥至桥头。战士们掩护群众先过，直到日、伪军追赶上来，他们才边还击边后撤，并拆毁浮桥。追上来的日、伪军，在河对岸架起机枪扫射，我几名战士不幸血洒沟河。这时天已过晌。

队伍撤进果各庄，二连坚守村东。日伪军尾追而来，从南面和东面向我发起进攻。日伪军在沟河东岸架起小炮，直朝果各庄连连发炮，并施放毒瓦斯。我指战员冒着枪林弹雨，打退敌人一次次进攻。

离果各庄十来里路的马昌营伪警备队，上午听到枪声，龟缩在据点不敢出来。下午因刮起大风，他们听不到枪声，以为没事了，便想趁火打劫，20多个伪军就摇摇晃晃地来了。我指战员早已发现，待他们走近，突然发起冲锋，一下活捉10多个，缴获大批子弹，补充了战斗急需。

指战员一直坚持到天黑，李队长和谭政委率队摆脱敌人，安全撤到北山。

战斗中，南张岱民兵张忍，握着花枪，在三连撤退时，不顾个人安危，冒着密集的子弹，抢救出一个腿部负伤的战士。民兵和群众组成担架队，冲上火线，转送伤员。

这次战斗，消灭数十个日伪军，我们也有30多人牺牲。虽然未能取得预期胜利，但打击了日伪军气焰。而当发现敌众我寡，一时难以取胜，便果断撤出战斗。

《平谷文史选辑》第一辑收录甘营人李德成弟弟李德俊写的《回忆哥哥李德成烈士》，文中写道：

1944年2月23日，哥哥的部队在果各庄遭到敌人包围。部队马上掩护群众一同转移，在村外的河湾上，用桌椅搭起临时的便桥。群众过河时，敌人已从后面围上来，子弹呼啸着，情况十分紧急。哥哥同战士们边打边撤。刚刚过河，一位还在桥上的中年妇女忽然扑倒，她怀抱的孩子掉进河里。救人要紧，哥哥转身又向河边扑去。眼看鬼子冲到河对岸了，战士们呼喊他，他却像没听见一样。正在这时，敌人的子弹射中了他的头部，哥哥倒下了。

和哥哥一同牺牲的同志掩埋一起，村里给他们立了墓碑。

1945年初，我得知哥哥是在果各庄战斗中牺牲的，遗体就埋在那里。于是我到县里和区里各开一封介绍信，亲自去移回哥哥的遗体。为保证我的安全，区里还派了夏德旺、李长山、乔振东、李乐四位民兵陪同。二区队的一位民兵带着我们找到果各庄的负责同志，看了我的介绍信后，问道："你是李凤山弟弟？"李凤山是哥哥在部队的化名，我点点头。他紧紧地握住我的手。原来，他是哥哥的战友，并向我讲述了哥哥牺牲的经过。

《平谷文史选辑》第四辑收录夏各庄张占宜写的《走上抗日的疆场》，文中写道：

打完立庄子，我们转回平谷南宅村。正月二十九，我们二连和三连奉命埋伏在南张岱村，伏击返回马坊的敌人。三连在村东，二连在村北。第二天早晨，敌人果然从东边过来。伏击战打响后，平谷和马坊的敌人都来增援，形成了对我们的东西夹击，形势于我不利。李队长命令部队西撤，过河到果各庄。连长给我的任务是带三班掩护部队和群众过河，只要有一个人没过河都不许撤退。战士们从北张岱西大庙小学里搬来桌子，在河上搭起浮桥。我们完成掩护任务后最后过河。敌人追过河来扑向果各庄，我连负责坚守村东。战士们立刻挖好掩体准备迎击敌人。我戴着一项日本钢盔，从掩体射击口要向外察看敌情，刚一露头，"砰"的一声，一颗子弹射来，把我的钢盔打出一条沟，我被震得昏死过去，多亏战士们把我救了过来。这次战斗，我们牺牲了30多名战士，三连长马振峰也牺牲了，但敌人付出了更为惨重的代价。

作者编写《东高村史话》时，在青杨屯访谈，86岁村支委王才浦（图231）记得："八路军在南张岱打埋伏，我四叔王春是个排长，带着一个加强班，从南张岱西北河坡，奔辛撞，过河奔果各庄，一下到丫髻山了。当时是打仗中突的围，王春20多岁，后来复员，回来当村治保主任，一九八几年去

图231　86岁老村干部王才浦（摄于2019年3月）

世，去世时60来岁。那仗八路军牺牲了不少人，连长姓马，也牺牲了。一连人就跑出一个加强班。"

新编2001年版《平谷县志》"第十五编　军事·第四章　战事"收录此战事：

1944年2月23日，二区队二、三连在队长李满盈、政委谭志诚率领

下到南张岱村准备伏击从县城回马坊的日伪军。清晨，日伪军从东进村，发现伏击圈，回撤占领两座坟地，架起机枪向村里射击。三连在连长马普德（马振峰）指挥下向日伪军发起进攻。埋伏村北的二连迅速赶到村东，加入战斗。因火力压不倒对方，平谷、马坊的日伪军又来增援，二区队撤到沟河西岸的果各庄，坚持到天黑，撤到北部山区。此战消灭日伪军近百，二区队马普德、李德成等30余名指战员牺牲。

战斗以后，我当地干部群众将30多名革命烈士安葬在南张岱（图232）和果各庄两个地方。为永远铭记和缅怀革命先烈，从北平秘密镌刻两通纪念碑，竖立在两座烈士墓前。因马坊有日军据点，后又将碑掩埋在烈士墓下，抗战胜利后又重新立起。

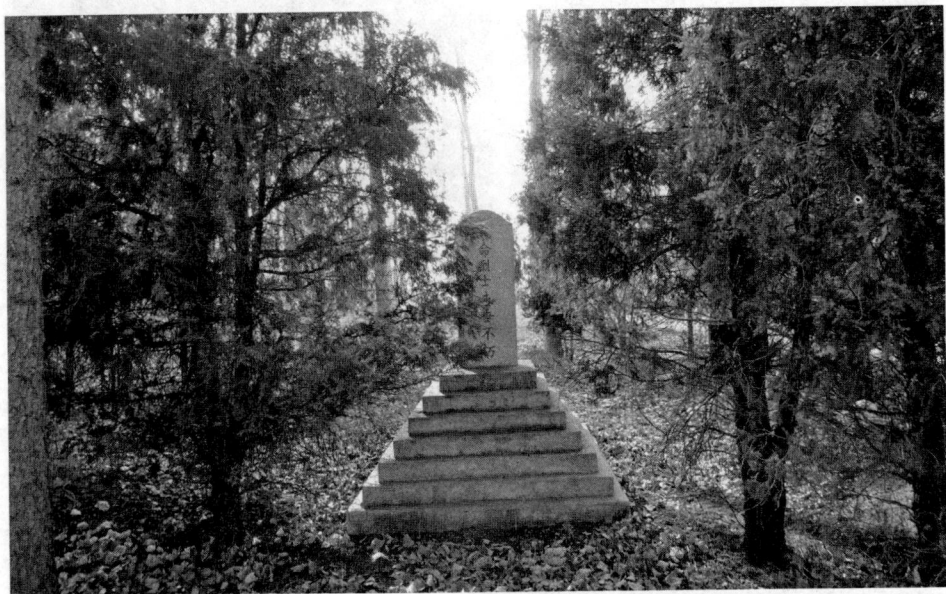

图232　东高村镇南张岱战斗烈士墓（摄于2016年1月）

南张岱烈士墓碑

1944年2月立。碑为青石质，圭首，通高105厘米，宽45厘米，厚

15厘米。边框饰缠枝纹。碑阳额题"万古流芳"。碑阳正文（图233）：

冀东人民子弟兵第二区队牺牲烈士芳
名列下

图233 东高村镇南张岱烈士墓碑（摄于2016年1月）

三连连长马普德	年三二	蓟
刘子辉	三四	
陈连洪	二十	
李汗青	二十	
刘旭堂	二二	县
白俊如	二二	
□子中	三五	
李井□	二四	人
张近福	二六	平
郭 如	一九	谷
张志华	二四	三
冯有近		
刘 荣	二十	
孙□□	二三	河
董 富	二一	
李近堂	一九	人
马义海	二二	兴隆人
孟志青	二五	承德
王凤来	二六	济南
张保贵	二七	吉林
萧正平	二十	顺义人

马桂春

中华民国三十三年正月卅日立　　　公墓

果各庄烈士墓碑

1944年2月立。碑为青石质，圭首，通高85厘米，宽40厘米，厚16厘米。边框饰缠枝纹。碑阳额题"万古流芳"，碑阴无文。碑阳正文：

冀东人民子弟兵第二区队牺牲烈士公墓

　　特志芳名刻下

　　李国华　　孙依诚　　马守金

　　刘福林　　周长合　　侯长富　　赵　均

　　王凤山　　陈义永　　王永富

中华民国三十三年一月三十日立

图234　马坊镇果各庄村西烈士墓及墓碑（摄于2016年1月）

近年，当地对两座烈士墓分别进行整修，南张岱烈士墓迁至村东南，果各庄烈士墓迁至村西（图234），以方便人们凭吊和瞻仰。

李德俊回忆哥哥李德成（化名叫李凤山），而果各庄烈士墓碑写有"王凤山"，李德俊回忆哥哥就在桌子搭的浮桥那儿为救落水孩子英勇牺牲了。所以，这"王凤山"或许就是李凤山了。

攻打马坊据点

《平谷革命史》记载：

1944年11月间，县政府指示马坊一带村庄的民兵，利用夜间火烧马坊四门。小屯民兵到迟了些，当他们到马坊时，东西两门已经起火。敌人正疯狂地向四外扫射。小屯民兵坚决执行上级指示，冒着弹雨，英勇地把柴草运至北门，沉着地浇上煤油，点燃了大火。县政府对小屯民兵信守命令的战斗作风进行表扬，并授予"信用村"的光荣称号。

全县（指现平谷县境界）经过广泛出击围困，被攻克、逼退或自行撤退的据点共24个。只剩下平谷城、马坊、丫髻山、峪口、胡庄、东马各庄、将军关7个工事较坚固的中心据点，残敌更加孤立。

1945年8月14日，八路军和民兵配合围攻马坊据点。据点驻有一小队日军和100多名伪军。围攻前，计划用炸药炸炮楼。围攻战斗开始后，发现炮楼均是条石砌成，十分坚固，而且只有一个门，敌人用机枪一封锁，便难以接近。因此，改为挖地洞到炮楼下，然后以炸药摧毁的办法。当军民挖进一角时，被日军发现，他们也向下挖，与我们的地洞即将相遇，敌人掏个枪眼，用枪射击，使我前进遇到困难，军民们就用湿被子、毡子、板柜等堵住敌人的枪眼，继续挖洞。这时，炮楼里无水缺粮，日军便把伪军赶出来，伪军全部向我投降。军民经过三个昼夜奋战，地洞已挖到三个楼角底下。随着惊天动地的一声巨响，半个炮楼斜陷。惊魂落魄的12个日本鬼子，再无力抵抗，只得龟缩在未塌陷的半个炮楼里。抗日军民趁势冲上炮楼，12个鬼子兵全被活捉。

图235 石有玉和鲁夫照片的合影（摄于2013年5月）

《老党员见证》收录石有玉（图235）的回忆文章《把鬼子打出平谷》，写有"攻克马坊"：

我保卫着县委书记兼义勇军大队政委鲁夫同志，到县南部灵山、双塔村一带工作。义勇军大队通讯员给鲁夫同志送来一封信，信中报告，现在义勇军大队正在攻打马坊日伪军据点，请政委到马坊指挥战斗。我们立即赶往马坊，下午4时多到达指挥部。

日伪军驻马坊有一小队日军12人，一中队伪警备队100多人。据点建在原地主大院内的高坡上，院内西面和北面的平房是敌军营房，东北角修了一个三层楼高的炮楼，底层是1米多高的大理石墙，上边是砖。炮楼门修在二楼，出入楼门用梯子，梯子一撤，就别想再进去了。炮楼没有窗户，周围的射击孔就是通风孔。

开战不久，伪警备队100多人都集中到了炮楼里，打了两天，他们撑不住了，因为吃的、喝的、睡觉、大小便都成了问题。第三天，鬼子把伪警备队赶了出来。起初，鬼子不准下炮楼的伪军带武器，我们命令他们要投降必须交出武器，否则下来一个打死一个。鬼子只得乖乖先把武器丢出炮楼，伪警备队才一个个举着双手出来投降。伪警备队投降后，炮楼里只剩12个鬼子做垂死挣扎。

这样坚固的炮楼，没有重武器，也没有黄色炸药，很难攻破。用重机枪，可一层是大理石，砖墙也很厚，我们重机枪子弹少，打了一阵作用不大。拆炮楼墙，将西面和北面伪军营房的内墙挖通接近炮楼，用锹镐拆墙，可敌人从里向外打枪，两名战士负伤了。炸毁呢？没有炸药，只能用筐子装上40个大地雷，靠在已拆的炮楼壁上，拉火后地雷不能同时爆炸，威力不大。

正在大家苦恼时，警卫部队报告，炮楼西北裂开一个大缝。没过一会儿，就听一声巨响，整个炮楼向西北倒塌了。

这时，从三河来了日伪军增援部队，一边走一边打炮。我们部队趁着天黑和下雨，很快转移了。日伪军增援部队到了马坊，只看到倒塌的炮楼，又垂头丧气地逃回三河去了。

《沟水长流》收录曾雍雅的《冀东西部大反攻》一文，写到了"夺取马坊"据点的情况：

8月中旬，我转兵包围三河县之马坊（现属平谷区）据点。该据点有两处敌碉堡。一处碉堡驻伪军80余人，在我围攻当日，就被我十六团消灭了。另一处碉堡相距伪军碉堡200多米，驻有日军18人，敌人死守着碉堡，进行顽抗，攻了两次没有攻下。当时，我们还没有平射炮，黄色炸药也很缺少，若是硬攻，势必要付出很大代价，只好另想办法。

留下十六团一个连继续将日军碉堡围住，并组织附近民兵和基本群众，向敌堡底下挖地道，昼夜不停地轮番作业。因当地土质松软，比较好掘进，连续挖了五天六夜，将地道掘进了200多米，恰好挖到敌碉堡底下。18日晚，用一口小棺木装满黑色炸药，用导火索点燃爆炸，敌碉堡开了"花"。碉堡中的18个鬼子，除被打死的以外，其余统统被炸死，飞上了西天。

十六团与三通香支队主力6个连，集中在三河与马坊之间，准备重创三河援兵。三河城内之日伪军300余人，于15日向马坊增援，进到阎各庄以南，被我十六团迎头一击，死伤30余人，尚未等我包围部队插断敌人后路，敌人连死尸也不顾，就拼命跑回三河城去了。

曾雍雅，当时为十四军分区副司令员，负责主持十四军分区工作，所率留在分区的十六团和地方武装1000多人，战斗在冀东西部。这时，十四分区主力十三团全部及十六团一部，作为西路，由分区司令员舒行、地委书记兼政委李子光率领，已进军东北了。

曾雍雅、石有玉回忆的细节尽管略有出入，但围攻且挖地洞而炸毁炮楼是一致的。

小小情报员

董士奎

接受任务

我的家乡是平谷县马坊乡蒋里庄，抗日战争时期化名永久村，属平三蓟联合县第八区。第八区包括马坊以西的十几个村庄，区政府设在夏辛庄（现属三河市）。当时，马坊是敌人的一个重要据点，驻有一个中队的日军和一个中队的"皇协军"，还有1418特务队和伪警察所。这群野兽三天两头地四出"清乡""扫荡"，"围剿"我抗日武装，抓捕抗日干部，祸害老百姓，人人恨之入骨。

大约是1943年旧历五月的一天，村干部岳廷印悄悄地告诉我父亲，说夜里有人来找我们爷儿俩，有重要的事商量，叫我们在家里等着，把狗圈到后院，别让它叫。吃罢晚饭后，我和父亲拴好了狗，就摸黑在家里等着。平时，我只要吃了晚饭就想睡觉，可这天咋也不困，我们爷儿俩都在琢磨：到底是谁要来找我们？究竟有啥事？

快半夜了，岳廷印才和另一个村干部王正华领着两个陌生人摸进了我们家。岳廷印叫我父亲用被子把窗户堵严实，然后点上灯。经岳廷印介绍，才知道来的两个人都是区里的领导。父亲指着我对他们说："这是我的儿子，小名叫大勇，今年十四了。有啥事请二位领导尽管说！"两位领导沉了一会儿，坐在炕上的一个问我父亲："你恨不恨日本鬼子？"父亲气愤地说："咋不恨？瞧我头上的这块伤，就是他们打的！"

这年春天，马坊1418特务队长胡皋（东北人）要我父亲去据点给鬼子砌锅台，叫我们村在据点里干活的木匠岳守文带口信。因为岳守文忘了告诉我父亲，我父亲没有去。第二天快中午的时候，胡皋就带着几个特务和两个鬼子兵持枪闯进我家，二话不说，抓住我父亲就连拉带搡地推到了街上，要我父亲跪下。父亲不跪。特务从父亲身后照准他两腿中部狠狠地踢了一脚，父亲被蹬倒在地，胡皋抢起手中的竹棍，劈头盖脸就打。父亲质问道："你为什么打人？"胡皋说："叫你给皇军干活，你敢不去？你一定是通八路了！"一个鬼子叫道："通八路的死了死了的！"胡皋听鬼子这么一说，更加凶狠起来，打得我父亲可地打滚，幸亏岳廷印急忙赶到说情，他们才罢手。父亲被打得头破血流，一个多月下不了炕。

那个领导同志给我们讲了一番抗日的道理，最后说明了来意。原来，区政府决定建立一条情报线，以便及时掌握敌人的动向，尽量减少敌人由于"扫荡"给群众造成的损失，使我们的队伍更有效地打击敌人。因为我们村就在马坊西门外，紧靠着敌人的巢穴，便于监视敌人的动向。他们这次来，是要我当抗日政府的情报员，因为我年纪小，不会引起敌人的注意，干这事儿最合适。父亲当即高兴地答应了。

参加这项工作的，还有我们村的贾永山，他四十来岁，身强力壮，拥护抗日。

执行任务

第二天傍晚的时候，区里来了一位助理，天黑后把我和贾永山叫到村外的麦地里，向我们布置了任务。这个情报线东起我们村，向西南至区政府所在地夏辛庄。这一带的十来个村子相距都不过一里多地，传递情报极为有利。区助理先给我们分了工，我负责监视敌情，贾永山管向外传送情报。然后规定了传送的暗号，交代了注意事项。具体做法是：我每天到马坊据点附近观察敌人的动向，发现情况就用暗号告诉贾永山；贾永山在离据点西边半里多地的地方接收我的暗号，然后再向西传。我俩只管白天，不管夜间。

从那以后，我每天都到马坊据点去转悠。我穿一身破衣裳，头戴一顶旧草帽，脚穿一双张嘴的鞋，肩上背个粪箕子，手拿一把长粪勺，天一亮就到据点跟前拾粪，捡破烂。旧社会穷孩子多，不引人注意。但毕竟是在敌人的眼皮子底下，为了更好地隐蔽自己，我就经常和一些穷人家的孩子在一起玩耍，做游戏，赌输赢，时间一长，人人都对我熟视无睹了。

就这样，我成天地在据点外游荡，心里一直留心着敌人的动静。只要发现据点里的敌人有集合的迹象，我就立刻登上西门里南边的高台，观察他们的动向。敌人只要出去"扫荡"，就是大队人马，全副武装，特务、伪军在前，鬼子在后。只要特务和伪军一出窝，就得走西门，我就赶快到大井台西侧，去看他们的去向。若是他们出西门往北去了，我就面朝北放下粪箕子，假装用长粪勺往粪箕子里搂东西，这就是告诉西边的贾永山：敌人朝北边去了。如果敌人出西门朝南去了，我就面朝南搂粪勺；如果敌人出西门一直奔西，我就立刻登上高井台，用摘草帽的动作向贾永山发出暗号。贾永山收到我的暗号后，用相应的暗号把情报传给西边的塔寺村的情报员，塔寺村的人再传给下面的村庄。用不了多少时间，敌情就传到了区里，而且这一带的村子也都知道了敌人的动向，可及早做好防范。

当时，马坊的敌人一出动，主要就是这三个去向，而西门外则是关键路口。向北奔马（坊）张（镇）公路一线，往南去三河夏垫方向，向西就是我们八区一带的村庄。因此，他们只要一动，准跑不出我们的手掌心。

立功受奖

从1943年6月直至日寇投降，我和贾永山一直在马坊据点外监视敌人，从未间断过，也从没有出过差错。我们就像是抗日政府和广大群众伸到敌人巢穴里的一根神经，准确迅速地传递着敌人的动向，使我方掌握了主动权。

1943年的深秋，地里的庄稼都光了，老远有人走路都看得清清楚楚。驻马坊据点的日军中队长一村认为时机到了，可以放心大胆地出去"扫荡"了。因为没有了青纱帐，不用怕八路军打伏击了。一村是个非常凶残狡猾的杀人魔王，他制定了所谓"四大方针"：一、不准在大路两旁百米内种高秆作物，违者杀头；二、"皇军"到村子里时老百姓都要出来"欢迎"，不准逃跑，违者杀头；三、各村都要给"皇军"送粮、送菜、送猪、送柴，不送拿保长是问；四、各村老百姓不许当八路军，也不许给八路军办事，违者杀头。一村命令将这"四大方针"在各村张贴，汉奸特务把它奉为"圣旨"，一村更是三天两头地带着鬼子、伪军到处抓人抢粮。群众深受其害。一天上午，一村接到特务的密报，说我区小队30多人正在八区西北边的胥各庄休整。胥各庄距马坊只有10多里，一村接到情报，马上命令鬼子、伪军和特务集合，带着轻重武器朝西扑来。他们刚出马坊西门向西运动，我立刻发出了紧急信号，敌情很快传到了区里。区领导经过分析，断定敌人是朝我区小队来的，立即将情况通知了正在小五福捕捉战机的县大队。小五福在马坊西南。县大队果断做出了决定，快速运动到胥各庄外隐蔽，准备伏击敌人。一村气势汹汹地扑到胥各庄外，做梦也没想到我方正严阵以待。他把手下的近百人分成四拨儿，三拨儿包围村子，一拨儿闯进村去。正在这时，村里村外枪声大作，县大队和区小队里应外合，打了敌人一个措手不及，鬼子伪军乱作一团。一村大惊失色，方知上当，一刀劈死了报信的汉奸，慌忙撤退。这一仗，只半个多小时就结束了战斗，共打死打伤20多个敌人，其中有7个日本鬼子被打死；缴获九六式轻机枪一挺，掷弹筒一个，步枪20余支，子弹2000余发。我方只有几名轻伤。

图236　董士奎

在两年的时间里，我和贾永山坚守情报岗位，从没有出过差错，有效地配合了区里的对敌斗争。抗战胜利时，区领导在祝捷大会上对我俩进行了表扬，说我们是情报战线上的尖兵，并奖励我们每人200斤小米和200斤玉米。我也从这两年的斗争中成长起来。解放战争中，父亲送我参了军，为建立新中国而战，从东北打到了江南（图236）。几十年过去了，我曾经历了许许多多的战斗，但我当小小情报员的事，却难以忘记。

选自《平谷文史选辑》第六辑

英雄少年的地下工作

张佩山

张佩山（图237），马坊镇英城村人。1926年12月出生，1945年1月入党。

我家兄弟姐妹5个，我排行老三，我哥哥在北京学徒，糊纸盒，我爸给人家扛活，我妈给人家当老妈子，一家七口人吃不饱穿不暖的。我小时候冬天念书，夏天干活，捡柴火、拾粪，一共就念了两个冬天的私塾，一冬天的学费是1块钱。

图237　张佩山

我十几岁的时候村里来了日本鬼子，他们修的大炮楼特别高，顶上安着探照灯，一到晚上就四处照，能照得老远。那时候鬼子经常圈庄，把村里人都赶到大庙里去，挨个儿问八路军有几个，住哪儿，不说就往死里打。用枪把子杵，用脚踹，用鞭子抽，打得人一块好地方都没有。那时候一听说日本人来了，年轻的妇女就先跑，不跑真被糟蹋了。

1944年，我开始偷偷地和村里几个胆大的年轻人从事地下工作。白天给地主扛活，晚上去"搞破坏"——挖汽车道，把马路中间挖个大深沟，让敌人的汽车掉进去出不来；砍电线杆子，把电话线剁成段。我当时还被选为分队长，经常半夜里偷偷干这些"任务"。

我记得我们村东边的河上有一座日本鬼子修的大木桥，说是他们修的，其实是抓壮丁看着我们老百姓建的，不给他们建就挨打。有一天，我们村的武装部长找到我说，咱们夜里把鬼子的大桥烧了吧。那敢情好啊，老百姓们早想把桥毁了呢。我当时就同意了，又秘密联系了几个胆大的年轻人一起干。

那时正是刚收完谷子的时候，老百姓在大街上晒了很多谷草。行动的那天夜里，我们六七个胆大敢干的年轻人从街上抱了几抱谷草，带上几包火药和炸药，偷偷来到大木桥底下。把谷草分成几垛堆在桥下，把火药和炸药往草上一撒，用火柴点着谷草后赶紧跑。没跑几步，火苗呼一下起来了，早已经被太阳晒得干干的大木桥在大火中烧得"不亦乐乎"。真是大快人心啊。

从17岁开始从事地下工作以来，我基本上都没在家睡过觉，日本鬼子和伪军说不准啥时候就到村里抓我和我那些从事地下工作的同伴，我们大多数晚上都在河坡上睡，天亮了再回家。

1945年，我因为表现突出，被介绍入党。

口述　张佩山

整理　李　囡

（选自《老党员见证》）

战火硝烟中的记忆

李连生

图238　李连生（摄于2011年8月）

李连生（图238），马坊镇权子庄村人，1929年1月出生，1947年9月入党。

1946年8月，我17岁时参加了中国人民解放军，所在部队为冀东军区独立10旅408团1营3连。两个月后攻打马坊，成为我有生以来的第一次战斗。没过几天，我又就参加了灵山战斗。

当时的条件还很差，参加一次战斗老兵发两个手榴弹和5发子弹，新兵只给两个手榴弹。记得当时最难啃的战斗，要算攻打蓟县县城。蓟县县城守敌非常顽固，除了国民党军队，还有伙会和土匪。1946年冬天，我们来到蓟县西门，城墙很高，准备了三架云梯，冲锋时10多个人抬着一个，往城墙上架。战斗打响后，我抬着云梯往前冲，刚架上城墙，敌人就从城墙上用大木棒子、长刀推倒，往城墙下投汽油弹，战士们一个个倒下，损失很大。我们连续发起三次冲锋，都被敌人打退了。第四次冲锋，云梯一架上城墙，战士们从城下一起投手榴弹，借着烟雾，我们攻上城墙，敌人节节败退。只有一小股敌人从南门逃跑了，首长说这次战斗有近300名战友献出了生命。

我经历的最漂亮的战斗，应该说是攻打通州。1946年底，快要过年了，部队开往通州。天擦黑我们从城东绕到城西北角，神不知鬼不觉地来到城下，过了头道护城河，模模糊糊地看见敌人在城头上溜达，都听到城里商贩的叫卖声了，敌人守军还没发觉。通州距北京最近，敌人根本想不到我军敢打这里，所以防范有些懈怠。我们利用敌人巡逻的空隙，迅速架上云梯，以最快速度登城，我们一连战士都登上了城墙，敌人慌乱地问干什么的，话音没落，我们的手榴弹投过去了，枪也响了。敌人一下被打蒙了，我们轻重机枪、步枪一齐开火，敌人根本没有还手的机会，就慌乱往后逃。我们一直追到敌人的老窝—— 一所寺庙，将他们全部歼灭。我们的部队从四面进攻都很顺利，只有小股敌人从西门逃跑，打死敌人400多人，我们排只牺牲2名战士，半宿就解决了战斗，打扫完战场天还没亮。

随后我们又攻打武清、昌黎、辛集、宝坻等地。从参军到1947年9月，大小战斗打过40多次。就在这时我光荣地加入了中国共产党。介绍我入党的是排长李占胜。一天，排长找我说你打仗很勇敢，希望你入党。我刚满18岁，对党还没有太深的认识。但我知道共产党员就要带头打仗，不当叛徒，为老百姓过上好日子干事。9月组织批准我入党，10月就转为正式党员了。

1947年10月初，部队挺进东北编入四野，经历的第一场战斗是攻打朝阳。听当地百姓讲我们这次是解放军第三次攻打朝阳，称为"三返朝阳"。进攻那天稻子刚刚收割完，我们的战壕前不远是敌人的壕沟，拉着铁丝网，接着是台地，然后是干石河，往南就是朝阳北门，也就四五十米的距离。大约晚上10点钟开始进攻，连续发起四次冲锋都没有成功，我们班牺牲2人，3人受伤。天亮我们后撤40多里，开始整顿。中午团长做动员说这次战斗对解放东北至关重要，我们决不能认输，战士们士气被鼓起来了。

朝阳地形险要，用钢筋水泥浇筑的明、暗碉堡很多，非常坚固。我们研究了新的作战方案，成立爆破组、火力组、冲锋组等。6个爆破组分成两梯个队，一梯队三组，一组3个人，每人一个炸药包，第一梯队完不成任务，第二梯队上。我们连队是火力组，配备了3挺轻机枪，2挺重机枪。到了晚上，我们悄悄地向朝阳进发。敌人依靠城防坚固，以为我们被打退了，守敌比较少。我们第一批战士神不知鬼不觉地登上了城墙敌人才发觉，刚一交火城墙上那几个敌人掉头就跑，没想到这次偷袭这么顺利。我们冲到城中心十字路口，攻破一个碉堡，几个暗堡马上开始射击，封锁了前进道路。于是我们掩护，爆破组突击爆破。由于准备充分，战斗进行得较为顺利，天亮以后，最后一股敌人缴械投降。

从朝阳战场撤下来后，我们在黑山休整。当时我们都牢记毛主席的指示：战争胜败取决于思想，敌人装备好，但打败仗；我们小米加步枪，打胜仗。大家下定决心一定要解放东北。1948年秋季攻势开始，我们过大凌河，占领义县，昼夜行军来到距锦州20多里的小村庄，边休整待命，边挖交通沟。攻打锦州我担任战斗小组长，我军战斗力已经增强了不少。早上大概8点开始进攻，炮轰近2个小时，把锦州的土城都炸平了，地面进攻没有受到什么阻力，将近晚上结束了战斗，占领锦州。

攻打营口，我们团负责切断营口和大石桥之间的联系。任务完成后，部队撤退，我们连负责掩护。战斗非常残酷，突围时一颗子弹从我右耳下方打进去，我便晕过去了。醒来时在一个小村子里，医生给我取子弹，没有麻药，痛得我浑身是汗。连医生都奇怪，子弹咋就没往里走，我捡了一条命，现在这儿还留下一个大疤痕。我们连220名战士，突围后只剩下我们7个人。在攻打天津的战斗中，一粒子弹正打中我屁股后随身携带的小铁锹上，我又捡了一个便宜。

随后大军南下，我参加了渡江战役，任步兵团连长。先后又参加了攻打长沙、衡阳、邵阳、桃花坪、武岗等的战斗。1952年春天，我从广东调到东北延吉第二炮校学习。6个月后，被派到炮五一七团任榴弹炮连长，到朝鲜战场与美军作战，1953年回国。

1957年我退伍回到家乡，一直在村里担任村副书记、大队长。20世纪80年代分田到户后，不再担任村干部。

口述　李连生

整理　刘德学

（选自《老党员见证》）

抗战苦里带着甜

岳俊荣

岳俊荣（图239），1929年12月生于马坊镇果各庄村，1947年加入中国共产党。

1944年5月加入十四地委"抗联会"，与冀东十三团一同战斗。1947年入党，一直从事通讯工作。1955年前后，转入空军担任雷达兵。1964年转业到河北省隆化县药材公司，1986年10月16日从中国农业银行承德

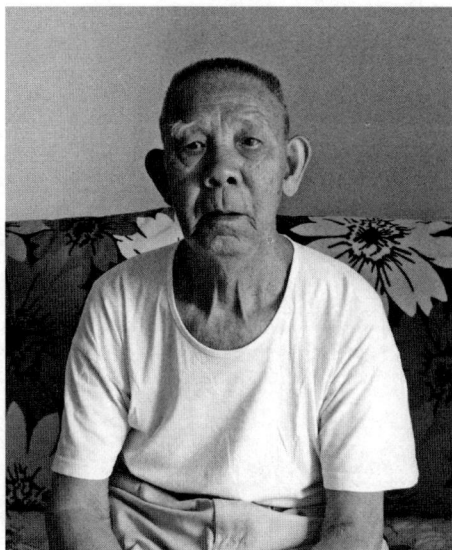

图239　岳俊荣（摄于2015年8月）

中心支行离休。

小腿紧跟追部队

我小时候家里有一个哥哥、一个姐姐、一个妹妹，房子很小，院子也很窄，家里没啥吃食。我母亲还有轻度的精神疾病，我妹妹1岁多的时候，我母亲抱着她跳进了村内的饮水井里。什么时候跳进去的大家都不知道，直到第二天早上村里人去井边上打水，我母亲在井下喊："打水的，我在下头呢。"打水的人把扁担往下一竖，把我母亲拉了上来。据说，那口井特别深，我妹妹早就死了，可我妈在里面愣是啥事都没有，被救上来了。

那时候，大家都受日本鬼子欺负。辛辛苦苦种了半年的庄稼，鬼子全给砍了，怕庄稼地里藏八路军。他们闯进村子，抢粮食抢衣服，就连猪、鸡、鸭、羊等畜生都不放过。我看在眼里，恨在心上。

1944年春，街坊二叔家住了几个八路军。他们对老百姓可好了，人好，态度也好，还杀鬼子，很受大家拥护。我琢磨着，不如去参加八路军，把鬼子打跑了，大家就都能过好日子了。于是，我就跟我母亲说了。我母亲没反对，我就去找村里的地下工作者了。

那时候，村里的地下工作者在坟地里办公，我壮着胆子到坟地里跟人家说，我想当八路军。人家一看我是个还没长开的小孩，摆摆手说，你太小啦。我不服气，第二天，又去找另一位地下工作者，终于同意我参军了。

部队把我安排在了通讯排，做了一名电话兵，发给我一把"三八"枪，几把手榴弹，一套最小号的军装。最小的军装我穿着也大，袖子和裤脚子得挽上去一半，裤腰大得能塞下两个我，那我也穿，军装好看着咧。部队常常半夜活动，为了赶路走得很快。我常常开始还在队伍前面走，后来就落到后面了，一双小腿紧跟着捯，有尿了也不敢上厕所，常常到目的地时，身上的衣服都被汗湿透了，裤子被尿得吧嗒吧嗒滴水。那我也觉得当八路军好，一点也不累。

送电池遇"鬼打墙"

1945年初，东北野战军入关的时候，组织为了联络方便和他们通过电报联系，可发电机的电池不够用了。我们部队当时在刘家河住，组织上命令我一个人到顺义的张镇去送电池。电池很重，我根本弄不动，我记得当时十三团的政委把自己的战马牵了过来，让我骑着马去，还帮我把电池放到马背上，一边一块。

夜黑人静，四周都是小虫的叫声，我深一脚浅一脚地牵着战马沿着山根赶路。我手里没有枪，临出发时，首长往我腰里别上了三颗手榴弹，告诉我，不到万不得已不能用。

走到半路上，我就远远地看到前面有一堵白色的墙，还挺高的，我头皮一阵一阵地发紧，第一反应就是：完了，遇到了老辈人嘴里说的"鬼打墙"了，以前我没见过，这回我真是看见了一堵墙，肯定是遇上了。因为岁数小，我真的是有点害怕了，可又一想：我是八路军，八路军是不信这些鬼神的，我也不信。再说了，我要是不过去，前方就没有电池，我也没法交差，大家还得笑话我。前面越是有墙，我越是要往前走。于是，我跳上马，骑着马走，心想，马头在前，要是撞到马头了再说，于是就壮着胆子往前走，越往前走那墙越矮，走到跟前才发现，这哪是什么墙啊，是条大河套。黑漆巴糊的，又借着那点模糊的月光，河套上的石头反光，我把河套的高和宽看成了一面墙，闹了半天，是自己的眼睛花了，看离了。

过了河套，我的心终于平静了，于是又加快了脚步，把电池送到了张镇的团部，接收人员给我写了一张收条，证明收到了电池，我圆满完成了任务。回去后，部队给我记了一次功。

马坊据点情况多

一次，攻打敌人在打铁庄村的据点，因为马坊镇离三河比较近，不断有敌军前来支援，一直打游击战的八路军见敌我双方实力悬殊，就下令向北撤退。敌人仗着人多就像个扇子面似的对我们进行包围，我们就用尽力气往前跑。我们班有一个比我还小的战士，跑到半道上跑不动了，急得哇哇直哭。我对他说："别停啊，赶紧跑，跑不动也得跑，哭管啥事，哭，鬼子就不打你了吗？累死了也比落在敌人手里强。"说着拉起他就跑，庆幸的是，敌人在我们后面打枪都打在了我们脚底下，没有一个人受伤。

刚跑出村子，我就向排长建议，继续往北面的圪塔头村走，村内的民房可以为我们提供掩护。于是，在排长的带领下，我们都跑进了村里，在后面部队的掩护下成功撤退了。

还有一回，在攻打马坊据点时，一个鬼子小队长不知怎么独自跑了出来，被一个民兵看见了，于是就召集几个人把他逮住了。那个小队长从口袋里拿出了一沓子钱，央求民兵把他放了。放了他？想得美，几个民兵想都没想就把他交给了八路军，可八路军打仗带个日本鬼子的小队长不方便啊，就把他交给了地委。地委想从小队长的嘴里得到一些敌人的消息，可他啥也不说。前方打仗，后方撤退的时候，他也不动，怎么拽都不走。那时候，正是夏天，下着大雨，河套里的水能没了膝盖，可鬼子小队长就是不走，这咋办呢？打死他还得费一颗子弹，不值。没办法，地委决定将他交给村干部，临走时下了命令，随便处治。

待到地委撤退后，村里人处死了鬼子小队长，尸体顺水冲走了。日本鬼子欺压百姓，村里人觉得这是坏人应得的下场。

抗战苦里带着甜

我们通讯班每人都经过专业的技术培训，铺线、架杆、接线、日常维护，每个人都能单独完成。每次出门，我们班每人都会背着一捆一里多地长的备用电线，带着一个改锥和一把小钳子，还有一把防身用的"马三八"，一两颗子弹。战斗开始前，我们先铺设好电话线，并将电话机接通，战斗打响后，我们随时候命，一旦出现通讯问题就马上进行维修。战斗结束后，部队开拔了，我们在后面收线，然后再追上部队。

在通县西集战斗中，指挥部与前方联络的电话线被炸断了。我接到命令后，马上从指挥部出发，顺着电话线找到被炸断的地方，然后接上。有时，被炸断的地方在前方战斗最激烈的地方，我们就躲着炮弹，趴在地上接线。还有时，电话线须得横跨一条河，我们就得在岸边上架起杆子。

八路军打仗靠的是小米加步枪，可是，要是打了胜仗，偶尔也会吃到一次荤腥，那感觉就像是过完年了又过年。

我记得那回夜里攻打蓟县县城，打得特别过瘾。蓟县县城的城墙有5米左右高。敌人在城里躲着，城门紧闭，城墙上还站有警卫（日伪军），八路军先是派了冲锋部队在城下不断往上打，让警卫蹲在城墙里抬不起头来，然后再架起5米多长的大梯子，派人爬上城墙，消灭警卫，再从城墙上往城内打。同时，派人在城墙的角上堆炸药，把城墙炸出洞来，大部队从洞口冲入城内。这样，上下应和，打敌人个措手不及，消灭了全部敌人，还缴获了他们的武器。那次战斗打了足足一宿。

攻城胜利后，部队就撤到了一个隐蔽的山沟里整顿。后来，老百姓抬着几袋白面、几头肥猪和几只羊送到了部队里。那次打完仗吃的饭，是我记忆里为数不多的一次带有荤腥的饭。

1945年8月15日，日本投降之后，我继续参加解放战争，仍旧在京东八县活动，采取的战术大部分仍是游击战。后来，我被调到山东半岛的观通哨所。1955年前后，我转入空军，做了一名雷达兵，直到1964年转业。

口述　岳俊荣

整理　李　囡

（选自《老党员见证》）

"党员"称号铭记我心

赵淑清

赵淑清（图240），马坊镇洼里村人，1920年2月出生，1948年4月入党。

图240　赵淑清

我入党是受丈夫影响，他叫郑景祥，是八路军十三团侦察连连长，在抗战时期立过不少功，他的事迹在《平谷革命史》上有记载。

作为一名军人家属，我亲身感受到共产党、八路军是全心全意为穷苦百姓谋利益的，他们不怕苦、不怕死，英勇地与小日本鬼子斗争，把侵略者赶出了中国，老百姓才有今天的好日子。抗日战争中，我和村里的群众一起配合八路军，充分发挥了群众组织对抗日军队的服务和保障作用，为抗战胜利做出了应有的贡献。

经过抗日战争、解放战争，我深刻认识到，只有共产党才是人民的救星，只有跟着共产党走，才是光明大道。1948年4月1日，在村干部张树山、徐士臣的介绍下，我光荣地加入了中国共产党。入党后一直在村里妇联工作。

下面就讲讲我在艰苦岁月中的一些亲身经历吧。

为抗战做好后勤保障

抗战中我在村里担任妇救会副主任，妇救会相当于现在的妇联，当时是村支部下属的群众抗日组织。那时，村妇救会经常有为部队做军鞋和军袜的任务，我们领来任务后再分发给村里妇救会的妇女们，限时、限量完成。鞋底和鞋帮绱在一起的技术我们掌握不好，就做成鞋底、鞋帮交上去。一双鞋四两麻，搓成麻绳后纳鞋底，鞋帮是一层层家织布刷上浆子缝做成的，那种千层底儿鞋又透气又结实。八路军为咱枪林弹雨地打小日本鬼子，咱不能让他们光着脚打仗，大家伙儿心可齐了，干劲非常高。到了规定的时间，大家交上来的鞋底、鞋帮、袜子，不论数量和质量，都没得说。经我们检查验收后，村里再派人给八路军送去。还有就是收公粮，大家也都积极响应，家里再穷照样拿出粮食来。那年月往外送军鞋和军粮是很危险的事，要是被小日本鬼子发现了可不得了。我们都是黑夜里送，事先有送信的人联系好交接地点，一般都是在大山里。当时为了保护好军鞋、军粮，不让小日本鬼子发现，我们还想了不少法子，比如把鞋和袜子藏在盛秫子（干草粉碎后的饲料）的大囤底下，在囤底下挖个坑，码好鞋袜后再在上面放上囤，盛满秫子。有一次小日本鬼子来家里搜查，他们拿着刺刀往秫子囤里一通乱扎、乱挑，扎到底儿也没发现什么，愣让我们给糊弄过去了。东西在囤底下呢，他们哪儿翻得着！

积极发动群众抗日

那时为了提防小日本鬼子的侵害，村村都有站岗的，有"消息树"，日本鬼子一下乡来，各村之间迅速传递信息，老百姓立刻放下活计，开始"跑反"，就是往深山、野地里跑，跑到小日本鬼子不容易找到的地方躲起来，有时一躲就是几天。来不及躲起来的，被日本鬼子发现了没个好。我们村有个姓张的小伙子，刚30多岁，藏在了草垛里，不知怎么让鬼子发现了，一刺刀就给扎死了。我叔公在地里做活，自己还不知道咋回事呢，一猫腰就让鬼子用枪打死了。小日本进了村，看见什么祸害什么，抓鸡、逮羊、摔东西、糟蹋妇女，甭提多可恨了。小日本鬼子一进村，我们村支部和妇救会一方面组织群众"跑反"，一方面安排人去给八路军送信。你别以为送信的都是腿脚麻利的年轻人，我们选的送信的有时却是老太太，为的是不容易引起鬼子注意。她们把信卷在裤腰带里系紧了再送出去，为八路军躲避鬼子袭击、掌握鬼子行踪立下了不少功劳。

想起那时在我的影响下，我娘家人也积极参加抗战。在打小日本鬼子占据的马坊炮楼时，我丈夫带领的侦察连先后十几次去那个炮楼侦探敌情，但由于地形复杂，并且鬼子接连受到打击也提高了警惕，一直没找到合适的机会。后来，在我娘家侄子的配合下，终于成功地端掉了鬼子炮楼。我侄子是村里的老百姓，和日军站岗的人混了个"脸熟"，他带着化装成老百姓的我丈夫接近炮楼。日军盘问时，我侄子机警地说："这是我本家哥哥，在外给人扛活这几天刚回来。"近距离侦察后，我丈夫他们连就掌握了敌军的情况，不仅顺利地完成了任务，而且使八路军免受了很大的人员损失。

革命年代的坚强堡垒

抗战时期我们家是"堡垒户",村里一共有10来户,八路军从村里经过时没少住我们家。为躲避敌人视线,八路军都是黑夜里来,到了村里吃点饭,睡一觉,趁黑再赶紧走。八路军打鬼子深得民心,他们一到家我们像招待亲人一样,拿出平时舍不得吃的粮食和鸡蛋给八路军做饭,把炕烧得热乎乎的让他们睡得暖和些。我们家的大通炕一次能安排10多个人。为了让八路军睡个安稳觉,休息好,我们还安排人到村口站岗放哨,家里人也不睡觉,随时观察外边的动静,保证八路军的安全。看着八路军战士休整好,又精气十足地去打鬼子了,我觉得特别欣慰。

我现在90多岁了,很多事记不清了,但我可以肯定地说,我这一辈子没做过一件对不起老百姓的事,始终忠诚于党,尽心尽力为老百姓办事。因为我从来没有忘记自己是一名党员,我得对得起"党员"这个称号。

口述　赵淑清

整理　张春芬

(选自《老党员见证》)

我当卫生兵的经历

李树祥

李树祥(图241),马坊镇石佛寺村人,1931年10月24日出生,1949年4月入党。

我1948年8月参加解放军,主要战斗在北京周围,在部队当卫生员。后转战华北、西北,1951年4月参加抗美援朝。1952年2月回国,5月转业回平谷医院工作。1988年5月离休。

徐水阻击

参军后到察哈尔省崇礼县整训，编入华北军区杨（得志）罗（瑞卿）耿（飚）兵团64军191师572团2营，担任营卫生所卫生员。开始不懂医务知识，没有专门理论知识学习的机会，跟着医生打下手，边干边学。

参军后，第一战是到徐水阻击傅作义骑兵。1948年10月，蒋介石与

图241 李树祥

国民党华北"剿总"司令傅作义密谋偷袭石家庄和中共中央驻地西柏坡，以此挽回东北战场败局。当时西柏坡没有驻军。中央得知情报，急令我们部队赶往傅军的必经之路徐水构筑工事，截住南下之敌。部队从张家口紧急出发，行进到桑干河（永定河的上游）时，河面宽，水流急，冰冷刺骨，没有渡船，只能蹚水过河。司令员一声"下饺子"，干部战士争先恐后跳入齐腰深的河中向对岸冲击。那时，部队刚换上棉衣，不忍心河水浸湿，都把棉裤脱下来，套在脖子上蹚水，我个头小，力气小，一不留神，被水冲倒，顺水漂流，棉裤也被冲走了。幸亏被班长及时发现，快跑几步把我拉住才保住小命。到河中心水深流急的地方，大家手拉着手，形成几道人墙，互相照应着通过。上岸后继续急行军过娘子关，跑了三天三夜，按时到达徐水城北，构筑工事。就在我们急行军的同时，毛主席为新华社写了新闻稿，详细披露了敌军的兵力部署和作战计划，报道了华北军民紧急动员的备战情况，特别提到华北军民正在进行打骑兵训练。新华广播电台连续播出，傅作义听到计划泄露，共军早有准备，权衡再三，派出的骑兵师没到徐水，又下令撤回北平，偷袭计划被迫取消。

追歼郭景云

部队从徐水转到蔚县，休整一周。上级急令赶到怀来以西的新保安包围国民党郭景云的35军。我们又是昼夜兼程向北进发，再次越过桑干河，用一天一夜到下花园西，开始部署包围圈，绕到北山根，再向东向南，完成对35军的战略包围，根据上级部署，实行围而不打，后来圈越缩越小，像铁桶一般，飞不出一兵一卒。35军是傅作义麾下机械化程度最高、战斗力最强的主力部队。密云被东野程子华兵团先遣队拿下后，傅作义怕被分割包围，命令35军东撤北平，冀热察部队已将35军与暂3军隔开，实行隔而不围，已经坚守了一段时间。我们大部队来接防，让他们去休整。

1948年12月22日拂晓，总攻开始。我军大炮将数以万计的炮弹倾泻到仅有1平方公里的新保安城里，击中了城楼，轰开了城墙，压制住了敌人各种火器，摧毁了敌人大部分防御工事，整个小城变成一片火海，烟雾冲天。

我们营卫生所，实际就是战地救护队，在战场上对伤员进行简单施救，包括外伤包扎、骨折固定、止血等，通过简易处理，控制伤情发展，为后续抢救治疗赢得时间。经简易处理后，送战地或野战医院救治。战斗一打响，我们就忙开了，前线抬下一个我们就简单处理一个，处置后转到战地医院救治，我们的战士都是"轻伤不下火线，重伤不离战场"，坚持到战斗结束，使我深受感染。决心以他们为榜样，努力学战地救护技能，把康复的希望留给更多的伤员。

打下新保安，部队向大同进发，参加解放大同的战斗。3天走了300里，还差100里路的时候，大同解放，我们又转回到张家口下花园。在那坐火车到达昌平南口，参加包围北平傅作义集团的战斗。当时共产党正与傅作义谈判，部队边围城边开展政治教育和练兵。

转战西北

北平和平解放后，部队参加攻打太原的战斗。经曲阳、定县、井陉、山西榆次到太原城外，与兄弟部队一起发起进攻，当天攻入城内，太原解放后，转到平遥休整，进行政治教育和练兵，后经榆次、介休、洪洞，过黄河进入陕西。在乾县休整一段时间，继续向西北进发到达宁夏银川。当时银川守军已溃不成军，军、地高官见大势已去，无心再战，纷纷带着家眷和细软逃离，我们攻进城去，银川城很快解放。有一个营的顽固抵抗的国军向南逃窜，我部奉命追至吴忠县，敌人投降。就在这时，上级指示，银川城里溃散国军捣乱破坏欺压百姓，要我们前去平息。我们营作为先遣队打头阵，大部队随后。经一天急行军当晚赶到银川，各连、排、班分别把守主要区域和目标，抓捕作恶分子，维持社会秩序。第二天早晨大部队赶到，通过坚决镇压欺压百姓的国民党反动军人，加强社会面控制，银川社会秩序得到基本平息，部队也得到休整。在银川住了七八天，部队又转移到陕西宝鸡。我被派往一所卫生学校学习，部队到城西维护铁路。陇海铁路宝鸡段，地处黄土高原，路边土层千仞壁立，一下雨就可能坍塌，将铁路掩埋。为根治土患，部队把两侧土层削成45度坡，一干就是八九个月。

抗美援朝

铁路护坡工程还没完，部队转至岐山县进行休整，对广大指战员进行政治形势教育，讲国内将革命进行到底，解放海南岛、解放台湾、解放全中国，进行社会主义建设；讲蒋介石要反攻大陆，进行破坏活动；讲美帝国主义登陆南朝鲜，侵略朝鲜，威胁我国东北等。完成休整后，部队坐上火车沿陇海铁路到达山东泰安。1950年10月，第一批志愿军赴朝参战。12月23日，我们部队从泰安出发，坐闷罐火车到达辽宁丹东，在丹东过阳历年后，1月4日渡过鸭绿江，到达三八线附近，参加五次战役。在激烈的战场上，我正在给一位胳膊中弹的伤员包扎，飞来一块弹片扎入我的左腿，鲜血直流，凭自己的经验，一咬牙，自己把弹片抠了出来，继续抢救伤员。五次战役以后，部队所在的三八线附近平静了一段时间，团首长为了解敌军动态，派一个加强连（200多人）到三八线以南美（军）李（承晚军）控制区去抓"舌头"（敌军人员），卫生队派护士长和我带着一副担架随队行动。部队晚上隐蔽出发，过了三八线纵深摸进至少有50里，没碰到一处军营和一个敌人，又包抄式地圈过一个山头，还是没发现任何目标，再往南时间来不及了，部队换条路线回撤，回到宿营地时天已大亮。这次虽没抓到"舌头"，但完成了一次侦察，我作为卫生员得到了锻炼。

9月，因部队后勤供应困难，战士长期营养不良，加上自己吃了发霉的饼干，患上胃溃疡，上吐下泻病得不轻，当地没条件医治，领导指示回国治疗。先到辽宁省沈阳市新民县医院，后转到湖北省洪湖县志愿军后方医院。那时，由于志愿军伤员较多，在朝鲜境内没有治疗条件，国内许多地方公立医院加挂志愿军后方医院的牌子，作为志愿军伤员定点医院。1952年5月病愈，转业回平谷，参与县医院初创工作，曾到北医三院、协和医院进修，担任外科主任。1988年5月离休。

口述　李树祥

整理　王宝成

（选自《老党员见证》）

烈士名录

1981年北京市民政局汇编《北京市革命烈士英名录》"区县分册"平谷册记载：

打铁庄村

高桂祥，男，1924年生，打铁庄村人，1944年参加革命，牺牲时任二区队五连战士。

郭殿伦，男，1923年生，打铁庄村人，1949年1月参加革命，1951年5月牺牲于朝鲜隆元里，牺牲时任六十五军一九三师师部医院战士。

东店村

蒋广福，男，1924年10月1日生，东店村人，1940年11月16日参加革命，1942年10月2日牺牲于河北省蓟县南双称子，牺牲时任冀东十四军分区十三团战士。

李秀芬，男，1921年生，东店村人，1942年4月参加革命，中共党员，1946年2月14日牺牲于辽宁省毛山，牺牲时任冀东十四军分区十三团一营二连一排一班班长。

李文华，男，1930年5月8日生，东店村人，1947年10月参加革命，1948年8月牺牲于辽宁省大连市，牺牲时任四野九纵队十七师七十九团二营五连战士。

张宝荣，男，1914年生，东店村人，1948年8月参加革命，1949年6月牺牲，牺牲时任二十九团一营一连战士。

东撞村

王振兴，男，1921年生，东撞村人，1941年参加革命，中共党员，1945年5月28日牺牲于平谷县东高村，牺牲时任冀东十四军分区十三团排长。

二条街村

王爱民，男，1928年生，二条街村人，1948年10月参加革命，中共党员，1953年6月16日牺牲于朝鲜江源道，牺牲时任六十七军二〇一师六〇三团一营副班长，立二等功一次。

果各庄村

岳永厚，男，1922年生，果各庄村人，1942年6月参加革命，1944年5月30日牺牲于顺义县桥官屯，牺牲时任二区队一连班长。

纪怀仁，男，1914年生，果各庄村人，中共党员，1944年牺牲于平谷县果各庄，牺牲时任果各庄村民兵队长。

王有俭，男，1899年5月生，果各庄村人，1944年7月参加革命，中共党员，1945年5月牺牲于河北省蓟县盘山，牺牲时任冀东十四军分区侦察队班长。

岳廷友，男，1920年5月生，果各庄村人，1942年1月参加革命，1944年11月牺牲于平谷县大官庄，牺牲时任冀东十四军分区十三团新兵连战士。

张发，男，1913年生，果各庄村人，1943年5月参加革命，1944年6月牺牲于河北省蓟县盘山天仙寺，牺牲时任冀东十四军分区十三团班长。

郭春芳，男，1923年6月生，果各庄村人，1943年8月牺牲于平谷县太平庄，牺牲时任果各庄村民兵。

张德元，男，1905年生，果各庄村人，1944年参加革命，1944年11月14日牺牲于平谷县小官庄，牺牲时任冀东十四军分区十三团新兵连炊事员。

马凤伍，男，1901年3月生，果各庄村人，1938年参加革命，1940年牺牲于平谷县梨树沟，牺牲时任冀东十四军分区十三团班长。

岳庆喜，男，1926年生，果各庄村人，1944年1月参加革命，1944年5月5日牺牲于平谷县南山村，牺牲时任冀东十四军分区十三团战士。

王海明，男，1928年生，果各庄村人，1943年1月12日参加革命，1944年12月牺牲于辽宁省沈阳市郭屯，牺牲时任冀东十四军分区十六团班长。

张宝明，男，1919年7月生，果各庄村人，1943年参加革命，1946年牺牲于河北省古北口，牺牲时任冀东十四军分区十三团三营六连副班长。

张宝合，男，1917年生，果各庄村人，1947年2月参加革命，中共党员，1948年12月26日牺牲于天津市塘沽，牺牲时任四十六军一三六师四〇八团三营八连班长（图242）。

图242 果各庄村张宝合烈士证书

王有志，男，1920年4月生，果各庄村人，1942年3月参加革命，中共党员，1947年1月牺牲于河北省武清县，牺牲时任冀东十四军分区三十六团三营九连连长，战斗模范。

岳俊艳，男，1931年生，果各庄村人，1948年参加革命，1948年牺牲于辽宁省锦州冒山，牺牲时任四野九纵队二十七师八十团二营四连战士。

河北村

白森林，男，1913年生，河北村人，1941年9月参加革命，1944年12月29日牺牲于密云县古北口，牺牲时任冀东十四军分区十三团四连三班战士。

邵振达，男，1920年1月25日生，河北村人，1942年9月参加革命，1943年牺牲，牺牲时任河北省三河县八区二区队战士。

师长喜，男，1922年生，河北村人，1940年6月参加革命，1945年4月牺牲于平谷县东高村，牺牲时任战士。

刘万丰，男，1925年生，河北村人，1946年参加革命，1947年牺牲于河北省滦平县杨革沟门，牺牲时任警备三团战士。

刘士桂，男，1930年生，河北村人，1947年12月7日牺牲于平谷县河北村，牺牲时任河北村民兵。

丁连起，男，1929年生，河北村人，1947年12月7日牺牲于平谷县河北村，牺牲时任河北村民兵队长。

白茂林，男，1928年生，河北村人，1947年12月7日牺牲于平谷县河北村，牺牲时任河北村民兵。

张朝福，男，1904年生，河北村人，1947年10月15日牺牲于三河县小闫各庄，牺牲时任河北村复查委员。

王富增，男，1904年生，河北村人，1947年10月15日牺牲于三河县小闫各庄，牺牲时任河北村复查委员。

河奎村

王朝江，男，1926年3月生，河奎村人，1948年4月29日牺牲于平谷县河奎村，牺牲时任平谷县河奎村民兵。

蒋里庄村

张自有，男，蒋里庄村人，1943年8月参加革命，1945年2月牺牲，牺牲时任班长。

贾永来，男，1915年生，蒋里庄村人，1948年12月参加革命，1949年3月牺牲，牺牲时任战士。

刘松山，男，1925年4月28日生，蒋里庄村人，1944年参加革命，中共党员，1951年1月31日牺牲于吉林省洮南县，牺牲时任战士。

张宝魁，男，1927年生，蒋里庄村人，1949年1月参加革命，1951年5月17日牺牲于朝鲜上甘岭，牺牲时任六十五军一九五师五十六团高机连战士。

李蔡街村

蔡廷喜，男，1925年6月18日生，李蔡街村人，1944年6月参加革命，1944年11月27日牺牲于平谷县，牺牲时任义勇队战士。

张义，男，1906年7月生，李蔡街村人，1943年参加革命，中共党员，1948年5月13日牺牲于平谷县李蔡街，牺牲时任李蔡街村党支部书记。

李福林，男，1925年12月16日生，李蔡街村人，1947年3月参加革命，1948年3月牺牲于山西省太原市，牺牲时任四野九纵队二十五师四〇八团战士。

曹金，男，1923年6月生，李蔡街村人，1947年参加革命，1949年1月牺牲于天津市塘沽，牺牲时任三十四团三营九连八班班长。

三条街村

王洪生，男，1928年生，三条街村人，1947年10月参加革命，1951年4月10日牺牲于广东省陆丰县，牺牲时任四十六军一三八师四一二团战士。

于万田，男，1924年9月生，三条街村人，1947年10月参加革命，中共党员，1954年9月21日牺牲于辽宁省新津县，牺牲时任四一三团二营六连副班长，立小功四次、三等功一次。

石佛寺村

倪志远，男，1918年生，石佛寺村人，1948年5月牺牲于河北省三河县，牺牲时任平谷县石佛寺民兵队长。

李树明，男，1924年生，石佛寺村人，1946年6月参加革命，1947年4月25日牺牲于河北省昌黎县，牺牲时任地方兵团战士。

何朝清，男，1921年生，石佛寺村人，1949年3月参加革命，1953年5月18日牺牲于朝鲜天西山，牺牲时任六十五军一九三师六团山炮营二连战士，立小功两次。

塔寺村

贾怀敏，男，1917年4月4日生，塔寺村人，1948年8月参加革命，1948年12月12日牺牲于河北省新保安，牺牲时任十三旅二十五团七连战士。

洼里村

张福生，男，1920年生，洼里村人，1942年7月22日参加革命，1944年牺牲于平谷县肖家院，牺牲时任冀东十四军分区警卫班战士。

郭振丰，曾用名郭等元，男，1922年3月生，洼里村人，1942年7月参加革命，中共党员，1944年8月9日牺牲于通县西集，牺牲时任冀东十四军分区十三团排长。

郭启元，男，1906年生，洼里村人，中共党员，1944年5月29日牺牲于平谷县马坊，牺牲时任平谷县洼里大队民兵队长。

郑朝福，男，1923年生，洼里村人，1942年7月22日参加革命，1944年10月牺牲于平谷县肖家院，牺牲时任冀东十四军分区警卫团战士。

李子全，男，1924年生，洼里村人，1943年5月5日参加革命，1945年牺牲于密云县干河厂，牺牲时任密云县大队通讯员（图243）。

图243　洼里村李子全烈士证明书

周尊三，男，1921年生，洼里村人，1942年7月22日参加革命，中共党员，1946年9月牺牲于河北省香河县红庙，牺牲时任河北省香河县六区区公所公安助理。

查子芝，男，1929年6月生，洼里村人，1948年8月参加革命，中共党员，1951年4月牺牲于朝鲜，牺牲时任五六九团五连副排长。

西大街村

何昌友，男，1926年生，西大街村人，1948年2月参加革命，1950年11月12日牺牲于朝鲜，牺牲时任三十九军一一六师三四八团三营机枪连战士，立小功两次。

小屯村

史佐发，男，1923年生，小屯村人，1946年9月参加革命，1947年9月28日牺牲于辽宁省绥中县高岗车站，牺牲时任冀东军区第十旅三十四团战士。

英城村

张文发，男，1919年生，英城村人，1942年参加革命，1944年11月牺牲于平谷县小官庄，牺牲时任冀东十四军分区十三团战士。

李树青，男，1926年4月7日生，英城村人，1943年参加革命，1944年10月牺牲于平谷县小官庄，牺牲时任冀东十四军分区十三团战士。

张国友，男，1927年生，英城村人，1944年1月参加革命，1946年8月20日牺牲于平谷县上纸寨，牺牲时任冀东十四军分区卫生一所炊事员。

早立庄村

许仲银，男，1924年生，早立庄村人，1942年2月参加革命，1944年2月26日牺牲于顺义县上庄子，牺牲时任冀东十四军分区战士。

曹洪生，男，1911年4月生，早立庄村人，1945年7月14日牺牲于平谷县马坊镇，牺牲时任早立庄民兵。

王善廷，男，1930年2月生，早立庄村人，1945年4月27日参加革命，1948年3月27日牺牲于辽宁省新民县范家屯，牺牲时任四野九纵队二十五师七十五团三连卫生员。

日军暴行

惨无人道的日本鬼子

岳永同

我叫岳永同，今年72岁了，是平谷县英城乡果各庄人。每当想起40多年前日本鬼子在我们村犯下的罪行，想起民兵队长纪怀仁同志牺牲的情景，就勾起我对万恶的日本鬼子的痛恨和对革命烈士的怀念。

抗日战争时期，我们村的群众在共产党和抗日政府的领导下组织起来，开展了对敌斗争。青年小伙子们参加了民兵，站岗放哨，传递情报，锄奸反特，坚壁物资；妇女们为子弟兵做军鞋，做棉衣。

那是1942年冬天的一个早上，我和刘茂、岳军华在村口放哨。时候不大，发现本村的郭庆来带着一个陌生人朝村里走来，远远地还有一队人跟在后面。不好！准是日本鬼子和汉奸特务又来"清乡"了。刘茂马上跑回村里去通知乡亲们转移，我和岳军华迎了上去，一是要看个究竟，二是想应付一下敌人。果然不出所料，和郭庆来一起来的那个人就是投靠日本人的土匪特务头子姜自庭，后面跟上来的是一伙鬼子和汉奸。原来，郭庆来是起早到马坊给病人请医生，正遇上马坊据点的敌人要到我们村和天井一带"清乡"，结果被姜自庭抓住，又用枪威逼着他带路返回村里。

我们和特务头子姜自庭相遇不多时，后面的敌人就围上来了。其中有两个日本鬼子，一高一矮，都挎着手枪和东洋刀。我暗想：今天是豁出去了，只要能多和敌人周旋一会儿，村里的群众就能多得到一些转移的时间。可那个矮个儿的日本鬼子二话不说，抽出东洋刀朝我们一挥，一伙汉奸便扑上来，用棍子、锄把、枪托一阵乱打。我们被打得满脸是血，浑身是伤，又被他们押着朝村里走去。

这时，村里的民兵队长纪怀仁听到刘茂的报告后，已经组织群众转移，并藏好了为八路军做的棉衣。可大伙走后，他还不放心，又各处仔细查看了一遍。这时，敌人已经包围了村庄，纪怀仁同志来不及撤离和隐蔽了。敌人抓住了他。在敌人面前，纪怀仁同志不慌不乱，面不改色。特务汉奸认出了他就是民兵队长纪怀仁，先是用棍棒毒打，又用刺刀威胁，要他说出八路军的东西藏在哪儿，谁是干部，谁是民兵。纪怀仁同志只是紧闭嘴唇，满不在乎。这可惹恼了敌人。那个矮个儿的鬼子一声怪叫，拔出东洋刀，恶狠狠地朝纪怀仁同志的身上、大腿、屁股上乱刺。顿时，鲜血直冒。纪怀仁同志咬紧牙关，没哼一声。接着，矮个儿的鬼子命令特务汉奸用棍棒又一阵乱打。纪怀仁同志的棉衣被打开了花，身上、脸上血肉模糊，血水、泥水滚了一身，直到昏死过去，他始终也没吐一个字。

这时，矮个儿的鬼子气急败坏地用东洋刀指着我和岳军华嘟噜了几句，又用刀在我们脖子上"死拉死拉"地比画了几下。一个翻译官狗仗人势地指着昏倒在地的纪怀仁对我们说："把他抬上，跟皇军走。不然，当心你们的小命儿！"我们抬着纪怀仁同志随敌人在村里绕了一圈。敌人一无所获，就放火烧房。大约中午时分，敌人放完火，又强迫我们抬上纪怀仁同志向天井村走去。

在天井村，纪怀仁同志刚刚苏醒过来，又被敌人一顿毒打。这一次，他被打得几乎辨不清模样了，又一次昏死过去。鬼子还不甘心，又用冷水浇他的头。纪怀仁同志被冷水一激，渐渐恢复了知觉，由于失血过多，身体极度虚弱，他只会轻声地说："冷，冷……"两个鬼子听见后，咕噜了一阵，叫特务找来干柴，烧起了火，然后用燃着的木棍去烧纪怀仁同志的嘴、脸和眼眶，火到之处，发出揪心的"嗞嗞"声。鬼子却在一旁嬉笑着。这帮法西斯强盗，简直灭绝人性！就这样，英勇不屈的纪怀仁同志被他们活活折腾死了。鬼子还不解恨，又在他身上狠狠地戳了一刀，叫汉奸特务们把他扔进了一口白薯井里，堆上柴草，点起了罪恶的火，妄图用焚尸灭迹来掩盖他们的暴行。

鬼子残害了纪怀仁同志后，并不放过我们。他们叫四个特务把我和岳军华分别拉去拷问。我被两名特务推进一个屋地里。他们把我的衣服扒光，捆绑起我的双手，然后将我的头朝下放进水缸里。我浑身是伤，又被刺骨的冷水一浸，疼得钻心，再加上连灌带呛，我很快就昏过去了。不知过了多久，等我醒来时，发现自己头朝下躺在锅台上，地下是一摊污水。两个特务在一旁说："这小子还真他妈的不爱死！用棍子……"话没说完，一阵棍棒朝我身上、头上，左一下、右一下地打来。我只听到噼噼啪啪的响声，再后来就什么也不知道了。

晚上5点左右，敌人押着我们和被抓来的民工回马坊据点。半路上，趁敌人不注意，我用最后的一点力气跑进了一条小胡同，才算捡了一条命。

乡亲们回到村里，把火扑灭后，只见到了纪怀仁同志的一把骨头。大伙流着眼泪，掩埋了烈士的遗骨。

李金华　整理

选自《平谷文史选辑》第二辑

日军罪行在东撞

李金华（图244）

平谷县英城乡东撞村地处县城西南的金鸡河畔。50年前，日寇为追杀该村党支部书记何庭发，在这个村大施淫威，无恶不作，欠下了累累血债。

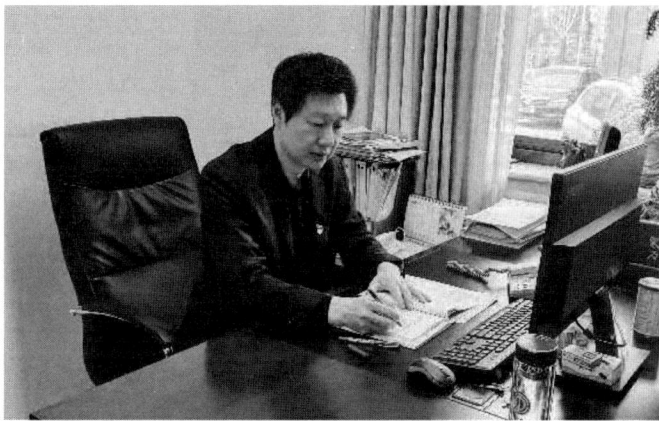

图244　李金华（摄于2023年3月）

铁壁合围下的惨剧

1942年9月6日（七月二十六）清晨，几声清脆的枪响，东撞村的200多名村民被惊醒，随之而来的就是鬼子的砸门声、打骂声和人们的哭喊声……村民何宝忠的奶奶想从水道逃出，恰巧被日本鬼子看到，一枪托砸下去，老人家的肋骨被砸断；王七的父亲想从后门逃出，被鬼子追上一刺刀扎在后腰上，鲜血流了一地……原来，为追杀村支部书记何庭发，马坊、张镇、平谷、三河、夏垫5个据点的100多名鬼子和100多名伪军以铁壁合围的办法包围了东撞村。

通过搜查，敌人发现何庭发不在村里，更加恼羞成怒。他们先是将全村人集中到一起，把三四十岁的人挑出，威逼他们做"扛梯子游戏"。所谓"扛梯子"，就是一个人把梯子立扛在肩上，其他人往梯子上爬，待人爬到顶上时，鬼子兵用刺刀或枪托朝扛梯子人的腿上、脚上猛刺一刀或猛砸一下，结果是人翻梯倒，轻者皮破血流，重者骨断筋折。这种"游戏"在东撞村足足做了3个多小时，伤残群众达60多人，鬼子和伪军则在一旁捧腹大笑。与此同时，另一部分鬼子和伪军在村里大肆抢掠。他们疯狂地追猪、捉鸡、抢粮食。洗劫之后，又放火烧房，被烧的达40多户。鬼子的"游戏"玩儿够之后，又从群众中拽出7名体格健壮的青年，用刺刀威逼着他们挖坑。鬼子又要活埋人了！见此情景，老人们流下了眼泪……果然，坑挖好后，日本鬼子命令伪军将挖坑的7个人全部踢进坑中，然后用刺刀威逼着人们向坑里埋土扔石头。可怜这7个人被石头砸伤后，又都被活活地埋住。惨无人道的鬼子并不放过被埋的人，在土坑被填满后，又命令伪军上去用脚将土踩实了才肯罢休，大约到下午两点钟，这些强盗才用车拉着抢来的牲畜和粮食回了各自的据点。鬼子走后，村民们赶忙扒出被埋的人。可是，他们早都死了，一个也没有活过来。

1418特务的血债

1944年12月3日（十月十八），日寇1418特务队的20多名特务，直扑东撞村来抓村党支部书记何庭发。特务们窜到村头时，被在树上放哨的我方交通员发现，他立即同何庭发撤离了东撞村。敌特进村后，将全村老幼集中到一起，威逼他们说出何庭发的去向。当问到村民何庭玉时，何庭玉一言不发，特务抬手就是一枪。可怜这位老实巴交的庄稼汉就这样被打死了。特务们还要继续作恶时，突然村西北方向响了两枪。他们怕被我八路军包围，急忙绑了18名青壮年押回了据点。临走时，还在村里放了几把火。

何庭发牺牲

1945年2月29日，由于叛徒告密，何庭发在去杈子庄村开会时落入敌人的圈套，被事先化装埋伏的5个日本鬼子及20多个特务乱枪打死。之后，敌人威逼村民们抬着何庭发的遗体在邻村"示众"。每到一处，群众无不掩面哭泣。

选自《平谷文史选辑》第四辑

马坊地区的人物

马坊地区历史上也是人才辈出，不乏秀才、举人乃至进士，不乏各类能工巧匠。尤其当今，学士、硕士乃至博士、博士后，专家教授、为官从政者，也很多。作者手头一时缺少相关资料，仅将掌握的鼓书艺人蔡连元、经济学家冯玉忠两位记述于此。

鼓书艺人蔡连元及传承

新编2001年版《平谷县志》"第十七编　文化·第一章　文学艺术·第四节　戏剧与曲艺"记载：

清代，县内有鼓书、莲花落等曲种。清光绪六年（1880年），鼓书艺人王宪章在吸收西河大鼓、四平调、乐亭大鼓等曲调精华的基础上，创出"平谷老调大鼓"。1920年，艺人张世诚创出"平谷大鼓"。中华人民共和国成立后，老艺人石子玉根据平谷语言的特点，在乐亭大鼓的基础上，吸收平谷老调大鼓的精华，融进快板书的演唱风格，创出半说半唱的"平谷小口大鼓"。鼓书演唱多在正月，称为"唱灯棚"，也在秋后演唱，称为"收茬书"，庙会和集镇也去演唱。传统书目有《杨家将》《响马传》《济公传》《三侠剑》等数十种。20世纪50年代，县内有鼓书组20

个。1962年，改编演出新书《烈火金刚》《种棉花》等。1979年8月，成立平谷县鼓书艺人协会，有会员49人。1990年春，京东大鼓《乔老爷穿鞋》在北京市首届农民艺术节中获二等奖。蔡连元为县内著名鼓书艺人，1926年生于鼓书世家，1938年，带艺投师于天桥鼓书艺人史德华门下。1943年学成后在北京牛街卖艺。1949年12月，参加北京市第二届戏曲界讲习班，加入群艺社。1951年，参加老区慰问团到河北易县、高阳县等老解放区慰问演出，后被选入中央广播说唱团。1952年辞职回到老家马坊乡李蔡街村。一面务农，一面说书，足迹遍布河北、内蒙古。1988年，县文联为其举办从艺50周年纪念活动。他前期以演唱《隋唐传》《杨家将》《响马传》《英烈传》等长篇书目为主，回乡村后以演唱小段为主。

县志记载较为概括简略，但可以看出，是重点记述了蔡连元先生。

过去没有现在的电视、手机等，唱戏、说书就是乡下主要的娱乐形式。唱戏往往不是一人两人，而说书一般两个人就够了，一人敲起书鼓、手摇鸳鸯板或手打木板（沧州有一种木板鼓书，就是书鼓与木板，不需鸳鸯板，更不需三弦伴奏）主唱，另一人弹三弦伴奏，街头巷尾，大槐树下，不挑场地，很受百姓欢迎。作者的记忆里，每到秋后或庙会等，乡下就会唱起鼓书。按说书人的话说就是：冬走山，夏走川，春秋两季走镇店。这是因为冬天冷，山沟人少，一个暖和的大屋子满炕是人，支上大鼓就可以唱。夏走川，是说夏天奔大庄儿，大庄儿人多，没有那么大的室内场所，就露天唱。春秋之时，春种秋收，山沟里忙，平原大庄儿也忙，没空儿听书，鼓书艺人就会到镇上说书。这也是鼓书艺人从现实中总结出的生存之道，说书终究是谋生。这么多年来，作者各村访谈调查，包括蔡连元老人，人们谈及说书、听书，至今仍津津乐道。

记得在哪里看到有人谈及"青门""梅门",就此请教蔡连元老人，老人讲，实际上这是说书的四位祖师爷，称为"梅""青""胡""赵"四大门派。梅是梅子青，青是青云峰，胡是胡鹏飞，赵是赵恒利，据说与东周的庄王有关。周庄王是个孝子，老母亲得了重病，咋也瞧不好。无奈，周庄王请个说书人给老太太说书解闷儿，书说得挺好，老太太爱听，遇到插科打诨（hùn）的地方，逗得老太太笑得没完没了。这一来二去的，老太太病好了。庄王高兴，御准说书人遍走民间，去各诸侯国广行教化，渐渐形成说书的"梅""青""胡""赵"四大门派。在这里，顺便讲一点鼓书工具的名称及说书人的行话或暗语。2019年3月，作者访谈蔡老先生，随口请教说书时打的扁鼓叫什么，告说叫轰子，打鼓的鼓棒叫楗子，摇的两片铜板叫鸳鸯板，那副木板就叫木板，这铜板和木板都叫揹（kèn）儿。弹的弦子叫丝儿，"您今儿带着丝儿呢吗？"唱叫柳，"您今儿开柳没有？""您上哪儿柳去？"钱叫础或蓝头，"您今儿柳至多少础？"或"您今儿柳至多少蓝头？"蔡老先生随口说的这些，作者随手记了下来。应该不止这些，是想有时间就此再细致访谈，可老先生已经不在了。

图245　鼓书艺人蔡连元

蔡连元（图245），原名蔡仲元，艺名蔡巨贤，马坊镇李蔡街人。1925年生于鼓书世家，2020年11月28日去世，享年96岁。当初，蔡家由山东过来老哥儿四个，落这儿一个，先在这儿立庄，随后李家也来了，故称蔡李街，后来才改为李蔡街，也就意味着蔡家来这里很早了。蔡连元老人记得，父亲叫蔡春生，爷爷叫蔡福顺，太爷叫蔡林，老太爷叫蔡龙兴，就是从老太爷那辈儿开始说书。蔡连元父亲蔡春生，艺名蔡志全，曾到唐山、天津等地说书。自幼学艺，弹唱都行，会说的书较多，如《响马传》《隋唐传》《杨家将》《呼家将》《薛家将》等。

蔡连元小时便从父学艺，并在1937年随父至北京，串巷子说书，常与杨玉芳、赵文俊、侯五德等人搭伴在隆福寺、白塔寺撂地说书。1938年，蔡连元带艺投师天桥鼓书艺人史德华门下。蔡老先生回忆："我老太爷子入的是胡家门，可我入的是梅家门，我师爷姓赵，叫啥记不住了。"蔡连元师从梅门史德华学艺三年，专攻大三弦。14岁就开始给师姐蔡金波伴奏，常在天桥演唱，于坤书馆坐弦，专给京韵、梅花、时调、奉调、单弦小曲等伴奏，有时也到坤书馆票弦。1941年，开始独立唱堂会，在前门外八大胡同走红，成为一名职业鼓书艺人。

新中国成立之初，蔡连元参加北京戏曲文艺界讲习班。一边学习，一边组织起来，曾在前门箭楼说书。1951年，参加老区慰问团到河北易县、高阳县等老解放区慰问演出，后被选入中央广播说唱团。1952年，辞职回老家李蔡街村，一边务农，一边说书，足迹遍布河北、内蒙古等地。蔡连元弦功好，有一手"搁不倒、撂不败"的童子功；唱功高亢、甜美，韵味十足。小时受木板及铁板大鼓家传，后专志于乐亭、奉天、四平、京韵等诸多书种的精修深造，又至涞水流域，受西河大鼓熏陶，成就其独特的艺术风格。前期以演唱《隋唐传》《杨家将》《响马传》《英烈传》等长篇书目为主，回乡后以演唱小段为主。2008年，区政协学习与文史委、区文联和区文化委联合推出《蔡连元大鼓书精选集》，由中国科学文化音像出版社出版，共39碟CD，收录72篇目，多为《百山名》《游西湖》《大西厢》《杨八姐游春》等单篇小段，也有《王二姐思夫》《刘瑞兰借米》等中篇，还有《丝绒记》等长篇。蔡连元被称为"鼓书艺术的传承、改变、发展者，研究他的作品，是探索'平谷铁板大鼓'渊

图246 2020年6月，蔡全海演唱，其父蔡连元亲手弹弦伴奏，11月老人家就去世了

薮的重要途径"。

蔡连元老人一生陆续给3个儿子、3个女儿以及儿媳，都传授了书艺（图246），儿女都能弹几手，唱些段子，如一个儿媳妇告诉作者学了60多段了，可还没有全面继承的。也收了三河、昌平、密云、兴隆等地弟子，有的甚至已在当地唱红，但最终鲜有坚持下来的。老人较为满意的徒弟就是周柏如了，说他弦功、唱功都好，且有股子韧劲。

周柏如，王辛庄镇放光村人，1948年生。14岁拜蔡连元为师（图247），学习平谷调和西河调。"文革"中，进入县宣传队，演唱鼓书。1982年进入县评剧团，不久剧团解散。回村后，开始

图247 弟子周柏如与师父蔡连元一起演出（摄于2014年4月）

以唱鼓书为生，一直演唱到现在。在一次去河北兴隆演出，收李金平为弟子。李金平是兴隆县人，1966年生，现已落户大华山镇。当然，蔡先生也对周柏如带出的徒弟李金平赞赏有加，叹息这样的徒弟太太少了。先生平生收徒弟多人，也是心血半费，况且周柏如先生已于2016年5月去世，享年69岁。

李金平演唱铿锵有力，字正腔圆，快而不乱，慢而不散，气口均匀，结合自身特点，探索创新，形成了自己的艺术风格（图248）。周柏如、李金平师徒二人，常年演出于全区各村镇及密云、兴隆、承德等周边区县，广受欢迎。主要演唱《杨家将》《呼家将》《薛家将》《明英烈后传》《施公案》《郭英征西》《三下南唐》等10余部传统大书及《杨八姐游春》《鞭打芦花》《罗成算卦》《兰桥会》《摔子劝夫》《丁香割肉》等60多个传统短段。现在，李金平与蔡全海（图249）合作，在密云古北水镇演出。蔡全海为蔡老先生次子，不仅弹弦，还会唱《杨家将》

图248　周柏如与弟子李金平在演出中

图249　李金平与蔡全海在密云古北水镇戏楼演出《杨家将》（摄于2019年7月）

等成本大书及几十个传统段子。二人在古北水镇演唱大书《杨家将》等，每天6场，每场20分钟。如果诸位谁去古北水镇，一定现场听听李金平的精彩演唱。我们欣赏一下李金平所唱的传统经典段子《鞭打芦花》唱词：

鞭打芦花

（京东铁板大鼓）

演唱　李金平　伴奏　周柏如

列国大孝他叫闵子骞，

他本是圣人的门徒一位大贤。

他爹爹闵德公前妻死得早，

撇（piē）下了一子名叫闵子骞。

闵员外后续一位李氏女，

她的名字就叫李氏金莲。

李氏她过门来又生两个孩子，

子文子华两个小儿男。

万没想跟前妻生的儿一个孩子两样看，

两样吃来她还两样穿。

她亲生儿的棉袄用丝绵絮，

用芦花给她大儿絮棉袄穿。

老员外不知其中之意，

他哪知李氏暗地里藏奸。

这也叫天网恢恢疏而不漏，

也活该这位李氏啊落一个不贤。

南庄的宫野长请员外吃酒，

老员外赴宴要奔庄南。

吩咐声大儿给爹快备马，

二儿拿过来爹的打马鞭。

老员外在街门外他可上了马，

两个孩子赶着脚跟随就在后边。

爷三个出了村庄来到大路，

万没想到那西北角上就给阴了天。

老天爷降下来鹅毛大片，

大雪纷飞把路都给埋严。

只下得杨柳枝条赛过银树，

大地乾坤似粉团。

楼台殿阁如同雪洞，

房上的瓦垄一脉平川。

怕冷的乌鸦嘴全扎了翅儿，

怕冷的樵夫打柴懒得上山。

怕冷的佳人懒得做针线，

怕冷的学生懒得念书篇。

老员外的马后啊冻坏了人一个，

冻坏了冻坏了大孝闵子骞。

口尊声爹爹儿我走不动，

为什么今天这样的天寒。

老员外催马正往前走，

忽听得背后有人嚷天寒。

吁（yū），老员外勒（lēi）马回头观看，

见二儿子嚷热，大儿子嚷天寒。

老员外见此情心中不悦，

骂声子骞冤家你可太不堪。

你和你的兄弟吃喝都一样，

为什么兄弟嚷热你嚷天寒。

我看分明不是今天天儿冷，

你是懒得跟着爹爹去学话谈。

趁着你冤家小爹不把你管，

长大成人我管你就难。

老员外他甩镫离鞍下了马，

二儿子的手中就夺过这个打马鞭。

上前来抓住了没有亲娘的子，

把这孩子摁在雪地里边。

鞭子这么一举好似龙摆尾，

鞭子一落打的是闵子骞。

直打得没娘儿满雪地滚，

连把我亲爹爹尊了万千：

爹爹你饶了吧，饶了吧，

从今后冻死孩儿我再不嚷天寒。

老员外越打越有气，

这鞭子真呀赛雨点一样般。

万没想抽破了这个棉袄面，

从里面秃噜噜飞出了芦花团。

这个……老员外不见芦花他还有气，

一见芦苇花心似刀剜。

急忙忙就把鞭子给扔，

上前来抱住没娘子的闵子骞：

怪不得我的儿你嚷天冷，

这芦苇花怎么能挡风寒。

千不对万不对是爹不对，

你的亲妈一死爹不应当再续弦。

实指望后续你的李氏母，

给我的没娘儿缝缝连连。

万没想她一样的孩子两样看，

两样吃来她还两样穿。

她惦着我把大儿你给折磨死，

留着她的亲生赌（qíng）受我的家园。

今天我还上南庄赴的什么宴，

冻死我的没娘儿价万千。

儿啊跟爹爹回去了吧，

找你的李氏母爹给你报仇冤。

老员外搬鞍认镫上了马，

爷三个没去赴宴转回了家园。

老员外在街门外他就下了马，

两个孩子就把马往槽头上拴。

老员外迈步就把上房进，

走过来李氏女带着笑开颜。

员外爷为什么去而复返，

难道说大雪行路艰难？

难道说今天的天气太冷，

你们爷三个回来就把这个皮袄（nǎo）穿？

老员外摆手他说不对，

我有一件不明之事回来就问你一番。

我问问这子骞子文他们小哥俩，

哪个的命苦哇哪个的命甜？

哟，李氏说这两个孩子我是一样看，

说的什么哪个命苦哪个命甜。

好，员外说我问问大儿棉袄谁给他做，

什么东西絮在里边？

李氏说大儿棉袄本是我给做，

外面是好绸缎里边本是好丝绵。

员外说二儿棉袄谁给他做，

又是什么东西絮在里边？

李氏说二儿棉袄也是我给做，

外面是好绸缎里边更是好丝绵。

好，老员外把这哥俩叫到且近，

拆开二儿棉袄仔细观。

果然袄面它是好绸缎，

在里边絮的也是好丝绵。

又拆开大儿棉袄留神观看，

秃噜噜芦苇花就给朝外翻。

老员外说李氏你个儿近前看看，

这是好绸缎这是好丝绵。

这是好绸缎里边絮作芦花团。

啊，啊，一句话问得李氏红了粉面，

低垂粉颈默默无言。

老员外用手点指破口大骂，

骂一声李氏贱人你可太不贤。

我的前妻一死我把你给续，

实指望给我这没有亲娘的孩子缝缝连连。

万没想你一样孩子做两样看，

两样吃来你还两样穿。

你惦着把我大儿折磨死，

留着你的亲生儿賸受我的家园。

老员外说着恼道着怒，

镇宅的宝剑就在手中端。

上前来抓住了这位李氏女，

把李氏摁在了地平川。

我今天让你在宝剑下一命染黄泉。

老员外一定要杀这位的李氏女，

在一旁吓坏了大孝这位闵子骞。

闵子骞走前来双膝跪下，

抱住了爹爹开了言：

爹爹呀，您要杀了我这个李氏母，

您要知道人命关天。

到那时您老人家还得去偿命，

免不掉爹爹呀见了人家就得坐牢监。

对，好吧，你不让爹杀了这个李氏女，

我写封休书把她休回家园。

老员外唰啦啦铺上了一张纸，

毛竹七寸手中端：

上写到闵德公五十三岁，

后续的李氏太不贤。

一样的孩子两样看，

两样吃来两样穿。

今天我把她休了去，

赶快离开我的家园。

爱嫁张家张大嫂，

爱嫁李家李氏金莲。

张王李赵随便去嫁，

与我闵德公没有什么相干。

唰唰点点写完毕，

甩手扔在了地平川。

李氏女你赶紧地给我滚，你赶紧地给我滚，

拿着休书离开我的家园。

啊？哎哟，员外爷你把我留下吧，

你千不看，万不看，

还看我给你生下了两个小儿男。

员外爷呀，你把我留下了吧，

从今后我再也不敢心眼儿偏。

呵呵，员外说，李氏呀，你要知道曲木撼（wēi）直仍旧弯，

养狼当犬看家难。

墨染鹭鸶黑不久，

粉图乌鸦白不鲜。

好事还得善人做，

强摘的瓜儿不香甜。

蜜蘸黄连终须苦，

天生愚落教不贤。

你赶紧地给我滚，赶紧地给我滚，

拿着休书离开我的家园。

老员外一定要休这位李氏女，

在一旁又得惊动大孝闵子骞。

闵子骞走上前来二次跪下，

抱住了爹爹泪涟涟：

爹爹呀，您要休了我的这个李氏母，

谁给我们哥仨缝缝连连？

那时候见了您没法办，

免不掉还得要续一方贤。

爹爹呀，您再要遇见一个不贤良的女，

把我哥仨都给错眼观。

爹爹呀，您要不休这个李氏母，

儿我一个人苦。

您要休了我的李氏母，

我的兄弟我们哥仨全都寒。

爹爹呀，儿我一个人受罪您不用管，

情愿我一个人苦，

不能让我的兄弟我们哥仨全都寒。

哦，这个，说得员外好难过，

万没想被害之人还把仇人怜。

好好好，你不让爹休这个李氏母，

你头顶休书跪在她的面前。

哀告她从今以后把你重眼看，

把我这没娘儿你给重眼观。

儿遵命。闵子骞头顶那休书跪至在李氏面前：

妈，娘亲哪，千不对万不对是儿我的不对，

我不应该半路之上嚷天寒啊。

妈妈呀，我要知道您用芦苇花给我絮棉袄，

孩儿我冻死也不嚷天气寒哪。

妈妈呀，担待担待多担待，

担待您的子骞儿太不堪。

这个，说得这个李氏红了粉面，

叫一声妈妈懂事的孩子你叫闵子骞。

千不对万不对是娘我的不对，

我不该做事心眼偏。

从今后，我要再错看孩子你一眼，

天打五雷不容宽。

李氏这里盟下誓愿，

员外一听哈哈哈好喜欢。

贤妻呀你把咱这没有亲娘的孩子重看一眼，

也不枉你我夫妻咱们个并头莲。

老员外吩咐上房摆酒宴，

居家大小饮杯餐。

这就是鞭打芦花的一辈古段，

众位听了去，荣华富贵万万年！

《鞭打芦花》所唱的闵子骞，为春秋末期鲁国人，名损，字子骞，孔子七十二贤人之一，以孝为人所称道，且列入二十四孝之一。古有《闵子骞挽留后母》文：

闵子骞为后母嫉，所生亲子，衣加棉絮，子骞与芦花絮衣。父密察之，知骞有寒色，父以手抚之，见衣甚薄，毁而观之，始知非絮。父遂遣其妻。子骞雨泪，前白父曰："母在，一子寒；母去，三子单。愿大人思之。"父惭而止。

"二十四孝"中以"芦衣顺母"为题记述，内容与此大同小异。

《鞭打芦花》唱词，作者根据唱盘整理，基本按原唱将词整理出来。其内容完整，情节紧凑，铺垫自然，语言朴实，听来真切感人。在此不惜篇幅，以存资料。

现在，鼓书从艺传人日渐稀少。可能还有些人也学或演鼓书，但终归不多，能成本大套演唱者几乎没有；同时，传统鼓书作品无人继承，平谷最后一位鼓书大家蔡连元先生也走了，留下了录制的39盘音频光碟，但也不是所唱鼓书全部；而已逝的周柏如没一盘光碟刻录，其徒弟李金平虽会十几部大书及数十经典段子，仅刻录4张光碟，10来个段子，其他尚未录制，关键是李金平还未带徒弟。蔡老这传承了六七代的鼓书艺术与作品，谁来继承与传唱，情景堪忧。这应该就是平谷鼓书的现状，但愿有更多的新人传承与创新，从而使蔡家鼓书、使平谷鼓书尤其平谷调不要成为《广陵散》而绝响，且能发扬光大！

经济学家冯玉忠

冯玉忠，1933年6月生于马坊镇梨羊村一普通农家，其童年有三分之

图250 经济学家冯玉忠

二的时间在姥姥家度过。姥姥家是一个温馨、和谐、殷实的家庭，深深熏陶了年幼的冯玉忠，形成了知书达礼、善良忠信的品质，对他的人生产生了深远影响（图250）。

13岁那年，冯玉忠为谋生只身离开家乡，在京城做了一名学徒。4年后面临着失业的困境，绝望中赶上东北人民政府在京招聘工业和商业部门工作人员，他按照招聘规定的条件应考，居然被录取了。1950年8月，登上出关的火车，到了沈阳，被分配到东北贸易部。因其年纪小，干部局分配他到东北商业专科学校学习，翌年毕业后留校做职员。1953年进入中国人民大学研究生班学习，1955年毕业。相继执教于东北财经学院和辽宁大学，先后任讲师、副教授、教授、博士生导师、日本关西大学名誉博士。1983年7月至1995年9月，任辽宁大学校长，兼任中国企业未来研究会副理事长、辽宁中韩经济文化交流协会理事长、辽宁省经济学会理事长、辽宁东北亚经济文化促进会理事长、辽宁省人民政府参事等，是第七、八、九届全国人大代表（图251）。

冯玉忠经济理

图251 冯玉忠在第九届全国人代会三次会议上（2000年）

论研究与新中国的历史尤其是改革开放的历史几乎同步，被誉为"活跃在改革前沿的经济学家"。他具有独自思考的理论洞见，最先敢于提出与斯大林不同的经济学观点，肯定价值规律在集体所有制农业生产中的调节作用。1957年2月24日，在《大公报》一版头条发表《价值规律在集体所有制农业生产中的调节作用》，同斯大林商榷价值规律作用问题，从而打破了斯大林的观点在当时我国经济学界一统天下的局面。此文为其理论研究和撰述的发端之作，时年冯玉忠24岁（图252）。他首先提出

"社会主义全民所有制具有集团性"，1980年发表于《光明日报》，为企业独立核算、自负盈亏和生产资料商品化提供了理论依据；较早地把商品经济和社会

图252　冯玉忠在俄罗斯斯克麦罗沃大学实验室参观（1991年）

主义经济体制改革联系起来进行理论探讨（1979年），得出"商品经济的基本功能与社会主义的使命一致"，"改革就是要沿着社会主义商品经济的轨迹进行"等基本结论，推动了我国社会主义商品经济的发展，为社会主义市场经济奠定了早期的理论基础；首创公民资产关切度这一理论概念，并"从公民资产关切度入手"探讨产权制度的改革（1988年），为股份制和有价证券等经济活动的开展提供了理论支持；率先提出"市场经济呼唤大文化"的论题（1993年），从全新的角度对社会主义市场经济进行研究；首先提出"用大实验的观点看社会主义实践史"（1989

年），从经济学角度帮助人们正确认识和对待社会主义运动中理想与现实的矛盾，为社会主义发展模式的多样化提供了理论支持。

冯玉忠多年潜心研究社会主义经济理论，先后出版了《社会主义经济理论探讨》，获第二届北方十五省、市、自治区哲学社会科学优秀图书二等奖；《中国革命与建设的基本问题》，获首届北方十五省、市、自治区哲学社会科学优秀图书一等奖；《冯玉忠文集》《我看韩国》《市场·体制与文化》等11部著作（图253）。发表论文《提高全民族的资产关切度》（获中国企业未来研究会优秀论文一等奖），以及《观察形势与观察方法》《价值规律是一个伟大的学校》《产权制度的理论反思——再论提高全民族的资产关切度》《南行忆语》《市场经济五大功能》《市场经济呼唤"大文化"》

图253　冯玉忠部分著作

《经济转轨与文化转型》等180余篇，共300万字。其部分专著和论文分别在日本、韩国及俄罗斯翻译出版。

2004年5月，辽宁人民出版社出版《一位大学校长的足迹——祝贺冯玉忠校长从教五十周年华诞七十周年文集》，在前言中写道："冯玉忠有自己的思想。他于我们这个时代、这个国家、这个民族，这个关乎中华民族伟大复兴的社会变革，都有源于独自思考的理论洞见。冯玉忠有自己的精神。这种精神是理性的、反思的、批判的，他以理性的态度认识历史，以反思的方式检视理论，以批判的精神看待现实。冯玉忠有自己的风骨。他出身于平民家庭，做一介平民是他的人生态度，为平民呐喊是他为自己设定的天职，与平民交往是他最大的社交爱好。源于这样一种思想、一种精神、一种人格，使冯玉忠所言所行远远超越辽大校园而影响到全社会，成了一位公众瞩目的人物，成了广受尊敬和爱戴的'冯校长'。"

冯玉忠是我国颇具影响的著名经济学家，鉴于在学术界的影响，1989年被录入《当代中国经济学家》一书，1992年入选《当代中国社会科学家传》。1988年，美国将其列为知名人士，收入《国际荣誉书》，同年英国将其载入《远东和澳大利亚名人录》。1995年被美国传记研究院推举为"本年度名人"，并被聘为该院顾问。

马坊地区的传说

千百年来，马坊地区随着历史演进及民间交往，流传的传说与故事应该很多。而民间传说涉及的人物、事件、地点等，往往具有一定的真实性，且生动、传神。在此，仅选择与马坊地区风物等有关的7个传说。这7个传说，都收录在了胡永连老师主编的《平谷民间文学集成》中。

小屯村的传说

卧龙岗

马坊小屯有个卧龙岗。说是过去有那么一家人家，当家的会看风水，今天给这家看，明天给那家看。这个老头儿姓赵，一天，他对闺女们说："等我死后，你们就把我埋在咱家后院，身上什么也不要穿，裤子也不能穿。"这年，老头儿真死了。闺女们想起老头儿生前说过的话，可死后连裤子都不给穿，都觉着过意不去，怕被别人笑话，到了儿给老头儿穿了条裤子。

这一天，京都有观星象的，朝天一看，说："不得了，京东出现了子午星，那地方要有真龙出现。真龙出现就要出皇上，那儿出皇上咱们这儿就坐不住了，得把它破了。"

于是北京派来许多兵将，东找西找，东挖西挖，挖着挖着挖到小屯来了。在小屯这家后院左挖右挖，没挖着。兵将们刚走不远，一个捡粪的正路过这儿，听到坑里说话了："哎呀，真够我呛，我越往里钻，他们越往里边追。"捡粪的听见了，就冲着兵将身后大喊："在这儿呢！在这儿呢！"兵将们立刻返回来，接着使劲挖。没挖几下，只听"咔嘣"一声，原来把龙腰插断了。等挖出来一看，这条龙犄角已长出来了，身上还长了一层鳞，裤子已经脱下半截。如果身上没穿这条裤子，它早就从地里钻跑了。旁边就是沟河，如果钻到大河里，那谁也捉不着了。

这条龙被兵将弄死以后，只听"轰隆"一声，这块地方就长起来了，长成一条土岗子。老百姓都把它叫作卧龙岗。

镇王庙

变龙的老头儿死的这天，老头儿媳有了孕。说也怪了，这小孩生下来就会嚷："骑马，骑马。"老头儿活着的时候，告诉过家里人："生下的小孙子要骑马，就把小板凳给他。"收生的老娘不管这个那个，拉过一个睡觉的枕头就给他了。枕头没腿，骑上不走，这下子就坏事了。这天，上边又来了许多人，一下子把小孩给拿了。

上边人怕小屯以后再出皇上，就在卧龙岗上修了个镇王庙。小屯那个镇王庙，就是这么来的。

注：小屯村南一座高土台上，过去建有真武庙，供奉真武大帝。作者在其他地方调查时，人们随口也说"镇王庙"，把"真武"说成"镇王"。或许这"镇王"也是人们不知"真武"是哪两个字，按谐音随口叫的。

马王庙

"赵家的皇上范家保，李家的娘娘破不了。"马坊人人都知道这句顺口溜。赵家的皇上让人家给破了，保驾的范家打这儿也就不行了。

范家保驾的叫范小吴。范小吴出门在外，以前总是打胜仗。自从赵家的皇上让人家破了以后，天天打败仗。有一次，范小吴被兵马包围了，内无粮草，外无援兵，想冲出重围又没辙。他想起了他的战马，这马跟他可有感情哩。说起这马，并不是从哪儿买来的，而是他一天早晨从老家村外捡来的。那天一大早，他背着粪筐出去捡粪，忽然从远处跑来一匹龙驹马，到他跟前就站住了。范小吴四处打听失主，也无人寻找。那马就一直跟在他的身边，从军时，也把它带来了。

这一天，天刚擦黑儿，他就来到龙驹马身旁，举手轻轻拍着马背说："马呀，马呀，咱们俩都是三河县小屯的，咱们能不能回去呢？"那马很灵，抬起头，望着范小吴，脊背抖动了一下。这时，范小吴也明白了八九分。只见他"噌"一个箭步跨上马背，龙驹马四蹄蹬开，只觉得"呼"的一阵风响，那马就跑出去了。龙驹马驮着范小吴"嗖嗖嗖"地跑呀，跑呀，天刚放亮儿，他们就到家了。一夜之间，他们跑了3000里。

范小吴的父母见儿子回来挺高兴。可范小吴却说："你们必须到县衙门去告我，说我忤逆不孝。"他的父母感到很奇怪。范小吴说："我是从官军中逃出来的，他们准来捉拿我。你们先去告了我，他们就捉不走我了。"父亲就告了他一状。衙门就把他捉去坐牢了。官兵后来追到这里，一对日子，知县说："我们这倒是关着个范小吴，可关他那天和他逃出那天只有一夜工夫，一夜能跑3000多里？不可能。你们找的范小吴绝不会是这范小吴。"这事就这样过去了。

后来，范小吴骑的龙驹马死了，范家把它埋在小屯。人们在这里盖了一座庙，取名就是马王庙。

讲述人：刘万芳 男 56岁 汉族 农民 识字

搜集整理人：刘清云

搜集时间：1985年7月

流传地区：平谷

泉姑娘

平谷县有个马坊公社，马坊公社有个河北村。很早很早以前，河北村住着个勤劳的小伙子，叫铁柱。铁柱的父母早死了，家中剩下他孤零零一人，又种田、又做饭，洗洗涮涮，缝缝补补，一年到头没个清闲空儿。

有一年闹旱灾，庄稼没法种，铁柱挑上桶去找水。他爬过无数道坡，走过无数道岭，连个水珠也没找到。铁柱急了，就在地上用手扒坑，左一个，右一个，不知扒了多少，还是见不着水。一天夜里，铁柱累得实在撑不住了，靠在一棵大树下睡着了。恍然间，他看见东北方向金光闪闪，在金光闪现的地方，冒出一眼泉，泉边站着一位漂亮的姑娘，姑娘身边站着一只金马驹。那姑娘手提一只白色的水桶，从泉眼里提水饮马驹。马驹喝够了水，后腿叉开撒尿，尿出来的是一串串银珠子，散落在地上闪银光。铁柱又惊又喜，忙站起来去捉金马驹。忽然什么都不见了，原来是个梦。

铁柱再也睡不着了，提上铁锹，往东北方向去找泉水。走出二里远，下了一个陡坡，嘿！前面果然有一个大泉眼，正咕嘟咕嘟往外冒水哩！铁柱飞快地跑到泉眼前，只见泉水清凌凌，泛着银花花。

铁柱高兴极了，蹲下身，甜甜地喝了个够，紧接着，他找来水桶，连夜挑水播种。

秋天来了，谷子沉甸甸，高粱挑红灯。铁柱心里好像喝了蜜，可是开镰收割，铁柱犯了愁。就我一个人，啥时候能收完呢？一天，他去泉边挑水，看见一只白水桶，便顺手提了起来。还没来得及细看，背后

"呀"的一声喊，他一扭头，面前站着的正是那天夜里梦见的姑娘。

铁柱问："你家在哪里？"

姑娘说："就住在这眼井里。可你摸了我的桶，我再也回不去了。"

铁柱说："你要不嫌我穷，就到我家去吧。"姑娘点点头。铁柱和姑娘结了婚，小日子过得挺美满。春天，金马驹拉着银犁，铁柱播金谷；夏天，泉姑娘引水浇地，铁柱锄草施肥；秋天，铁柱拿镰刀，姑娘拿叉子，金马驹拉碌碡；冬天，铁柱上山砍柴，姑娘驮运送饭……

可是有一天，来了一个南蛮子，收买了一帮打手，夜间要来抢泉姑娘和金马驹。铁柱忙让泉姑娘牵着金马驹快快走。泉姑娘舍不得铁柱，小两口儿抱着头一同哭。眼泪一滴一滴地掉在地上，流成了一条河，泉姑娘和铁柱一起骑上金马驹，顺着河道飞走了。从此，人们再也没有看到泉姑娘和金马驹，只有她和铁柱一起种的庄稼，一茬接一茬地留在人间。

搜集整理：郭　利

宝　坑

石佛寺西南角有一个马蹄形水坑，老人们都叫它"宝坑"。

据传说，石佛寺庙内的石佛周仓，天天晚上都要上外边玩去。有一天，由于走得太远，回来时人渴马乏，浑身一点劲儿都没有了。周仓手搭凉棚，往四下看看，一点水也没有。他使劲咽口唾沫，强打着精神往回走。到了李蔡街的井边，他想：这下可好了。赶紧跳下马，趴下身去喝水。可是井太深，他喝不着。周仓勒勒裤带，往手心吐口唾沫，一咬牙，"嘿——"的一声，想把井搬仄歪点儿，可是劲儿使得大了点，井一下子让他搬塌了。

真是喝凉水塞牙，放屁砸脚后跟。周仓叹口气，耷拉着脑袋，接着往回走。走着走着，突然看见地上有一个马蹄子大小的水坑，里面有一丁点水，清凌凌的。他也顾不得这个那个了，趴下就喝，喝了个大肚子蝈蝈儿。嘿！那水一点儿没少，一点儿也没浑。他又把马拉过来饮个够，水还是那么多。周仓一拍大腿："这可是个宝坑呀！"

从那以后，这个坑就叫宝坑了。

搜集整理：董　明

蒺藜狗子的传说

蒺藜狗子这东西，浑身上下全是刺，碰啥扎啥，要么给车胎放了气，要么就把人脚扎出血，人们都很讨厌它。

在马坊，一挨蒺藜狗子扎，人们就骂："这个不得好死的秦桧，活着坑害了不少好人，死了还不老实……"蒺藜狗子扎人，为啥骂秦桧呢？这里面有段传说。

英勇善战的岳家军打败金兀术以后，得胜回朝。路过奸臣秦桧老贼的坟，岳雷一腔怒火直撞脑门，为了替父报仇，解心头之恨，他翻身下马，把秦桧的坟挖开。他手下人一见老贼尸首，一拥而上，有的用枪扎，有的用刀剁，不一会儿，就把秦桧的尸首剁成烂泥似的了。人们还不解气，就把这些泛着臭味的烂肉扬了。

第二年，这个地方就长满了蒺藜狗子。人们说：蒺藜狗子是秦桧变的。

讲述人：董云生 男 76岁 汉族 农民 识字

搜集整理人：董明

搜集时间：1985年7月

流传地区：平谷

沟水长流说古今

平谷三面环山，中为谷地。就大的地势而言，是东北高，西南低。区东北部边缘，与河北省兴隆县交界处的镇罗营镇域内的东纸壶山，海拔1234米，为区内最高峰，属于燕山余脉。区内海拔最低点，在马坊镇小屯村，海拔仅11.2米。因此，区内大小河流20多条，经北部、东部，最终都汇聚到马坊地区来。这些河流，属海河流域蓟运河水系。

马坊镇域内，最主要的河流是沟河（图254）。沟河从区内东北部一路曲折宛转地流来，从果各庄村东北，沿着东部镇域边界，向西南流，

图254　东店东边的沟河（摄于2023年3月）

图255 平谷地图标示的马坊地区的河流

经英城村东，向南经小屯村东，向东向南拐个大弯回来，经东店村东，再向东南，进入三河境内。河东部，就是东高村镇。

还有金鸡河，自西北顺义入境，东南流，经河奎、北石渠、东撞，在英城村南汇入洵河。金鸡河横贯马坊中北部（图255）。

应该说，洵河是境内最大主干河流，总长180公里，境内长66公里。汇水总面积1712.28平方公里，入区境面积760平方公里，区境内汇水面积952.28平方公里。

洵河，古为洵水，一般认为发源于河北省兴隆县青灰岭南麓，属于青松岭镇，号称"京津第一泉"处（图256）。另外还有一个源头，在"京津第一泉"东面，青松岭镇九龙潭景区（图257）上面的窄窝窝，那里也有一眼泉水，形成的河流更长些。而当地人说，

图256 洵河源头河北兴隆青灰岭南麓"京津第一泉"（摄于2014年5月）

图257 九龙潭景区南口，这里归龙窝村，在石门台村上面（摄于2013年4月）

图258 左边为沟河，右边为州河，在这里交汇为蓟运河（摄于2013年4月）

在窄窝窝东南花市村附近还有一道水。这三道水在兴隆快活林村附近交汇而成沟河，经天津蓟县（今蓟州区）入平谷，后流向河北三河，至天津宝坻九王庄与州河相汇，称为蓟运河（图258），流入渤海湾。1973年，天津在蓟县建辛撞节制闸，将沟河主要水流向南引至潮白新河（图259），称"引沟入潮"工程。辛撞节制闸往东为沟河故道，水不多，依然东南流向蓟运河。辛撞节制闸节制沟河水后，由西边不远往南流，这段可称新沟河，长约20公里。其

图259 沟河与潮白河交汇处全景（摄于2013年4月）

间，鲍丘河由西向东流过，至新沟河处，水泥浇筑篷板，鲍丘河从新沟河下面流过，形成二河立交景观（图260）。鲍丘河在辛撞节制闸东南不远处汇入沟河。而新沟河流入潮白新河后，汇入永定新河。现在，蓟运河至天津滨海新区北塘也汇入永定新河，一起流入渤海湾（图261）。

沟河在天津蓟县泥河村附近入平谷境内，倚山西流（图262），至南独乐河附近潜入地下，在西沥津村附近复出。也就是说，在南独乐河镇域内，沟河属于地下河，地上裸露着宽阔的鹅卵石河床，近年进行了河道整修（图263）。沟河流经平谷故城东门外，迂回折向西

图260　上面是沟河，南北向流，打着水泥板面的地下，流着的是鲍丘河，东西向流，也是河之立交了（摄于2013年4月）

图261　入海口西岸（摄于2013年4月）

图262　沟河从蓟县流入平谷境内，这是今金海湖一带（摄于1959年海子水库修建前）

南，依次纳入龙家务、杨各庄的泉水及逆流河、拉鞭沟水。沟河在前芮营附近纳入洳河，英城村南纳入金鸡河。折向南流，于马坊东南入河北省三河县。

洳河为沟河最大支流，曾称错河，发

图263　南独乐河镇域内沟河河道，正在进行整治（摄于2015年1月）

源于密云县东邵渠镇。其源头，民国二十三年（1934年）《平谷县志》"卷一·地理志·河流"记载："洳河，源出密云县石峨山。"过密云县太保庄往北几里，即是石峨，是个数千人的大村，一道小河打山里流来，经过石峨村南流（图264），又经太保庄村西南。另一源头，1992年北京出版社出版的《北京市密云县地名志》"自然地理篇·河流"记载："错河，沟河支流。在密云县南部东邵渠乡。发源于银冶岭村西北，南流转而东北流，经银冶岭、西邵渠、东邵渠等村，至太保庄南流入平谷县，下注沟河。"此河与石峨那道河交汇

图264　左边是从石峨下来的水，右边是从长峪沟下来的水，到此交汇一起，继续南流，成为洳河一个源头，即旧志所说的发源于石峨山（摄于2016年10月）

276

于太保庄南，而流入平谷境
内。也就是说，洵河应该是
两个源头。也有人把镇罗营
石河称作洵河源头，镇罗营
石河是从北水峪和玻璃台两
股水流下来，到关上村东合
为一股，继续西流，从镇政
府北面流过去（图265），西
流入西峪水库，再西南流，
至前北宫村北，熊儿寨石河
汇入。继续南流，经过翟各
庄村西，至许家务村西北，
汇入洵河。所以，镇罗营石
河应该是洵河的一条重要支
流。而洵河经刘家店、峪口、
王辛庄、大兴庄、平谷镇及
马昌营镇，于前芮营村东南
（图266、图267）汇入洵河。

图265 镇罗营石河（摄于2011年7月）

图266 岸柳妆点下的洵河（摄于2016年6月）

图267 洵河（左）和洵河（右）交汇处（摄于2015年12月）

总长40.7公里，境内长27.7公里。汇水总面积494.04平方公里，入区境面积88平方公里，区境内汇水面积406.4平方公里。

金鸡河也是洵河重要支流，史称五百沟水，《北京市平谷地名志》记载："据传说，从前一个地主，欲强行纳长工女儿为妾，姑娘坚贞不从，投河自尽。变成金鸡，每早啼醒人们劳动。人们为怀念她，将河名改今称。"作者在马昌营镇访谈时，当地人未曾谈及这个传说。金鸡河发源于

图268 金鸡河，流经圪塔头村南、河奎村西南的情景（摄于2016年6月）

顺义区东北部唐指山南麓，东南流，于圪塔头村西入马昌营镇境内，经圪塔头村南，继续东南流出境。在河奎村西南（图268），入马坊镇境内，再东南流，至英城村南汇入洵河（图269）。金鸡河，在洵河、泃河之后，号称平谷区内第三条河流，总长27公里，境内长5公里。汇水总面积168平方公里，区境内汇水面积10平方公里，入区境面积15.8平方公里。

图269 金鸡河在英城村南汇入洵河（摄于2023年3月）

此外，还有季节性河流10条，在枯水年几乎全年无水，平水年、丰水年汛期有水。河道宽阔，河谷均为砂石，俗称石河，如将军关石河、

黑水湾石河、黄松峪石河（图270）、豹子峪石河（图271）、北寨石河、鱼子山石河、花峪石河、关上石河、大旺务石河、夏各庄石河、南山村石河、镇罗营石河等，这些河水最终也汇入泃河。

对于泃河，典籍多有记述（图272）。如民国二十三年（1934年）《平谷县志》“卷一·地理志·河流”记载：“泃河，在县城东北，源出口外，入蓟州之黄崖口广汉川，俗称头道河。迤逦西流，入平谷境。经红

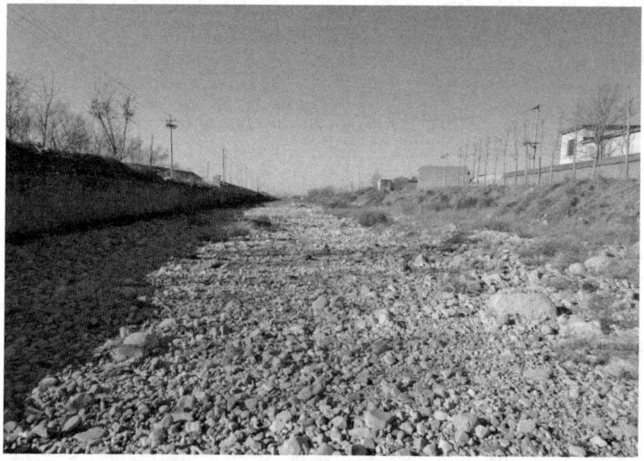

图270　独乐河，今称黄松峪石河（摄于2015年2月）

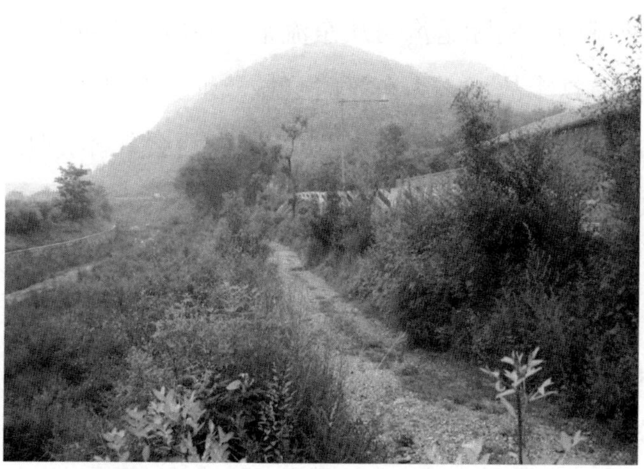

图271　豹子峪石河河道（摄于2011年7月）

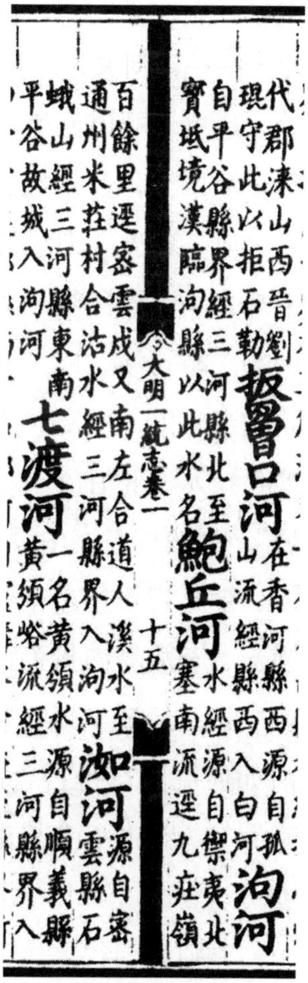

代郡淶山西晉劉琨守此以拒石勒

扳罾口河在香河縣西源自孤山流經縣西入白河

泃河自平谷縣界經三河縣北至實坻境漢臨泃縣以此水名

鮑丘河水經源自禦夷北塞南流逕九莊嶺

大明一統志卷一　十五

百餘里逕密雲戍又南左合道人溪水至通州米莊村合沽水經三河縣界入泃河

洳河源自密雲縣石蛾山經三河縣東南平谷故城入泃河

七渡河一名黃須水源自順義縣黃須峪流經三河縣界入

图272　《大明一统志》“卷一·顺天府·山川”之泃河、洳河

石坎，又西七里经韩家庄南，又三里经洙水庄，又五里经独乐镇，独乐河北来注之，西流经峰台、沥津等庄。由城东门外与马家庄河合流，经西高村，东、西鹿角等庄入三河境，至宝坻界会于白龙岗。"又如北魏郦道元所著《水经注》记载："（洵）水出右北平无终县西山白杨谷，西北流经平谷县。屈西南流，独乐水入焉。……洵水又左合盘山水。……洵水又东、南经平谷县故城，东南与泃河会。……洵河又南经絫城东，而南合五百沟水。……泃河又东、南经临泃城北，屈而历其城东，侧城南出。……泃河又南，入鲍丘水。"

这里对郦道元所记稍作解释。"屈西南流，独乐水入焉。"独乐水即独乐河，今称黄松峪石河，西南流，在峰台村东汇入北寨石河，而后汇入泃河。对于"洵水又左合盘山水"句，这道"盘山水"，当是从南山村下来，经望马台豹子峪石河而入泃河。所以，这"盘山水"，应该是今天的豹子峪石河。以"石河"而名，可能是依据河流的现状所起。感觉还是适当时机，恢复"独乐河"等古名为宜，以传承文脉。对于留住青山，挽住绿水，记住乡愁，无疑具有重要意义。"洵水又东、南经平谷县故城"，一般校点书中没有"东"字后面的顿号，让人误解为泃河又往东南流，那是很难经过平谷故城的。实际是泃河从东流来，在故城东面折而南流，至故城南折而西流。这个故城，为东汉时县城故址。东汉时，县城应该已经迁至现在县城东部的老县城地方。"东南与泃河会"，泃河以前如何流向，是否曾改道，不得而知。就现在形势看，泃河不是"东南"，应是"西南与泃河会"才与实地相符，或说泃河东南与泃河会亦可。

泃河因何得名，何时得名，已不可考。只知这条河一直就称作泃河（图273），未曾改名，先人是为这条河而专门造了这个字。可谓是专用之名，别无他解。以致有人以字而及其形，以为当初先人是因河道曲折宛转而造此字。
只是一种表面的
通俗理解，究其
实，哪条河流不
曲折宛转，而如
大道笔直呢？至
于"洵"字是否
有其他寓意，今
已无从查考。比

图273　洵河（约摄于2001年）

如和洵河一起映带平谷左右的另一条河洳河之"洳"字，还可以组成一个词"沮洳"，解释为低湿泥泞的地方，所以"洳"字或为"低湿的地方"之意了。

　　"洵河"之名见于最早典籍的，是战国后期成书的《竹书纪年》。《竹书纪年》，是春秋时期晋国史官和战国时期魏国史官所作的一部编年体史书。关于洵河的所引文字在《平谷史话》初稿本写作："梁惠成王十六年，齐师及燕战于洵水，齐师遁。"这是引于专家之书，即为间接资料。后编写《独乐河史话》，研究王国维校《水经注》，见不是"及"字，而是"反"字，便引为"齐师反燕，战于洵水"。待撰写《志书补遗》，想究竟是"齐师及燕战于洵水"，还是"齐师反燕，战于洵水"，为不引起读者困惑甚至误解，又寻得《古本竹书纪年辑校订补》《竹书纪年译注》及不同版本《水经注》等再行研究，以为《古本竹书纪年辑校订补》"魏·梁惠成王"下所记"十六年，齐师及燕师战于洵水，齐师遁"似更为准确。而《平谷史话》初稿本、《独乐河史话》及《知平谷爱平谷干部培训读本》等书都曾谈及洵河，与此相关之处有出入者，应统一于此。

　　这里记载的是战国中后期齐国与燕国间一场战争，以齐国失败而告终。当时，齐国国君为齐威王，燕国国君为燕文公。刘树芳所撰《北京水运古今谈》对此写道："据《郡国军事考》记述'齐师及燕战于沟水，齐师遁'。说的是燕文侯七年（前355年）秋，齐威王兴师数千，自营丘（今山东淄博）至无棣河，乘舟百艘，绕渤海进沽口，沿鲍丘水（今蓟运河）北上，入侵燕地。文侯率师，与齐军战于沟河口。由于燕地水路舟楫方便运输，供应及时，燕军又人多势众，齐师战败遁逃。"由此可知，至少从公元前355年起，沟河就叫这个名字，至今未改，已有2300多年了。

就北京地区来看，有五大水系，即永定河、潮白河、温榆河—北运河、拒马河、沟河—蓟运河。河名一般多有变化，尤其是永定河，先后有无定河、浑河、小黄河、卢沟河等多个名字，"永定河"为清康熙皇帝所赐名，也不过300多年历史。与之相比，沟河当是最为古老且一成不变的了。

沟河水运，也应不晚于战国，齐师及燕师战于沟水，水运对于这场战争无疑发挥了重要作用。而新编2010年版《平谷县志》"第七编·交通邮电·第一章·交通·第一节·水路"记载：

东汉末期，曹操开凿平虏渠、泉州渠，引沟河水入沽水，开辟平谷及沿河各地的水路交通。

唐乾元二年（759年），大王镇（今平谷）北屯兵万人，渡口备军船运输军需品，由临沟（今河北三河）至大王镇的沟河渡口（寺渠渡口），每天有数十只船来往。

金明昌六年（1195年），京畿转运使张格，征夫修沟、洳二河，令河使吏司巨构在平谷县城四隅开六峪、凿九泉、引七水入沟河，并加以疏浚；同时开七沟引七水壮洳河。是时，芮营以下河槽，加宽加深，水势汹涌，帆樯舟影，运输繁忙。后于寺渠湾、芮营口、英城堰设渡口，漕运大兴。

明代，由于南粮北运，为水运盛期。境内驻军的军需，主要靠水路由外地供应。平谷洵、泃二河的各渡口十分繁忙，在洵河龙庙渡（寺渠渡）和芮营渡实行官督民运，运入军需物品，运出山区土产。平谷水运达于鼎盛。

清同治十一年（1872年），漕运改为海运，洵河道上来往驳船只运商货，水运渐衰。至民国初期，水运又兴，在洵、泃二河设东河渡、杨各庄渡、鹿角庄渡、寺渠渡、周村渡、岳各庄渡6渡口。并有货运航道1条，由寺渠渡起锚，经芮营、英城、马坊、小屯、三河错桥、侯家营、掠马庄、三岔口、新安镇、芦台、北塘至天津。1938年，日军华北交通股份有限公司控制水运，洵河水运于1940年停止。

从上述资料基本可以看出洵河水运的大致情况。而摄于20世纪30年代的寺渠码头的照片（图274），船只众多，桅杆林立，可见过去水运之一斑。作者在马昌营镇前芮营村访

图274　洵河寺渠码头（摄于20世纪30年代）

谈时，村里老人也曾谈到过去这里有个货运码头（图275）。洵河与泃河在前芮营村东南交汇后，现在是向西而后折而南流。过去则是经村南西北流，至村西南折而南流。就在这里，形成一个货运码头，历史上船来

图275　前芮营村南，过去沟河向西北流，到前芮营村南再向南流，货运码头就在这一带（摄于2016年6月）

货往，十分繁忙。地名志记述："1940年前，沟河岸设有站房（河运码头）数十间，载重25吨左右的木船常在此来往，沟通了当地与天津等地的货物贸易。"这基本是实情，只是"站房"之"站"或写作"栈"字，即货栈，当更为确切。

2016年7月来村时，村里老人记得，这里有上下栈房，以住人存货。上栈房，由一姜姓人家经营，在码头北边五六十米处，有10多间房子。下栈房，由一李姓人家经营，在上栈房下边，有十五六间房子。这些房子，就是平房，有砖，土坯砌芯，房顶用礁子拍的。这些栈房在20世纪50年代，拆毁了。这个码头，把北边的核桃、栗子等干果山货运往天津，而把煤油、盐、碱等物从天津运来，由此再运往承德、赤峰等地。平时有五六只船，多时据说可达二三十只。这些船都是个人的，有前芮营人的，也有附近村如天井人的等。人们谈及货船，说最大船载货有2万斤。现在附近一些村庄的老人，当年还撑过船呢。这些具体口碑资料，可为志书之补充。

沟河以及其他河流，可以为人们所利用，如水运、灌溉等，可一旦发水，就会形成水害。

新编2001年版《平谷县志》"第二编·自然环境·第八章·自然灾害·第一节·天气灾害·四水灾"记载：

元至治元年（1321年）七月，大水。

明洪武十年（1377年）七月，大水。

清嘉庆六年（1801年）六、七月，大雨连绵60余日，水势涨发，低洼地多被淹没。

咸丰十年（1860年），大水，人被冲溺者甚多，田地冲毁。

光绪三年（1877年）五月十六日，洪水暴发，县东村庄淹没人口数十，房屋冲毁。

1950年8月水灾。淹死6人，倒塌房屋1.17万间，受灾23万亩。

1958年7月13—14日，水灾。连续降雨10小时，降雨量256.2毫米，沟河、洳河两岸淹没农田20万亩，冲毁建筑物19座，死亡52人，大牲畜28头，家畜3600头，倒塌房屋5725间。

1987年7月20日，暴雨引发山洪，冲毁农田800亩，毁掉果树3500株，毁坏乡村公路24公里、河堤5200米，冲走电线杆37根。696户民房进水，倒塌81间。倒塌圈舍79处。3个大中型水库泄洪，沟河、洳河两岸200米以内3万亩农田被淹。

仅摘录这几次灾情，而平谷境内的河流，历史上一定多次发水造成大小水灾。1960年海子水库（图276）及后来西峪水库、黄松峪水库陆续修建后，水灾损失减小。

作者这些年访谈

图276　海子水库主坝内的劳动情景（摄于1960年5月）

图277 平谷镇胜利街90岁老村书记李廷（摄于2019年10月）

调查中，也收集了一些关于水灾的资料。

平谷镇胜利街90岁老村书记李廷（图277）说，泃河一九五几年发的水最大，把东门的石狮子都没挺高，望不到边，全是水，东马各庄庄里街道上都是水。以前也发水，一般发水没不过石狮子。

夏各庄镇马各庄人记得，20世纪50年代末，闹水灾，泃河发大水，将村中间、三义庙前面的五道庙淹塌了。那时，大水有房檐高，人都跑到房上去，公家派人给送吃的。

马坊镇北石渠人回忆，村西半里处有一墩台，是过去查家修的，名叫镇水塔。塔高约5米，下面2米以石头砌筑，上面3米以砖垒砌，约2米见方，石头以上略有收分。上为平顶，空心。西面有几块砖，砖上有用朱砂写的一些字迹，如在一块砖上，有核桃大的6个字：唵嘛呢叭咪吽。这是大明咒，即大慈大悲观世音菩萨咒，源于梵文。村北有金鸡河，过去直接奔村街里流过来。修了这座塔，河水就往北一拐，向东流了。从村后东流，村东边的庄叫东撞，河水没撞东撞村，却往英城流，英城叫"西撞"。小河流入泃河，而泃河往西一流，正撞英城街里。村里80岁老人记得，自小时以来，泃河河道往西移了有五六十米，英城搬了不少人家。过去北石渠村真有一道石渠，水冲走了。还有南石渠一说，据说就是现在的石佛寺。

马坊镇东店村，村东旧有三官庙，坐东朝西，20世纪二三十年代院墙就已坍塌，只剩一座正殿和前面一座门楼了。1947年春天，国民党军拆毁正殿，将砖瓦拆走修马坊炮楼了，就剩墙芯的土坯及梁架。庙东边是沟河，村里有"三官庙脊上挂苲草"之说，是说过去沟河曾发过大水，水漫过了三官庙顶。1949年发大水，拆剩的残殿就整个落架了。

马坊镇小屯村后街西头道北，旧时也有一座三官庙，坐北朝南。庙为一间，画有三官等神像。庙前2棵槐树，1搂多粗；庙后，也有2棵槐树。这一带都建三官庙，应该是村在沟河边，建庙以镇水。因为三官庙供奉三官，其中有水官，即治水的大禹。这是题外话。庙北为沟河，1953年前后发大水，连庙带树一块儿冲走。树在河里翻滚，没人敢捞。三官庙的位置，现已在沟河河道中间了。这只是几十年近百年的光景，若是几百年、一两千年或更长时间呢？如何变化难以想象了。

这几个都是沟河的，再说个洳河的。

大兴庄镇有个北埝头村（图278），现在在洳河南岸。原来在洳河北岸，由于发大水，北岸老是坍塌，就搬到现在的地方了。过去的洳河从许家务、莲花潭村南往东流去，许家务管洳河叫南河。洳河老河道应该在许家务、莲花潭村南不远的地方。北埝头搬到现在的地方有百十年了，洳河似乎也随之南移，由许家务西南不再东流，而是往南一拐，至北埝头村北折东而去。

沟河流淌了千年万年，孕育了上宅文化，距今约7000年前，"上宅先民"就在沟河北岸，即现在上宅村的那个地方，生存了约2000年。

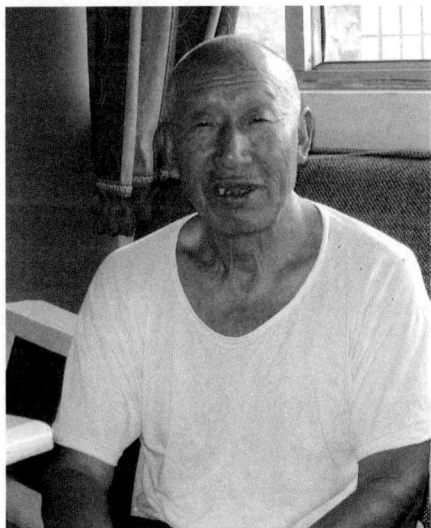

图278　大兴庄镇北埝头村78岁老村干部王永厚（摄于2007年8月）

图279 "洵水晚渡"今景（摄于2014年5月）

同时，发源于密云县、流经平谷区西北境内且从县城西南并入洵河的泃河，在大兴庄镇北埝头村一带，养育了共同创造了上宅文化的北埝头先民。当洵河流经平谷县城时，旧时县城南门就称"迎洵门"。而在县城西南，今寺渠桥的地方，就是那座连通南北、通向三河的重要渡口——寺渠渡，平谷旧八景之一"洵水晚渡"（图279）亦指此渡口。

洵河，自远古流来，滋润着平谷这片古老的土地，养育了在这片土地上繁衍生息的世世代代的平谷人，是平谷的母亲河。

参考文献

［1］陈伯嘉．清康熙十二年三河县志．三河：三河县（手抄本）

［2］陈昶．乾隆二十五年三河县志．北平：北平中华书局，1935.

［3］吴宝明．民国二十四年三河县新志．北平：北平中华书局，1935.

［4］于敏中等．日下旧闻考．北京：北京古籍出版社，1983.

［5］郦道元．水经注．上海：上海人民出版社，1984.

［6］周家楣，缪荃孙等．光绪顺天府志．北京：北京古籍出版社，1987.

［7］张映勤．寺院·宫观·神佛．天津：天津社会科学院出版社，1991.

［8］马书田．全像中国三百神．南昌：江西美术出版社，1992.

［9］郦道元，陈桥驿等．水经注全译．贵阳：贵州人民出版社，1996.

［10］范祥雍．古本竹书纪年辑校订补．上海：上海古籍出版社，2011.

［11］张玉春．竹书纪年译注．哈尔滨：黑龙江人民出版社，2003.

［12］政协北京市平谷县委员会文史委员会．平谷文史选辑一．平谷：政协北京市平谷县委员会，1989.

［13］中共北京市平谷县委组织部，中共北京市平谷县委党史资料征

集办公室，北京市平谷县档案局．中国共产党北京市平谷县组织史资料1937—1987．平谷：中共北京市平谷县委组织部，中共北京市平谷县委党史资料征集办公室，北京市平谷县档案局，1989．

［14］中共平谷县委党史办公室．洵水长流．平谷：中共平谷县委党史办公室，1990．

［15］政协北京市平谷县委员会文史委员会．平谷文史选辑二．平谷：政协北京市平谷县委员会，1990．

［16］中共北京市委党史研究室，中共平谷县委党史办公室．平谷革命史．北京：北京出版社，1991．

［17］平谷县地名志编辑委员会．北京市平谷县地名志．北京：北京出版社，1993．

［18］政协北京市平谷县委员会文史委员会．平谷文史选辑四．平谷：政协北京市平谷县委员会，1995．

［19］政协北京市平谷县委员会文史委员会．平谷文史选辑六．平谷：政协北京市平谷县委员会，1999．

［20］胡永连．平谷民间文学集成．平谷：北京文化馆，1999．

［21］中共三河市市委党史研究室．三河革命史．北京：中国言实出版社，2000．

［22］平谷县志编纂委员会．平谷县志．北京：北京出版社，2001．

［23］平谷区文化委员会．平谷文物志．北京：民族出版社，2005．

［24］平谷区文化委员会．平谷石刻．北京：北京燕山出版社，2010．

［25］北京市平谷区军事志编纂委员会．北京市平谷区军事志．北京：北京出版社，2011．

［26］中共北京市平谷县委组织部，中共北京市平谷县委党史资料征集办公室，北京市平谷县档案局（馆）．中国共产党北京市组织史资料·

平谷卷（1987—2010）. 北京：中央文献出版社，2011.

［27］平谷区文化委员会. 平谷文物揽胜——北京市平谷区第三次全国文物普查资料汇编. 平谷：平谷区文化委员会，2011.

［28］柴福善. 平谷寺庙志略. 北京：民族出版社，2014.

［29］柴福善. 志书补遗. 北京：中国文史出版社，2015.

［30］中共北京市平谷区委组织部，北京市平谷区老干部局，北京市平谷区政协学习与文史委. 老党员见证. 平谷：中共北京市平谷区委组织部，北京市平谷区老干部局，北京市平谷区政协学习与文史委，2017.

［31］柴福善. 平谷史话. 北京：民族出版社，2018.

后 记

应马坊镇党委书记马冬梅女士之邀，编写了这本《马坊史话》。

这是一本图文并茂地重点记述马坊地区历史文化的专著，是作者在多年积累的基础上，对境内的遗址、墓葬、村落等多次深入细致访谈踏察、大量搜集资料后编写而成的。全书主要分为沿革、遗址、园寝、村落与寺庙、石刻、古树、战事、人物、传说等。作为一本地方史志，一本乡土教材，作者力求写得真实可信且可读。

记述时，对同一件事，不同人的一些不同说法，如攻打马坊炮楼等，有些是亲历，有些是亲见，有些则是亲闻了。作为文史资料，作者尽量予以尊重且保留，以存资料，且便于后人研究，亦请读者理解。

编写中，作者一如既往地坚持典籍文献、实物遗存与口碑资料的三者结合，资料丰富，记述翔实，考据严谨，实事求是，行文朴实简洁，文脉贯通古今。本书如能助力于马坊地区经济发展、社会进步及文化繁荣，作者便深感欣慰了。

感谢马冬梅书记的信任且百忙中欣然作序，感谢书法家翟德年先生题写书名，感谢中国文史出版社刘华夏女士精心编辑与出版。作者自知才疏学浅，有些重要的东西尚需深入研究。因此，书中出现不足甚至错误亦在所难免，诚请读者与方家批评教正。

柴福善

2023年7月18日于善书斋